天下文化
BELIEVE IN READING

讓每個孩子都發光。

KIPP 學校如何打破學習困境，扭轉孩子的未來

WORK
HARD.
BE
NICE.

How Two Inspired Teachers
Created the Most Promising
Schools in America

杰．馬修
Jay Mathews
著

林麗冠、侯秀琴
譯

推薦序
為未來準備人才

嚴長壽

　　教育，是一個社會最重要的隱形建築，真正的文化生命必須正本清源，從教育的起始點開始涓滴累積。2011 年，在我瞭解世界教育的趨勢，準備出版《教育應該不一樣》的前夕，恰好應趙元修先生的邀請到美國演講，並順道參觀了休士頓的 KIPP（Knowledge Is Power Program）學校。

　　KIPP 學校在很短的時間內，引發了美國改革基礎教育很大的風潮，被譽為全美最有前途的新型公立學校網。范柏格和李文這兩個創辦人，懷抱著極大的熱情，投身弱勢生脫貧的教育制度。也正好吻合了我對台灣的期待。

　　一走進 KIPP 的校園，你會很震驚，放眼望去都是激勵人心的標語，比方「People make the difference.」「Think like a champion today.」。學校建築非

常簡單，看起來就像個倉庫，比我們的很多學校都還糟，但每條走廊一塵不染，老師跟學生甚至就坐在走廊上討論起來。

在 140 餘所的 KIPP 學校中，超過九成的學生都是有色人種（非裔與中南美裔居多），絕大多數來自低收入家庭。在美國哈林區、拉丁區，偷竊是很正常的事情，學生在置物櫃藏毒品、刀、槍，各種東西都有可能。然而 KIPP 做到所有的學生置物櫃是在公共走道上，每一個都可以隨意打開、沒有上鎖、沒有塗鴉，讓孩子從小就在這裡養成生活紀律。

不一樣的學校

在富裕的家庭或有教養的家庭中，家裡可以教給你禮貌，給孩子自由、思考，像華德福這樣推崇藝術、創造，是一種教育模式。但窮小孩沒有選擇的機會，在社經地位低落的街區，他們身邊就是一堆吸毒、中輟的，在這種極端中 KIPP 採用另一種極端去約束孩子。因為弱勢家庭，其實就是沒有生活紀律，酗酒、黑幫各種都有，所以學校對這些學生必須有更多的要求。

早期的 KIPP 要求孩子更早上學讀書、更晚放學，所以家長也要有很大的承諾，配合接送。KIPP 的老師也不是傳統美國自由放任的教學態度，老師從孩子還小就設定目標，從品格教育下去，教導孩子禮貌、要求他們做一個非常自信的人。

美國表面上雖然有三成多的大學入學比率，可是仔細分析，白領階級的孩子入學率可以高達七成多，貧民入學卻不到 7%。真正弱勢的族群卻只有那麼低的比例可以進大學，所以范柏格他們希望做的翻轉就是讓這些弱勢能夠拉高對自己的期望。所以他要孩子對自己有更嚴苛的自我要求。KIPP 對生活、紀律、各方面都有很高的要求。

KIPP 要孩子在進來的那一年，就要預想自己 12 年畢業後要上哪個大

學。從小就訂好了志向、努力往那個方向去做。KIPP 的校訓「work hard, be nice」就是台灣講的品格教育，沒有一件事情是可以簡單取得的。他要求孩子撥出更多時間去讀書、自習，只有當你自己很認真去追求這個目標的時候，才有可能達成。KIPP 教出來的孩子往往充滿自信與希望。這是我看到的一些優點，不一樣的地方。

透過這本《讓每個孩子都發光》還有一個很重要的提醒——逆轉台灣的教育體制，讓弱勢可以翻身，是政府責無旁貸的事情。

社會應該要重新檢討，當現有的公立學校沒有辦法達到階層流動的目標；即便偏鄉的硬體都已經不錯了，學校還是愈做愈小，孩子愈來愈留不住，有能力的教師與學生都被拔走，政府應該學習美國，用公辦民營的方法，支持有心辦學校的人。

由於美國公立學校的運作機制已經陷入僵局，複雜的師資問題，多年的沉痾無法立即改善，於是他們透過特許學校，容許新的補救系統重新發展，得到不一樣的教育，給窮小孩翻身的機會。

既然受基本教育是國民的權利、基本義務，政府就應該照同樣的經費補助給每個孩子。任何有心興學的，政府就依學生人數，不分公私立補助給學校。儘管還是要對外募款，但就沒有那麼大的生存壓力。所以美國不只是KIPP，特許學校、公辦民營非常興盛，家長多了選擇也非常高興。

反觀台灣，距離愈拉愈大的貧富差距和城鄉落差。窮學生進不了名校，窮學生以前可以去師專翻轉自己的命運，現在這個機會幾乎都沒了。

一個改變的力量

台北市、新北市覺得英文很重要，每週加一堂英文課，就要兩百個英文老師。老師哪裡來？從偏鄉吸引！偏鄉人才留不住，稍微有點能力都想到台

北來，稍有經濟能力的當然都到市區買房子、念好學校。而偏鄉永遠愈來愈弱，因為你沒有好教育。

挪威的衡量指標就是偏鄉要跟城市一樣，支援偏鄉的孩子有更好的資源，即使是偏鄉的師資水準、待遇、能力都能跟城市比較，而不是讓偏鄉愈來愈弱。KIPP 讓弱勢翻身的做法很值得政府參考。

我之所以會參與宜蘭華德福學校，正是因為華德福在台灣就是一個反向操作，每年三百個候補在等；對偏鄉來講，它就是一個改變的力量，是政府可以參考的。當有個像華德福的學校，你發現醫生為了把小孩送來，結果他來這邊開業、藝術家、專業人士也來了。慢慢地，這個地方整個重新再生了。這反而是一個學校代表一個社區的未來方向。

在我有生之年，這是我最著急、第一個要做到的事——讓偏鄉有翻轉的機制。借鏡 KIPP 的模式，我還在學習。

KIPP 成功的關鍵還有老師，這些老師當然是有使命感的，他們是為了使命感才進到這個教育體制裡，很有自覺要幫助這些弱勢小孩，做事自然有共識。他有同理心，想幫助窮人小孩。他們的目標很明確、方向也很明確，知道所為何來，所以老師、學生的使命都很明確。

結合學生、家長與老師的力量，KIPP 是確確實實的做到了，用教育翻轉命運。KIPP 造就了一個非常值得我們大家參考的環境。

（本文作者為公益平台文化基金會、
台東均一中小學、宜蘭慈心華德福學校董事長）

目錄

第三時期　開辦兩所學校

第四時期　繁星點點

導言

　　美國有許多人相信，你不能指望清寒家庭的子女表現出色，就像你不能指望芭蕾舞者擅長打美式足球一樣。一般認為，由於上一代本身在求學時備極艱辛，貧民區和農村兒童多半注定成績低落、工作不入流，而且生活艱苦。這些假設多少解釋了為何貧民區的公立學校很少提供富裕郊區兒童享有的專家級老師、額外學習時間以及鼓勵。教師若是認為自己的學生能力不足，就比較不可能安排具有挑戰性的課程和更長的上課時間。

　　正因如此，戴夫·李文（Dave Levin）和麥可·范柏格（Mike Feinberg）的故事格外令人驚訝。這兩人滿二十六歲之前一手創立的「知識即力量課程」（Knowledge Is Power Program，簡稱 KIPP）顯示，若是擁有熱

心、專注、對學生有信心並提供充分教學時間的老師，很多清寒學生的成就將不亞於富裕的郊區學生。為此，李文和范柏格在全美各大城市及鄉鎮招募並訓練志同道合的年輕校長，向懷疑清寒學生能力的人們證明他們的看法是錯誤的。

KIPP 的學生中，約有 80％來自低收入戶，95％是非洲裔或西班牙裔美國人。平均而言，在二十二個城市的二十八所 KIPP 學校中，唸完 KIPP 四年制初中計畫其中三年（五到七年級）的一千四百名學生，閱讀能力從第34 百分位數提升到第 58 百分位數，數學能力從第 44 百分位數進步到第 83百分位數。一項計畫能夠對那麼多低收入戶孩子產生那麼大的助益，可說是前所未聞。

儘管如此，范柏格和李文以及這項計畫招募的數百位教育人員仍然必須證明，他們的進展是可長可久的，而這正是其他貧民區的教育方案沒辦法做到的。KIPP 至二〇〇九年為止在十九州和華盛頓哥倫比亞特區（包括美國十大城市中的九個）擁有六十六所學校。（編注：目前已成長至有一四一所學校，學生數五萬人。）KIPP 老師一天上課超過九小時，隔週的星期六要上四小時課，暑假要上三週課。他們心知肚明，如果選擇一般學校，上班會輕鬆容易得多。他們對辛苦教職的滿腔熱情，源自自己具備的影響力，這是他們在任何普通城市或鄉村公立學校裡很少看到的。

有些老師打趣說，除了沒有會費或是奇怪裝束之外，KIPP 擁有教派的一切最佳特質。他們不知道自己會待多久，也不知道 KIPP 會朝什麼方向發展。沒有其他計畫像 KIPP 一樣，在以下的議題上引發這麼多辯論：我們能為卡在公共教育體系底層的孩子做些什麼？這是當代主要的公民權議題，而且這項辯論首次成為正向討論：這些孩子究竟能有多大的進展？

讓每個孩子都發光：
KIPP 學校如何打破學習困境，扭轉孩子的未來

李文和范柏格從兩位杏壇老將那裡學會教書技巧，這兩位老將因為具備獨特技巧和超高標準，讓一些同事極為反感，但是對兩名徒弟而言，這不啻是上天對他們禱告的回應。這兩位資深教師海莉特·波爾（Harriett Ball）和雷夫·艾斯奎（Rafe Esquith）曾經懷疑，范柏格和李文無法在將來面臨的重擊中倖存，並警告這兩位年輕老師，他們會遇到許多逆境和重大挫折。李文和范柏格證明，他們就像波爾及雷夫老師所希望的一樣積極主動和令人討厭，不僅數度引發與教育當局的衝突，還強化了本身做為麻煩製造者以及深度家長學生信賴的教師聲譽。

KIPP 老師盡全力找出能協助弱勢孩子成功的因素，並將資訊傳遞給其他老師。一如他們的英雄李文和范柏格，他們發現，透過努力工作、趣味性和團隊合作，學生可以在許多人認為他們不可能擁有的人生中，為自己贏得選擇。但一開始，幾乎沒有人對那些孩子或這兩位年輕老師抱什麼希望。

起點：雙師記

第1章
知識即力量

--❖--

　　二十六歲時，范柏格在西休士頓的艾斯庫小學（Askew Elementary
School）監督七十名主要是西班牙裔低收入戶的五年級生。時值一九九五
年，這些孩子是「知識即力量課程」（簡稱 KIPP）招募的新生，范柏格和李
文在前一年設立該計畫，雖然創立不久卻危危顫顫。

　　第一年，范柏格和李文在北休士頓賈西亞小學（Garcia Elementary
School）擁擠的教室裡一起經營這項計畫，班上通過州測驗的人數因此增加
一倍。他們想成立完整的五至八年級初中，並準備在兩個城市中這麼做。李
文決定搬回家鄉紐約市，在南布朗克斯（South Bronx）設立 KIPP 五年級。
范柏格則待在休士頓，在艾斯庫小學設立新的 KIPP 五年級，因為賈西亞小

學已經沒有空間讓他擴展。認識他們的人大多認為，KIPP 不會維持太久，因為這種做法壓力太重，上課時間長而且課程很緊張。至於范柏格及李文：他們太嫩了，很難實現計畫。

范柏格有一位重要盟友：休士頓獨立學區（Houston Independent School District）的西區主任安‧裴特森（Anne Patterson），范柏格已經用遠超出大部分學校主管能容忍的程度測試過她的耐心。他讓人難以忽視，不僅因為話很多，也因為身高 190 公分，以及為了遷就過早出現的禿頂而蓄著極短的頭髮。他滿腦子創意構想，但也有很多要求和抱怨，所以「邪惡討厭鬼」的名聲漸漸傳開。

穿著入時的裴特森，每天下班前都免不了要和范柏格密集開會。俯身向前，用手指揉著前額，試著讓這名熱情洋溢、發育過度的大男孩接受她對最新危機的看法，這樣她才能回家。

這是范柏格獨立經營休士頓 KIPP 學院的第一年，此時他正接近突破點。他一直在籌劃一個五至八年級初中計畫，翌年必須找到地方增加六年級。而裴特森需要一位大樓負責人，此人要能忍受范柏格，還要讓范柏格也能與他共用大樓（范柏格是她所見過最不會與同僚互動的教師）。

「我可以少說話，多調整，」范柏格告訴她：「但要是察覺有人以任何方式直接或間接惡搞我的孩子，我就會變成小熊媽媽挺身而出。」裴特森承諾要在耶誕假期之前告訴范柏格，找到哪個落腳學校，但到了一月，范柏格還沒有收到通知，他一直打電話給她，甚至跑到她的辦公室。「麥可，你得有耐心。」她說。

范柏格覺得休士頓獨立學區就像一艘遠洋油輪：連轉個小彎都要花很久的時間。他寧可划獨木舟——小巧、輕盈、用途廣，隨時能按照自己的方式

衝下任何急流。他不只一次想過，如果他教的學生是橡樹河區富裕白人家庭的子女，就不會碰到這種麻煩。他的學生都住在高夫頓（Gulfton）錯落的綜合公寓，裡頭全是中美洲移民。如果 KIPP 是在橡樹河區，而且家長的評價一樣正面，且橡樹 KIPP 學校無法找到明年的落腳處，那些有錢的家長就會大嚷大叫，而學區肯定會趕快找到方法滿足他的一切需要。

或許范柏格應該開始大嚷大叫，也許不該，這麼做通常弊多於利。但如果發出叫聲的人不是他，而是他的學生呢？那種想法，開啟了 KIPP 的第一堂倡議型民主（advocacy-in-democracy）課程。KIPP 班級從早上七點半上到下午五點，上課時間長的好處之一是，有時間進行創意的娛樂活動。

范柏格策動學生投訴，他向孩子們解釋，美國公民參與政府，不僅藉由投票，也藉由行使權利，向主事者表達不滿。對象包括學校經營者、汽車部門、房地產公司、公立醫院、國稅局和環保清潔公司。有些人會寫信，有些會打電話，重點是，絕不要不吭一聲就接受不良服務或瑕疵產品。

范柏格要求他的五年級生在投訴時展現恰當的禮儀。堅持原則很重要，但是禮貌也很重要，他們得像個真正的大人般行事。

「聽好，在打電話的那一刻，要是你在電話上開始咯咯地笑，這一切就毀了，」站在寫滿關鍵字和名言的黑板前時，他揮舞著雙臂說：「這些不是詐騙電話，你們不是卡通『辛普森家庭』裡的霸子，故意打電話到阿莫酒吧，誘拐酒保說些髒話。」

他提供他們練習的腳本，比如：「哈囉，我叫做阿曼多，是個很用功的學生，就讀於 KIPP。按理說，我們應該要知道明年會搬到哪棟學校大樓，但到現在我們還不清楚。我想知道，您是否有關於新校址的資訊可以提供給我，我家人和我非常擔心明年學校會在哪裡，因為我們想確定自己會繼續獲

得良好的教育。」

　　范柏格告訴學生，隔天是打電話的好時機，因為那天是教師進修日，他們會待在家裡，只有老師會到學校。他交給每個孩子一張名單，上面有二十位管理者的電話號碼，包括休士頓獨立學區主任、副主任、設施主任、運輸主任、學校董事會的董事，以及裴特森本人。

　　隔天上午九點半，有人通知他，他有一通緊急電話。KIPP 的拖車教室中沒有電話，他必須步行到艾斯庫小學主要辦公室去接。電話是裴特森打來的。

　　「麥可！讓他們停下來！現在就讓他們停手！」

　　「你在說什麼？」

　　「你很清楚我在說什麼。他們打電話給我，打電話到學區，我不斷接到抱怨電話，他們全都對我吼叫。現在就讓學生停下來。」

　　「我做不到，」他說：「他們在家裡。」

　　「那是什麼意思，他們在家裡？」

　　「今天是我們的進修日，他們在家裡。」

　　「那他們怎麼會打電話？」

　　「我給了他們所有的電話號碼。」

　　「**什麼**？你給他們這些電話號碼？現在總機電話響個不停，他們全都打進來了。」

　　「他們說了什麼？」他問道。他對學生執行任務的成效很感興趣。

　　「他們想知道明年他們會在哪裡。」

　　「**那有什麼不對？**」范柏格說。最好讓裴特森持續採取守勢。「**你不告訴我我們明年會在哪裡，我就讓孩子們打電話問。**」

裴特森迅速結束這次交談。一如她的預期，范柏格不會幫忙，她必須向她的上司解釋發生了什麼事。她會跟每個人說，她準備制止這種做法，因為這是管理者因應惡作劇部屬的標準作業程序。

　　但那是場面話。關於范柏格和李文的某些事，她認為值得保護和鼓勵，即使他們是她所遇過最令人火大的老師。

　　李文在紐約市遇到類似的麻煩。儘管現在他和范柏格相隔逾 2250 公里，但兩人幾乎每天電話聊天。范柏格策動學生攻擊休士頓學校的官僚作風，李文很欣賞他這種肆無忌憚的態度。他確定休士頓官員會屈服，而且希望紐約也一樣容易辦事。

　　李文同樣很難讓人忽略，他也差不多 190 公分高，不過比較瘦。他授課時總是走來走去地說話或是提問，確認每個人完全了解情況。儘管已是傑出教師，但很清楚自己還不夠好。

　　李文第一年在南布朗克斯招募了四十七名學生，第二年時，有十二名學生退出。擔任管理主任的女士不喜歡他的方法，最後也離職了。從休士頓跑來幫他的法蘭克・柯克蘭（Frank Corcoran）是位性情溫和的教師，在課堂上很難維持紀律。「門廊」（Porch）是一種管教孩子的方式，也就是將孩子隔離在教室一角，這種方法在休士頓行得通，但在布朗克斯並不管用，所以李文已經不這麼做了。他們的學生將處罰和過苦日子視為家常便飯，罰坐在角落並且禁止跟同學說話沒什麼大不了。李文請理髮師將他一頭蓬亂的捲髮剪短，希望改頭換面會讓他看來更犀利，但這樣還不夠。

　　瑪琳娜・伯納（Marina Bernard）是李文解雇管理主任後聘用的年輕教師，之前在 166 中間學校（Intermediate School 166）教書。這所公立學校專

讓每個孩子都發光：
KIPP 學校如何打破學習困境，扭轉孩子的未來

收六到八年級生，同樣位於布朗克斯，校內的孩子和 KIPP 的學生一樣，求學態度讓人很傷腦筋。

「我知道你需要什麼，」她對李文說：「你要到 166 中間學校，他就在那裡，你必須學會如何控制他。」

她說的是布朗克斯公立學校的傳奇人物查理・藍道（Charlie Randall）。藍道是四十九歲的音樂老師，從小無父無母，在佛羅里達州奧蘭多的貧民窟長大。他是才華洋溢的老師，最出名的是和從未彈過樂器的孩子一起搞超棒的樂團和管弦樂團。但每個人都說，他也極度反覆無常，有很多關於他性情暴烈的故事流傳著。人們說，他曾經嚴重傷害學校人員，因為那些人以他無法原諒的方式傷害過他。

藍道第一眼看到李文，就證實了自己的假設：又是個瘋狂、傲慢的白人男孩。他以為他是誰啊？跑到藍道的學區，一副要拯救藍道學生的樣子。這位資深老師已經知道如何協助沮喪和迷惑的學生尋找人生的方向，他自己也是這樣長大的，他知道怎麼教那些學生。這個耶魯大學畢業的傢伙究竟懂不懂這種小孩？

藍道表面上很客氣，但他告訴李文，他準備繼續待在原來的地方。李文一直打電話，他和范柏格都知道個人化策略的威力，也知道宣傳鼓吹很管用（彬彬有禮但一再反覆重述重點），他幾乎每天都打電話給藍道，他會說：「你好嗎，查理？事情進展得怎樣？」同時詢問藍道，對增加音樂課程有沒有建議要提供？週四下午可以過來教一些 KIPP 的學生音樂嗎？

最後一項要求是一種賺外快的方式，所以藍道同意了。他帶著隨時擺在後車廂的破舊樂器：一個用膠帶黏起來的舊鍵盤、一把破舊小提琴、幾面鼓，還有幾個鈴。他到達 KIPP 時大感驚訝，那裡的溫馨氣氛是他在布朗克

斯的學校很少見到的。佈告欄五彩繽紛又令人愉悅，孩子們全神貫注地做自己的事。

李文雖然一直拜訪他，但卻沒有總體規劃。如果他想像過會發生什麼情況——藍道會成立管弦樂團，將學校裡每一名學生都納入，並且成為引起轟動的團體——如果他甚至膽敢向藍道提出這類事情，藍道會批評他太瘋狂了。

某次電話交談中，藍道第八十九次解釋自己年紀太大，習慣已經牢不可破，沒辦法改變學校。「我已經成名很久了，是位大師級的老師，也得過年度教師獎，我根本不需要做這件事。」

「等等，」李文說：「你退休時，準備拿什麼傳給後人？」

藍道思考了一下。「什麼都不傳，」他說：「我有這些獎盃和回憶，我期望的就只有那樣。」

「那是個錯誤，」李文說：「如果你過來跟我們一起，你會擁有我、瑪琳娜，以及即將開始上班的其他員工。你可以把你知道的一切事物傳承給我們，我們可以執行你傳下來的東西。」

藍道心想，哇，那可真棘手，一個聰明的小屁孩說這話，他懂得什麼叫做傳承？但是李文不打算放棄，而藍道以為他會放棄。李文說，他想待在貧民窟教書，不會像其他常春藤名校高材生，最後總是一走了之。「如果他這麼努力爭取我加入，也許他是認真的。」

第 2 章
用教育改變世界

❦

　　一九九二年七月，范柏格和李文在洛杉磯碰面，一同參加「為美國而教」（Teach For America）的夏季培訓學院，這是為大學應屆畢業生而設的課程。用意是召集美國一流大學的優秀畢業生，邀請他們參與為期兩年的計畫，到最大、最貧窮和最落後的鄉村地區為狀態最糟糕的班級授課。

　　「為美國而教」的創始人是普林斯頓大學畢業生溫蒂・卡普（Wendy Kopp），她只比范柏格大一歲，比李文大三歲。她不是出於天真而創立這所機構，她承認自己的構想有一些風險，但至少「為美國而教」的成員會學到些實用經驗。日後當他們成為律師、醫師和金融家時，她希望他們會記得自己在「為美國而教」的歲月，並運用自己的財力和影響力，紓解他們目睹的

貧窮。

　　一如許多「為美國而教」的新成員，李文和范柏格想不出任何更好的做法來達到上述目的。他們不準備讀研究所，不準備真正就業，投入這項計畫聽來像是探險。成員們年紀都相仿，這就像多上兩年大學──白天從事有些單調乏味的苦差事，但晚上仍然有時間找樂子。

　　他們兩人被分派到休士頓任教，在籌辦人稱為「德州之家」的加州州立大學北嶺分校（California State University, Northridge）宿舍睡上下鋪。在第一天的迎新烤肉晚會上，他們一起用餐，他們先注意到附近的棒球場，之後才注意到彼此。

　　范柏格記得，經人介紹後，他對李文所說的第一句話是：「嘿，你有打籃球嗎？」

　　事實證明，美國最難對付和最具破壞性的社會問題，是大城市和小農村裡持續存在的貧窮與無知。在一九九二年夏天，有數十項計畫致力於解決這項問題，「為美國而教」只是其中一項。大部分美國郊區的公立學校數量充足，有些甚至相當優質，但是在學術和社會量表底部的 25％ 學校，情況通常相當糟糕而且不見改善。他們的學生處於嚴重劣勢，沒辦法獨立創造人生，以避免再步上父母和祖父母後塵，躲過無所遁逃的貧窮循環。

　　聯邦政府用以抽樣學生學習成就的國家教育進展評測顯示，一九七一到一九九二年間，九歲、十三歲和十七歲學生的閱讀能力幾乎毫無進展。在那二十一年間，數學成就只略有起色：九歲學生提升了十個百分點，十三歲學生提升了三個百分點，而十七歲學生提升了兩個百分點。

　　在都市學區，約 40％ 的四年級生閱讀能力不足，無法獨立讀書，他們在往後求學期間的進展可能會相當緩慢，並且走向成人文盲和經常性失業的

死胡同。一九八三年的一份全國報告《危機中的國家》（*A Nation at Risk*）指出，許多學生的學習情況相當差，這份報告公布後，一些州隨即提高教師薪資，並設立新的測驗，以評量學生進展和教師的能力。但是數以百萬計的低收入戶兒童依舊無法充分學習閱讀、寫字和數學，以便上大學或是找到好工作。許多人認為這是無可避免的事。二○○一年一項菲德塔卡帕／蓋洛普聯合民調（Phi Delta Kappa/Gallup Poll）發現，46％的美國人認為，只有一些學生有能力達到極高的學習水準。

一項廣受討論的教育補救措施——全國學習標準計畫出現，也就是為所有公立學校設立目標，要求學校每年做出一定的進展，特別是在弱勢學生。倡導者說，學校負有責任，州政府和地方政府要對那些未達標準的學校提供額外支援，聯邦政府會針對該行動編列額外預算。

就在范柏格和李文抵達洛杉磯之前不久，老布希政府採用一項類似的計畫，稱為「美國 2000」（America 2000），計畫後來演變成「目標 2000」（Goals 2000）計畫。包括當時的阿肯色州長比爾·柯林頓和南卡羅萊納州長理查·萊利在內，一些民主黨州長都支持這個構想，他們成立類似的責任計畫（accountability program），讓跨國企業不再因為擔心公立學校水準不夠，無法提供技術性員工，且無法讓高階主管子女做好上大學的準備，以至於不願在自己州裡設立工廠和辦公室。

部分學者和立法者（其中許多人的政治立場保守）則支持另一種學校改革，他們辯稱，公立學校制度是一種壟斷，因為缺乏競爭，幾乎沒有改善的誘因。他們建議做兩種改變：一是由稅收支付的獎學金制度，稱為教育券，可讓公立學校學生上私立學校；一是新類型的公立學校，稱為特許學校（charter school），由構想創新、活力十足的教育家經營，不必遵循一般學區

的撥款、聘用和課程政策。特別是，教師工會和工作規定有時候會縮短現有的教學時間，特許學校沒有義務照做。

接下來十五年間，這兩股時而對立、時而呈緊繃結盟狀態的改革勢力，會逐漸支配教育政策，並提供讓范柏格和李文的學校得以繁榮茁壯的條件，雙方都對公立學校的運作方式促成深遠的改變。「目標2000」計畫逐步發展成兩黨聯邦法「有教無類法」（No Child Left Behind Act, NCLB），它要求各校提高非洲裔、西班牙裔和低收入戶子女的學習成就，否則就可能由追求那些目標的外部人士所接管。與此同時，挑戰公立學校官僚權力的行動，促使公立特許學校激增。這為李文和范柏格的做法提供安全避難所，例如加長上課和學年時間、校長開除績效不彰教師的權力，以及定期進行學生家庭訪問。

一九九〇年，「為美國而教」派遣大約五百位極為欠缺經驗的老師到貧民區和鄉下學校任教，其中30％老師沒有做滿兩年任期。某些知名的師資培訓專家表示，「為美國而教」是個糟糕的構想：該組織宣稱要協助清寒家庭學生，卻讓欠缺訓練和經驗的拙劣老師去教他們，反而造成更大傷害。

不過，大部分聘雇「為美國而教」團隊成員的校長說，他們很欣賞那些新手老師的活力和熱情。該計畫的學區數目增加，一九九二年有超過五百六十名新成員加入，李文和范柏格便名列其中。該計畫持續快速成長，到二〇〇七年擁有三千名新成員。「為美國而教」團隊成員總共逾五千人，執教一年後退出的人數不到10％。在許多大學校園內，「為美國而教」成為應屆畢業生的首要雇主。

在洛杉磯「為美國而教」烤肉晚會上，有人向李文介紹范柏格，李文對

他的第一印象是善於自嘲和合群。范柏格似乎是李文所遇過最和善、最風趣和最善社交的人之一，每個人都喜歡他。他成為他們這一群的頭兒，就像他在高中和大學時往往是朋友群裡的領導一樣。李文很高興進入他的圈子裡。

當時李文剛滿二十二歲，看起來比實際年齡更年輕，一頭捲捲的黑髮，笑容天真無邪，比范柏格安靜，但並不害羞。他和女性談話時，自信的模樣特別明顯。范柏格十月就要滿二十四歲，因為花了一點時間擔任酒保賺錢，在賓州晚了一年才完成大學學業。他當時留著一頭棕色長髮，經常紮著馬尾，但是短短幾年，頭髮幾乎禿光了。

范柏格和李文都喜歡探索自己尚未做好準備的情況，所以很快就結為莫逆之交。有天晚上，「德州之家」的一夥人喝光了啤酒，一名口渴的成員說她有輛車，但是不想那麼晚還開車去商店買酒，范柏格一聽，決定讓這位年輕小姐刮目相看，他像騎士一樣自告奮勇，拿了她的車鑰匙，並邀李文一同前往。

「你知道怎麼開手排車嗎？」范柏格問李文。

「不知道。」

「沒關係，我來。」

進到車裡，范柏格轉動車鑰匙，滿意地聽著引擎轟鳴啟動。接著轉向他的新朋友說：「你知道嗎，其實我也不會開手排車。」李文微微一笑，這個人和他是同一掛的。車子一下子發動，一下子引擎熄火，就這樣來來回回啟動和熄火，搖搖晃晃開過雷塞達大道（Reseda Boulevard）。

對怎麼度過夏季培訓學院這段時光，李文和范柏格一致認為，下午的教室管理和教育理論課程多半是浪費時間。他們看完所有的複印資料，也完成規定要做的專案，但幾乎不去上課。至於上午在洛杉磯貧民區學校的授課職

務，他們就認真多了。巴士上午七點來接他們，這比他們大學時習慣起床的時間早得多，但他們總是準時出門，而且穿著妥當，上身是襯衫領帶，下身是卡其褲。

范柏格被派到拉托那大街小學（Latona Avenue Elementary School），他第一天觀摩班級上課，第二天照道理應該教課一小時，但他的輔導教師認為教一小時是小孩子的玩意兒。「聽著，」她說：「成敗在此一舉，我不打算讓你在我後面接著教一小時，你要接管整個班級。」接下來三週，他幾乎每天早上都在這班教課，情況很棘手而且有點可怕，但有了輔導教師的引導，他認為自己有了進展。

相較之下，李文的輔導教師較常忽略他，她給他一小群學生以及跟他們檢討的問題清單，但並未提供多少建議。他覺得，事實證明這段教學時間和下午的方法論課程一樣無用。

晚上，德州之家的派對繼續進行，有食物、啤酒和經典籃球賽。他們打發時間，等著去休士頓。

第3章
慘不忍睹的第一年

李文的車從紐約運到時，洛杉磯的夏季培訓學院課程正好結束，范柏格同意幫他把車開到休士頓。他們在這部灰色的福特金牛座（Ford Taurus）汽車後座塞滿多力多滋和可口可樂，萬一找不到麥當勞用餐，這些食物就可以暫時充飢。

「德州之家」為慶祝訓練課程結束，來了一趟日落大道的俗麗奇景之旅。范柏格在他左肩胛骨上刺了地球圖案，約有五十美分硬幣的大小。刺青師還囑咐他要做好刺青部位的保濕。隔天，他和李文開車穿越莫哈韋沙漠（Mojave Desert）時，每兩小時就得把車停到路邊塗抹消炎藥膏。

一路開到亞歷桑那州邊界陽光熾烈的布萊斯（Blythe）鎮，停車塗抹藥

膏時，他們已經完全拆解並重組了公共教育體系。他們想通了要如何解決一切事務、擬好提升學校的計畫，並想出針對學生、家庭和教師的財務獎勵措施，以便讓更多學生上大學。他們甚至編列一筆大約一千五百億美元的預算，想從已不再需要將錢花在冷戰上的國防部那裡取得。

午後，他們約了范柏格的朋友一起在鳳凰城午餐，然後繼續上路。大約午夜時，他們終於距離州立公園只剩五十英里。李文說，他很累，沒辦法繼續上路，但范柏格堅持要開到公園才能休息。到公園後，大門深鎖，他們便翻過大門，在一塊平坦的草地上拿出睡袋睡到黎明。

那天稍晚他們跟著「為美國而教」的其他團隊成員，在西休士頓佳樂利亞購物中心（Galleria mall）附近的公寓大樓投宿。范柏格、李文和來自阿肯色大學（University of Arkansas）的室友提姆・帝波（Tim Dibble）租了一間三房的二樓公寓，月租七百五十美元。他們在附近的籃球場上玩二十一點，以決定誰可以擁有最大的房間。一如預期，李文贏了。

他們到荒野西部戶外用品店（Wild West Outfitters），范柏格立即愛上了牛仔裝和極為寬鬆的販酒法。某名跟克林・伊斯威特神似到讓人嚇一跳的店員走過來說：「如果你那樣戴帽子，看起來就像個觀光客。」他為這位毫無經驗的顧客調整一下帽子。「如果你看到店裡的什麼東西，需要我幫忙，就吩咐一聲，」他說：「先去喝杯啤酒吧。」

范柏格和李文瞪大眼睛。服飾店裡有啤酒？他們是在天堂嗎？他們在角落發現酒桶，馬上興高采烈地買了幾樣東西。李文買了靴子，范柏格買了整套牛仔裝，而且立刻穿戴起來，甚至還穿去上班。

由於號稱擁有雙語能力，范柏格已經獲聘在一家新學校賈西亞小學（Garcia Elementary），不過該小學的老師現在先借用貝利小學（Berry

Elementary）的教室上課，直到學校的大樓蓋好為止。范柏格不確定這是不是最好的安排，他的西班牙文不太好，事實上，范柏格比大部分其他成員早些展開訓練課程，他和三十名其他新成員在六月間飛到墨西哥庫埃納瓦卡（Cuernavaca），進行為期三週的額外練習，等磨練好西班牙文後，就可以隨時接受雙語教師的工作。他後來回憶庫埃納瓦卡計畫時，將它想成是為期三週的社交聚會。這項計畫除了教他知道，庫埃納瓦卡當地食品雜貨店裡的物價之外，對提升語言能力沒有多大幫助。

計畫主辦人知道范柏格和其他三名新成員程度落後很多，就把他們趕到所謂的放牛班去。大多數時候，他們都在玩拼字遊戲。

賈西亞小學有位嬌小苗條、衣著考究的女校長，名叫阿德瑞娜·韋丁（Adriana Verdin），儘管范柏格招認自己不是完全合格的雙語教師，韋丁並不理會，她準備讓他教一班最高年級。在那種班級，他的西班牙文技能就不那麼重要。但是在這週結束之前，他必須提出一項學期課程計畫，他的班級名冊裡有三十三名學生，其中二十七名第一天上課就報到，他們全是五年級生，但年紀涵蓋從九到十四歲，都是西班牙裔，有些人完全不懂英文。第一天上課，有個小女孩很難過，一把鼻涕一把眼淚，急切狂亂地說著話，范柏格一個字都聽不懂，他很慌張，心想：「老天，我讓自己陷入什麼樣的境地？」

李文等了更久才獲得指派，「為美國而教」不會為團隊成員選擇學校，成員得和校長面談。李文覺得，前兩位和他面談的校長不會雇用他，因為他是白人，而他們學校的成員幾乎全是非裔美人。

在「為美國而教」的一場午餐會上，有位講師是巴斯欽小學（Bastian Elementary School）的校長喬伊絲·安德魯斯（Joyce Andrews），聽起來她

願意給他機會。她的學校有 90％是非裔美人，但是當他告訴她自己還在找工作時，她似乎願意雇用剛從大學畢業的聰明年輕人，不論種族為何。不過在討論之後，她說她不能雇用他，她僅有的空缺，需要具備「教英語為第二母語」（TESL）認證的教師，而他沒有。

裴特森小學（Patterson Elementary）也有一個職缺，這所學校在西邊，比較富裕，白人、非洲裔和西班牙裔大約各占三分之一。李文不想在那裡任教，他覺得在巴斯欽那樣的學校比較能夠發揮。在開學前一週的週五下午，李文走進安德魯斯的辦公室。該是採取非常手段的時候了，他想起他們在洛杉磯跑去買啤酒時，范柏格自稱很熟悉手排車那檔事。

「我有那項認證。」李文對安德魯斯說。

「是嗎？」

「是。」

「那你被錄用了。」

他估計得沒錯，她要不是太忙，就是聰明到不會查證他的說法。但他很快就後悔自己說謊。第一週，他班上只有十六名六年級生，看起來很容易。到了第二週，有些較晚報到的學生來了，班級照例重新編配，所以班上的人數突然變成三十二人，六年級生裡頭，有些與幫派有關聯。班上學生的年齡範圍很廣，一如范柏格的學生。上課時，有個較大的孩子穿過教室，拉下拉鍊，公然要求一個女生口交。李文帶他去見校長，他在三十分鐘內被送回來。另一名學生對著李文的頭丟書，辦公室將他留置一小時，他回教室時，嘴裡還吸著迷你棒棒糖。

到九月底，李文和范柏格懷疑「為美國而教」的構想是不是一項錯誤，當初他們為了拯救公共教育而擬定計畫時，沒有考慮到自己會是這麼蹩腳的

老師。情況開始趨於明朗：沒有人會聽他們說話，連十歲小孩也一樣。

　　他們在公寓裡備課，一直工作到晚上十一點，有時更晚。他們每日精疲力竭，幾乎是頭一碰到枕頭就睡著。因為睡得少，感覺上鬧鐘是在一兩分鐘後就將他們叫醒，又是漫漫長日的開始。

　　這兩位老師都不知道怎麼挺過去，對自己糟糕的表現都很羞愧，他們開始談論自己可以做些什麼。目的不在於提高水準，因為那根本不可能，但至少撐到學期結束，是還算合理的想法。

第4章
禁止家庭訪問！

······························ ❦ ······························

　　李文和范柏格原以為，他們的魅力、智慧和活力能保證自己成功，但課堂裡的混沌狀態推翻了這種假設。孩子在教室裡到處亂跑，幾乎沒有人寫作業，課堂上吵鬧不休。新老師擁有名校學位，口齒又伶俐，但學生對這一點沒什麼感覺。

　　例如，昆西是李文在巴斯欽小學班上的學生，雖然是六年級生，但身高已將近 180 公分，而且暴躁易怒，行為惡劣，會捉弄、辱罵和搧其他孩子耳光。他對出面制止的老師根本不放在眼裡，毫不理會李文要他做的任何事，而李文對管教孩子幾乎毫無經驗。

　　李文向校長和他的輔導老師尋求建議，他們的回應要不是很空泛，就是

讓每個孩子都發光：
KIPP 學校如何打破學習困境，扭轉孩子的未來

不管用。校內的普遍脫序使他確信，儘管校長心腸好，又有誠意改善情況，她對昆西不會有太大幫助。

李文和范柏格都對這種情況感到厭倦，後來突然想到，他們太努力要成為自己心目中認定的老師，卻沒有試著努力做回自己。他們在自己人生的其他部分擁有良好的本能，為何獨獨在自己班上卻一籌莫展？有一天上課氣氛特別緊張，李文以災難性的方式回應，卻沒有考慮到，這可能與教師行為規範以及法律相衝突。一如往常，昆西在教室裡閒晃，還騷擾其他學生。李文說：「坐下，昆西。」

昆西把李文當空氣，理都不理。

「馬上坐下！」

沒回應。

李文走近他，兩手抓住他的腋窩，將他舉起，從教室中間放回他的座位上。李文從未舉起那麼重的孩子，心裡很驚慌，不知道自己是否可以成功地走到昆西的座椅邊，又不至於將他摔落。他走到那裡已筋疲力盡，沒能把孩子輕輕地放進座位，而是丟進去。李文感到很窘，一邊走回辦公桌，一邊懷疑自己何時會被炒魷魚。

校方不知道交代過多少次，要他別對孩子動手動腳，這萬萬不可，弄不好會惹上官司，丟掉飯碗。他擔心自己工作不保，也擔心昆西。有的孩子可能從小就受虐，如果老師可以將他們粗魯的丟到座位上，他們會做何感想？

但李文注意到，當昆西被丟進自己座位之後，全班明顯安靜下來。那男孩是霸凌者，李文想知道，他這個做老師的沒能夠保護其他小孩不受昆西欺負，是不是班上經常籠罩著陰鬱氣氛的主因。

李文決定拜訪昆西的父母並且道歉，即使家庭訪問是校方交代不要做的

另一件事。根據學校規定，聯絡家長僅限使用電話以及請父母到校。校規也言明，年輕白人老師不應該出入巴斯欽小學附近的街坊社區。

李文豁出去了，他對自己的所作所為感到難過，覺得除了親自登門道歉別無他法。他發現，昆西所住的木造小房子離學校並不遠，他敲了敲門，昆西的母親出來應門，她體格魁偉，比她六年級的兒子矮，看起來很疲倦。「午安，女士，」他說：「我是李文先生，昆西的老師，我可以進去嗎？」

她發現李文在她家門口後，一臉驚訝，而且顯得很憂慮。和老師談論她的兒子一點都不愉快，但她還是邀請他進去了。李文在沙發上坐下，用真誠而憂傷的眼神看她。「女士，」他說：「我真的很難過，今天班上發生了一件事，我不知道你是否清楚，你兒子一直在打別的孩子耳光。」

「我了解我兒子。」她用不帶感情的語氣說。

「呃，今天他不聽我的話，所以我把他架回他的座位上。」

她點頭。

「我希望你不介意我那麼做，我希望自己以後不會再那麼做。」

「你覺得該做的就去做。」她說。她看到他一臉如釋重負的樣子。「聽著，」她說：「你是第一位進這房子的老師，你覺得該對我兒子做什麼就去做，他不聽我的話，你儘管做你覺得該做的事。」

李文走出房子時，心裡覺得好過些，但也一頭霧水。為什麼校方要警告他別去拜訪家長？拜訪家長能有什麼大問題？就這次而言，家庭訪問是有幫助的，他見了學生的媽媽，他可以看出，在她眼中，他登門拜訪而非用電話通知或是找她到學校，就展現了對她的尊重。

昆西當然成不了模範生，但從那天之後，他的行為有所改善。李文開始更自信地回應教室危機，他自問，為何不能更積極地處理不良行為，而不是

退縮到教室的角落？為何不能用他與昆西母親連結的方式，與其他父母進行相同的接觸？

　　他擬好家庭訪問時程表，試著每天放學後拜訪一位學生的家長。學生表現是否良好並不是重點，他想見見養育這些孩子的人，他需要找出如何才能激勵他們的線索。更重要的是，他想要孩子們知道自己很關心他們，才會在放學後花時間拜訪他們的家，也就是他們生活的中心。他認為，見過家長之後，如果孩子沒有做好該做的事，老師無論做何處置，都比較容易得到家長支持。

　　范柏格也開始造訪家長，他違反不做家庭訪問的規定另有其他的理由：他需要加強自己的西班牙文。他的學生懂英文而且會用英文回應他的只有半數；另一半有些似乎聽懂他在說什麼，但只會用西班牙文回答，有些則還完全在英語瀚海中隨波逐流。

　　范柏格一樣有一位指派給他的輔導教師，但對方的協助並不如預期。這位輔導老師有些佈置教室的好點子，但是談到教學，她沒輒了。范柏格急於求援，他鎖定另一名「為美國而教」的團隊成員法蘭克·柯克蘭，柯克蘭有著一頭金髮，身材瘦削，是聖母大學（University of Notre Dame）畢業生。范柏格來到時，柯克蘭已經教了一年書。他具有藝術和音樂天賦，後來成為紐約 KIPP 的創校老師和全國獎項得主，但是在一九九二年時，他仍對自己的能力充滿懷疑。他回答范柏格提出的問題，卻不主動提供建議。

　　范柏格的學生大多住在以鐵絲網籬笆環繞的小木屋，家裡種花、養狗，而且狗的種類應有盡有。范柏格敲門時，通常都是學生或學生的弟妹應門。孩子看到他會一臉吃驚，然後當著他的面猛地關上門。門內一陣笑聲和竊竊私語聲，他會再敲一次門，接著是腳步聲，大人的腳步聲，然後門打開，通

常是一位家長或祖父母，他們感到驚訝，但也印象深刻。「老師！請進。」

他經常是坐在與廚房相連的小客廳裡，客廳的油漆斑駁，牆上掛著旅遊海報和耶穌像，家長會奉上一杯飲料。他提到他請學生帶回家給父母看的西班牙文信，並自我介紹。他提醒信中的內容，說他曾表示很期待教他們的孩子，並打算做家庭訪問。

「我是范柏格先生，」他再次以西班牙文說，以便幫助對方熟悉他的名字。「令我印象極為深刻的是，我從您孩子身上看到的事情。很抱歉我的西班牙文講得不好，又有芝加哥口音。對您或是孩子，如果有任何事情幫得上忙，請跟我聯絡。」

雖然范柏格見過來自中美洲各國的父母，但這些家庭主要來自墨西哥。他們通常會邀范柏格留下來吃晚餐，起初他覺得不好意思接受，因為很多學生早上進教室時都顯得很餓，他覺得把這些家庭負擔不起的食物吃掉不是個好主意；但是當他留下來時，那晚通常都過得很愉快。因此他決定不再杞人憂天，如果他想要融入他們的文化，就不應該推辭共進晚餐的邀請。

但他發現，要吸引學生專注於課業依舊很困難。每週他都會嘗試不一樣的東西：團體學習、學習中心、直接指導、全語言。他無所適從。他一度把全班三十三名學生分成七個閱讀小組：有針對說英語者的低、中、高級閱讀小組，針對只懂西班牙文者的低、中、高級閱讀小組，以及無法分類的第七閱讀小組，結果導致一片混亂。不論哪一組他都不知道怎麼教，他無法傳達自己的期望。

但是聽了李文的故事後，他很慶幸自己沒有碰到昆西那種愛打架和霸凌的學生。他的學生沒有那麼做，而是把時間花在午餐或休息上。學生不曾公然違抗他，但他開始了解，有些西班牙話可能有那種意圖。他一再聽到一個

讓每個孩子都發光：
KIPP 學校如何打破學習困境，扭轉孩子的未來

字「chupa」。

「Cómo se dice 'chupa' en ingles?（怎樣用英語說 'chupa'?）」他問一名小女生。

「那是指 'suck'（爛）。」她嚴肅地說。

「噢，謝謝你。」他說。

他和李文喜歡在晚上六點前回家，以便規劃隔天的課程，以及收看「銀河飛龍」（*Star Trek: The Next Generation*）。這部影集充滿了希望，與日常的苦差事迥然不同。他們觀看影集時注意到，在二十五世紀，人人都識字，各色人種隨身攜帶三度儀操作時都相當熟練。開航十五年的「企業號」已經進行核融合反應。

這時他們會吃晚餐，食材通常是在山姆俱樂部（Sam's Club）購買的大批便宜肉類和蔬菜。不管煮什麼，烹飪法都一樣：烤三十分鐘，然後狼吞虎嚥吃完。

回頭講課程，范柏格擔心講課的速度，不論他每天想要做什麼，通常只能完成四分之一。他沒辦法控管自己的時間和班級，總是有事情讓他進度落後。他的五年級學生讀的通常是三年級或更低年級的東西，他很想親自在班上大聲朗讀，但那似乎等於放棄。他強迫學生朗讀，這使得課程進度甚至更慢。朗讀的學生讀起來結結巴巴，而沒有朗讀的學生覺得無聊。

晚上的時光有助於范柏格和李文彼此交換構想，但那就像試著學習駕駛企業號，兩人都不太清楚自己身在哪個銀河系。

第 5 章
教室魔法師

巴斯欽小學只有一層樓高，四周是低矮的灌木叢，校長辦公室就在右手邊主要入口內。順著大廳往前走三十步，左手邊就是李文的辦公室。從李文的辦公室向右穿過走廊，是一位高個兒女老師的辦公室，他最近開始注意到，她似乎擁有他缺乏的一切特點：創意、領袖魅力、組織力、對時機的掌握，以及對學生的絕對奉獻。

他得知她的名字叫海莉特・波爾，一有機會就往她的教室偷偷望去。她是一股旋風，一會兒大笑，一會兒唱歌，必要時還會厲聲叱責，但因為她動作太快，語氣和情緒變化迅速，讓他必須仔細傾聽，才能夠聽懂每一個字。她把她的學生當做管弦樂團來指揮，她一點頭，這些四年級生就會開始吟

讓每個孩子都發光：
KIPP 學校如何打破學習困境，扭轉孩子的未來

唱，唱著聽起來像九九乘法表的調子。她一舉手，他們就會快速恢復靜默。

李文聽過關於波爾的傳奇。她曾經兩次被票選為年度教師。非裔的她，身高 185 公分，長髮垂肩，聲音是低沉響亮的中音，擁有活潑的幽默感，發怒時口不擇言。她是老菸槍，有時穿得很嚴肅，一身深色衣服，但隔天又會穿上自己最愛的豹紋裝。她四十六歲，極富領袖魅力：家長都希望自己的小孩在她班上，孩子都喜歡她。她總是彎腰、屈身，以吸引學生注意，她的一些課堂活動很吵，常干擾到附近教室的老師，但是從她輝煌的測驗成果來看，那些運動全都有助於孩子學習，特別是煩躁的孩子。這進一步向李文證明，低收入戶學生的能力是不容置疑的。

一天早上，波爾讓班上的學生做暖身練習，李文畏畏縮縮地走進她辦公室，向前和她說話。波爾看到這名有點駝背的高個兒年輕男子，私下演練過他想要說的話。「波爾女士，」他說：「對不起，我是李文，我的班級在你們班對面，我一直在注意您的班級，我從沒有看過像您這樣的老師！我沒課的時候，想坐在您教室裡，看看您的教學情況，不知道您介不介意？」

波爾很高興看到他對改進教學有興趣，她已經習慣某些同事的怠惰和停滯不前，那些同事即使在專業發展會議中聽到實用的資訊，回到教室、關上門後，通常還是會維持舊習慣。波爾將那種情況稱為「持續現狀」。

波爾告訴李文，歡迎他來觀摩教學，然後就回她班上去了。有一次他還干擾到波爾，因為他把雙腳翹到桌上。波爾當場並沒有說什麼，因為孩子們在場，但最後他改掉了那個壞習慣，他準備要做波爾教他做的事。

每天晚上回到公寓，李文都會告訴范柏格，波爾那天做了什麼。范柏格特地休半天假來拜訪巴斯欽小學。他必須親眼看看他的朋友究竟在興奮些什麼。起初，范柏格很難了解波爾在做什麼，他無法掌握所有的言詞和手勢，

她的動作太快，他沒辦法完全吸收。當他聽了一次又一次的吟唱時，開始領悟那些呼喊與回應。

一系列極為簡單的吟唱，將 2 的乘法嵌到這首歌裡。波爾開始進行曲的節拍，學生以緊密的分組大聲喊出數字：「7、14、21 ！28、35、42 ！49──、56、63──、70、77、84 ！唔，它就在那兒！」波爾將它們稱為「指尖撥動」（finger roll），而 KIPP 後來將它們稱為「轉動數字」（rolling the numbers）。

波爾在乘法表、動詞變化和地名上訓練學生，但做法不全是吟唱。范柏格觀察波爾指導一個閱讀班，他對她與自己的方法之間的差異很感興趣，雙方的學生都有大聲朗讀，但她們班的速度要快些，對話也更詳細、更有趣。她會中途打斷學生朗誦，提出問題，並且作出評論。

范柏格看得目瞪口呆，一待就是兩小時。後來他、李文和波爾一起吃午飯，那是波爾家教班的開班日，接下來兩年，這位教學大師和兩名菜鳥老師定期會面，他們看她上課，一起到李奧王餐廳和她喜歡的休士頓俱樂部喝一杯時，問她問題。他們說週末要去她家請她指導，她則警告他們，如果只是照抄就沒辦法對自己的學生提供多大的幫助，他們必須將自己的個性融入課程中。嘗試將兩名笨拙的白種男孩，轉變成獨一無二的課堂天后波爾，是行不通的。重點是讓學生和他們自己覺得課堂生氣勃勃、好玩有趣。不喜歡教書的老師，會把事情弄得一團糟。

波爾有個構想，范柏格和李文花了一些時間才掌握到，但最後證明這個構想很重要，波爾稱之為「拋棄式枴杖」。她活潑的心智創造出一連串助記的吟唱，將文法和數學的重要規則牢牢銘印在九歲學生的腦海中。孩子們學生字，就像學饒舌歌詞一樣輕鬆和熱切，這一點不足為奇，因為波爾就像都

讓每個孩子都發光：
KIPP 學校如何打破學習困境，扭轉孩子的未來

市歌手和作曲家一樣，擁有音樂天份。指尖撥動和其他吟唱，是簡短、有趣、而且通常毫無意義的歌曲，它們的好處在於，擁有催眠的節奏，讓四年級生能夠像在教堂讚美主一樣，大聲喊出生字。波爾覺得，這種啟發式的教學方式，是造物主向她顯示的。她會離婚，也是上帝幫她做的決定，當她帶著四個孩子從奧斯汀搬到休士頓時，祂曾對她說話。

波爾向李文和范柏格極為詳細地解釋指尖撥動，她說，這只是為達到目的的權宜之計，它是一根柺杖，一個最終會棄之不用的東西。李文和范柏格不應該讓學生覺得，每次要用乘法，就得吟唱整首詩。吟唱是一種娛樂、一點趣味，可以建立團隊精神，並對學生提供背誦演算法的理由。他們愈是撥動數字，乘法表就愈會成為習慣。9 乘以 8 等於 72，11 乘以 12 等於 132，諸如此類。

背誦甚至有更重要的層面，她多次提醒：在愈來愈複雜的算術中成功運算，會帶來令貧民區孩子感到興奮的成就感。如果李文和范柏格成功採用她的方法，他們的學生很快就能正確解答困難的問題，令他們的父母兄姊刮目相看。現在和未來之間有一座橋梁，他們正從現在跨進未來，目前，學校讓人煩惱，而在未來，孩子們會了解棘手的概念，並想進一步學習。

波爾有句名言，一句貼在汽車保險桿上的嘲諷語，來源已不可考：「如果你不能跟著大狗一起跑，那就繼續待在門廊上。（不要不自量力）」范柏格和李文就是她有趣的大狗。她喜歡他們的幽默感，她知道很多笑話，但她告訴他們，他們要當老師，就必須努力工作。

李文和范柏格花了幾星期才跟上節奏，但漸漸地，他們覺得開始奏效，學生們似乎意識到他們有多努力。范柏格發現，他能夠拉攏難纏但具有影響力的學生，例如羅莎琳達，她已經十三歲，頂著一頭染成藍色的頭髮，熟悉

都市生活方式和世態，是明顯的班級領導人。她喜歡范柏格，會幫他管理班上秩序。「我們全都得遵守規矩，並且聽范柏格先生的話。」她說。她成為范柏格主要的西班牙文通譯，接納不太懂英文、惶恐不安的新孩子，並將他們介紹給范柏格這位大塊頭外國老師。她天生就是個媽媽，這一點剛開始讓范柏格感到高興，但最後令他難過：兩年後，也就是升上七年級後，她懷孕並且退學了。

十一月時，范柏格和學生們終於從暫時棲身的總部貝利小學，搬到新蓋好的賈西亞小學，他已經有充分的信心開始承擔風險。他在新教室的大門上方放置一面以大寫字母寫成的七彩牌子：**歡迎來到范柏格先生絕妙、超棒的五年級班**。有些老師認為那太出風頭，但他不在乎，他認為這面牌子讓他的學生覺得，**搬進新學校是一項偉大的冒險**。他仍然是個笨拙的老師，但他開始看到他和李文可以怎麼改進。

他愈來愈常使用波爾的吟唱，以吸引注意。其他學生走過范柏格先生絕妙、超棒的五年級班，都會往裡頭看看，他班上撰寫了自己的耶誕迷你音樂劇，學生似乎更快樂、更冷靜，而且專注力更好。

李文的班級也同樣進步了。學年剛開始，他和范柏格說明班上的標準規定：彼此尊重、不要動手動腳、發言要舉手。到十二月，他們和波爾碰了幾次面，已經開始將焦點集中在可行的做法上，比方說，快速留意不良行為、定期獎勵良好表現、刻意安排許多肢體活動和吟唱詩歌，以及展現老師的活力。他們學會應用自己對每名學生的了解，特別是家庭訪問所創造的連結關係，並且盡可能運用一點幽默，但絕不讓自己的標準下降。

他們決定以承諾來激勵班級：如果班上繼續改進，他們就會帶大家到休士頓主題樂園太空世界（AstroWorld）玩。學期末校外教學——李文和范柏

格稱之為校外課程——最後成為 KIPP 的一個主要部分，但他們第一次的嘗試令人尷尬。

那一年，他們自掏腰包補貼經費，帶學生進行小型探險，例如週六的迷你高爾夫。但范柏格班上三十名學生和李文班上二十五名學生的太空世界門票，費用超過一千美元，那可是一大筆錢。范柏格花五百美元購買學生的門票後，發覺自己銀行帳戶裡的錢所剩無幾，無法租車載大家到樂園。李文的學生住得比較靠近太空世界，而且有夠多的車子可以讓他們自行搭乘前往。范柏格不想強迫學生的家長爭奪交通工具，所以決定向拖車租賃公司U-Haul租一輛貨車。

范柏格認為這是很好的解決之道，學生和學生家長都沒有抱怨他選擇的交通方式。但是在之後的幾年裡，范柏格更熟悉休士頓社區裡特定形象的威力，開始很慚愧自己曾負責將貨車開進小學的停車場，並且當著家長的面，把三十名西班牙裔學童放到貨車後面。范柏格心中唯一的慰藉是，有另一位老師幫忙開車，讓他能夠和學生一起待在貨車後面，在前往太空世界的路途中，感染學生們的興奮之情。

第6章
我們全都會學習

· ❖ ·

　　波爾稱自己、李文和范柏格為三劍客，但他們更像是流行音樂合唱團體，至於誰是主唱，誰是和音，一目了然。

　　他們在餐廳的閒聊，看似爭論，其實是嬉鬧居多。波爾希望放學後輕鬆一下，而她那兩名初出茅廬的徒弟則有滿腹問題不吐不快。

　　「你可不可以告訴我，你朗讀課文的速度為什麼這麼快？」范柏格在他們坐下來喝飲料時問。

　　「等一下再說，」她說：「我才剛下班。」

　　「我知道，」范柏格說：「但我只想知道這件事。」

　　她和李文的關係比較輕鬆和深厚。他們就在彼此對面工作，他會觀察

她、聆聽她，並採用一些她最犀利的意見。有句流行的標語令她惱怒：「每個孩子都能學習。」她認為正確的訊息並不是那樣，應該是「每個孩子都**會**學習」。「能」這個字太被動，它指的是孩子有能力，而那並不足夠，能力和成就之間有很大的差距。許多教育家認為，要喚起運用天賦才能的動機，應該由學生和家長決定，波爾則以更嚴肅的態度看待教師的職責，每次她看到那句標語，就會提出這一點。「我不要說『能』，」她表示：「我們全都**會**學習，我**會**向孩子學習，他們**會**向我學習，不是『能』。我們全都**會**學習。」

李文和范柏格週末到她家時，她展示了更精妙的課堂管理要點。例如，她不喜歡李文在教室牆上寫標語的方式。「戴夫，」她說：「你活像一隻醉雞在寫字。」他的字母就像纖細的刮痕在紙上游移。她清空的餐桌，攤開一張包肉紙。李文和范柏格遵循她的指示裁紙，形狀就像她教室裡掛著的文字雲朵，每一片雲朵都有她希望學生學習的字。她讓李文看到，如何讓字母在每一片雲朵中更直、更厚、更清楚。

李文和范柏格觀看波爾教學，遇到她處理學生不專心或惡作劇的情況，都會仔細記錄下來。她的教室有許多奧祕，其中一項就是行為端正但又快樂的孩子是什麼樣子。她的教室不是擁有教師證的怪物所操控的戰俘集中營，就像他們在其他教室所觀察到的情況。她的孩子活潑又自在，而且班級運作順利。

有一天，李文看到波爾走到一名四年級生旁邊，這孩子正在做白日夢，回家作業全都沒有寫。「**什麼？**」她彎下身子，鼻子幾乎碰到那孩子的臉。她的口氣改成俚俗的街頭巷語，「你沒有做作業？你有三個選擇，」她非常緩慢而且清楚地說：「你……可以……轉……班，」她深深地吸一口氣：「你……可以……轉……學，」她一口氣說出下一句話：「但是會要你的人只

有我。」

「或者……你……可以……**改變你的態度和行為**……因為我不會改變。」

那孩子嚴肅地聽著。波爾女士對你說話時，你不可能不理她。「現在，你要選哪一個。」她問道。她的語氣就像個不耐煩的女服務生，正等著去服務其他顧客。「挑一個字母，挑一個字母，A、B、C……」

「我哪個都不想要，波爾女士。」

「你得挑一個，」她堅持：「這不是漢堡王，你不能跟它們店裡的口號『我選我味』一樣。要嘛換教室，要嘛換學校，不然你就要改變。」

那孩子看來很迷惑。波爾以較為平緩的語氣重複這三部分的問題，這名學生打起精神，作了選擇──第二個選項。波爾說她會給他另一次機會，並且提醒他，他能夠進波爾的班是他走運，他想在波爾的世界裡有個固定位置得靠自己爭取，外面總是會有其他班級、學校、世界，她可以將他送去那裡。這孩子聽到波爾口氣裡的疼愛與關切，心裡便覺得好過些，至少在那個當下，他已經不需要以憤怒的方式表達那些令他煩惱的事，包括：哥哥對他說的話、胃覺得如何，或是他對生命中會發生的事有多麼不確定。

巴斯欽小學仍然經常陷入混亂。就在耶誕節前，校長宣布重整，波爾成為「有教無類法」第一條款（Title I）老師，薪酬由該項聯邦計畫支付，而她的工作改為在各個教室間巡視，協助每個人。她堅持由李文接手她的四年級班，另一位老師接手李文的六年級班。

李文很後悔離開自己的班級，他認為他已經讓學生有所進步。但是擔任教職才四個月，他沒有爭論的資格。他仍然無法應付各種情況，而這項職務變動，意味著他可以更常得到波爾的指導。波爾觀察他的教室管理技巧，以

及他讓每名孩子保持專注所做的努力。她有權將最難纏的學生拉出班級，特別加以關注，但李文要求波爾不要對他的班級那麼做，他想自己學會如何控管學生。波爾決定，他們將進行部分的協同教學（team teaching）：有時候由她教課，他在旁觀看；其他時候，他負責教課，她則在旁觀看；有時候，他們一起教。李文體會到，同一間教室裡的兩位老師如何增強彼此的作用，他經常和范柏格討論這一點。

幾年後，李文成為全國知名的有效教學專家時，還不忘剛任教前幾個月波爾提供了完美的典範，讓他了解教師訓練應該是怎樣的情況。他知道，要讓老師看著別人掌管自己的班級是很困難的，但他相當信服波爾的才能，所以能夠壓抑大半的自我，接受波爾無條件提供的心得經驗。他必須相當注意波爾所做的事情，因為她不可能把所有時間花在他身上，波爾通常會在教到一半時停下來，說：「戴夫，現在你來接手。」經過一段時間，學生已經習慣這種轉換。

後來有人問李文，波爾的班級已經受過波爾的訓練，接管這個班會不會延緩自己的進展？李文微笑解釋，沒有哪一班是為另一位老師而訓練的，他跟波爾很熟，波爾的學生也經常在教室看到他，只是學生把他當做一般的新老師看待。其實情況更糟，學生們將李文視為闖入者，一名值得注意、飽受四年級生最愛的搗蛋方式折磨的受害者。他必須比在自己舊班級時更加費心，才能爭取學生的配合。

李文所取代的人，顯然是全美國教師中的佼佼者，她的學生對李文的期望，遠大於他們對某位取代一般教師者所抱持的期望。李文必須達到那些高標準，否則他這個捲髮高個兒就會淪為在公路慘遭輾斃的傢伙。李文擔心自己會毀了波爾的成果，情況就像在休士頓火箭隊進入 NBA 總冠軍賽第七場

時，你被要求替補天王巨星歐拉朱萬（Hakeem Olajuwon）。

李文注意到波爾對孩子說話的方式。溝通要積極正向。波爾會提高嗓門，但語氣適當。李文勤加練習那種混合了煩惱與關愛的語調。他的學生需要了解他打哪兒來，他認為他舉起昆西並將他丟到座位上時，就已經冒了致命的風險，但波爾告訴他，他的直覺本能是對的。那個男孩一直在騷擾其他孩子，令人無法容忍。「如果你不保護你的孩子，孩子就不會尊重你，」她告訴他：「所以你不能對爭鬥視而不見。」爾後在李文和范柏格的教室裡，傷害、甚至是取笑其他學生，都是重大罪過。他們兩人充分掌握攻擊者波爾的風格，就像母熊看到惡狼逼近小熊時，迅疾如風地出手制止。

范柏格和李文認為，學生生活中最需要的是關愛，課堂上最需要的是協助閱讀，薄弱的語文能力，阻礙了他們在數學、社會研究、科學和寫作科目上的學習進展。波爾針對閱讀、語文技巧、科學和社會研究，編了一些實用的歌曲，李文和范柏格卻是在教學時自行想出大部分的方法。他們有標準的系列基礎讀本，裡面充滿簡單的故事，他們可以對自己班上的學生解說。他們會讓學生朗讀，有時是集體朗誦，有時是由一名孩子代勞。接著，他們會提問題，特別注意確認每名學生都理解自己閱讀的內容。他們會用跳房子遊戲讓學生學習字彙：在跳房子的方格上放置字卡，學生跳的時候，要俯身從地板上取回字卡。

學校下午三點就放學，但李文和范柏格都會待晚些。有些學生需要加強輔導，他們想出各種方式說服那些學生晚一點回家，尤其是連小學程度都不到的孩子。有些孩子，他們只要直接要求就可以，也有些孩子你得討價還價。不論如何，李文和范柏格都必須確定家長同意讓孩子晚點回家。家長似乎都很高興兩位老師花這麼多時間陪他們的孩子，或至少不反對這種做法。

放學後，他們各自要照顧大約十幾名學生，只不過留下來的通常不是同一批人，主要取決於誰需要哪種協助。課後輔導的重點是家庭作業，有時候是集體指導學生寫完作業，有時是個別協助。

這兩位老師都覺得自己漸入佳境。過去這一年極為混亂，因為開頭不順利，換班級、又換學校，但他們認為已經能夠控管自己的班級，而且迫不及待要展開第二年的教學生涯。

第 7 章
大個子范柏格

⚜

　　麥可・范柏格從小就是天之驕子,因為很用功,老師都很喜歡他,同學
也喜歡他的和藹可親、幽默感、以及對人一視同仁。范柏格住的地區以愛爾
蘭和義大利天主教徒為主,猶太小孩非常少,但是他沒有為此感到困擾。他
父親弗烈德在家族經營的輸送管製造公司裡工作,跟他一樣喜歡數學。范柏
格愛打籃球(他最愛的運動),也喜歡朋友感興趣的運動,他們常到伊利諾
州水岸森林公園玩。

　　儘管如此,母親艾莉克斯一開始還是很擔心他。艾莉克斯從小就口吃,
就像她家裡其他人一樣,范柏格兩歲半時,她開始在他身上看到困擾自己的
結巴跡象。她看過一些研究指出,結巴與情緒或心理有關。有一天,他出現

讓每個孩子都發光:
KIPP 學校如何打破學習困境,扭轉孩子的未來

嚴重口吃，她讓他坐下，並對他說：「你現在的情形叫做口吃，經過一段時間，它就會變成真的口吃。你應該把它看成信號，這個信號顯示，你正試著告訴我對你非常重要的事情。」她告訴他，別隱瞞任何重要的事。

「過來，媽媽。」他說。他想玩捉人遊戲這種比較主動的活動。她認為，他需要的是媽媽多撥點時間陪他說話、玩遊戲和陪伴，所以她改變自己的時間表。范柏格成為她自己克服口吃的榜樣，結果這變成一項專業——她重返校園，研讀心理學，並發展出自己的事業。後來她兒子成為老師，花很多時間陪學生、甚至做家庭訪問，她從他的做法上看到一些自己當年的影子。這種個人的連結互動很重要，時間是很寶貴的。

范柏格四歲開始定期接受言語治療師的家教輔導，結巴的情況逐漸減少。到二年級時，結巴完全消失。他上猶太新教教堂的週日學校直到八年級，並在十三歲行成人禮。他就讀橡樹公園和河岸森林高中時，一開始很難適應，因為那所學校很大，光是畢業班的學生就超過九百人。但是沒多久，他就帶著一大班同學進行各種探險，因為這些事他小學時就全做過了，已經熟門熟路。

同學稱范柏格為費尼（Feiny）或好傢伙費尼（Feiny the Nice Guy），因為他會打點一切。他就住在威廉街上那棟淺褐色大型磚造建築裡，要連絡他們家的其他成員相當困難，包括小他兩歲的妹妹潔西。因為麥可總是在電話上，替每名同學安排社交時間表，並對家庭作業提供建議。他辦派對，就喜歡弄得熱熱鬧鬧的，還特別花心思學會冷靜淡定地喝酒。到高中畢業時，他長得又高又瘦，是狂熱的高爾夫球隊成員。他為學校報紙採訪體育運動，獲選為高年級班副主席。

就讀賓州大學時（University of Pennsylvania），范柏格的社交及政治技

巧都有進展。他加入兄弟會 ΣAE（Sigma Alpha Epsilon），後來成為活動組長、分會會長。在校園政治中，他獲選進入學生會，後來成為副主席。大三那年，他在栗子酒店找到保鑣兼酒保的工作（不是因為他夠兇狠，而是夠高大）。酒店提供歌舞表演，並歡迎另類的搖滾團體演出。

范柏格非常喜歡酒保工作，於是減少上課堂數成為全職酒保，最後晚了六個月畢業，拿到國際關係學位。他的大三論文是關於中東和平進程。一九九一年十二月獲得學位後，翌年的前幾個月，范柏格在伊利諾州參議員保羅·賽門（Paul Simon）辦公室實習，他的家人察覺到他對政治的企圖心。多年後，他在賽門辦公室的主管艾莉斯·凱恩（Alice Johnson Cain）說，他是她合作過「最傑出的實習生之一」。但范柏格發現，真實世界中的政府部門令人沮喪。前一年夏天在以色列參加的一項計畫比較令人愉快。這項計畫為期六週，主要是和衣索比亞的猶太兒童相處，衣索比亞飽受戰爭蹂躪，那些兒童都是難民。

他喜歡衣索比亞兒童，雖然他的希伯來語很差，而他們又不太會說英語，但他這名來自芝加哥的大個兒，和那些來自西非，眼睛大、身材瘦小的孩子相處甚歡。他回美國後，孩子們還寄信和照片給他。他認為「為美國而教」可能會喜歡像他這種天生擅長交友的人，於是在一九九二年前往洛杉磯的夏季培訓學院。

第 8 章
李文的童年

　　戴夫・李文樂天、愛運動，是四個孩子裡的老么，哥哥姊姊不是讀耶魯就是哈佛。他們住在曼哈頓東城公園大道拐角附近公寓的十樓，家裡有六間房。

　　李文的童年唯一的大問題是，他四年級時，母親發現他有學習障礙。當時，他就讀曼哈頓著名的私校卡爾蓋特學校（Collegiate School），每天都花很多時間寫作業，母親貝蒂覺得他花的時間已經超出合理範圍，便提醒校方進一步觀察他，一位輔導員還安排他參加輔導，以加強他對自然發音的理解，但是幫助不大。

　　就像許多高成就的家庭，李文家相當具有競爭力。父親約翰是律師，後

來成為成功的理財經理人，一如戴夫的外祖父。校方建議九歲的李文接受特殊教育那一年，哥哥亨利正好順利申請到耶魯大學就讀，李文開始懷疑自己是不是家裡唯一的笨蛋。和范柏格的母親一樣，貝蒂不打算讓惱人的障礙阻礙兒子的未來。她聯絡知名的閱讀專家金妮特‧詹斯基（Jeannette Jansky），並安排李文定期去見她。詹斯基發現，自然發音法對李文不管用，因為他聽不出許多音之間的差異。她教他一種稱為「結構分析」的方法，要他背誦字的各個部分，這樣一來，不論那些字何時何地出現，他都能更輕易地辨識。他一開始記得很慢，但很快就抓到節奏。

　　和詹斯基在一起的午後時光，將是李文一生中的關鍵時刻，不僅因為他的學業有進步，也因為他了解，成為部分不厚道孩子口中的笨蛋是什麼滋味。他開始理解課業有困難的學生心裡的不安感。他當上老師之後，絕對禁止學生因為別人有缺陷就揶揄對方。范柏格也有相同的本能直覺，可能是基於相同的原因，但由於一般男性不願意談論這類問題，他和李文很少提及彼此小時候克服障礙的類似性。不過，他們兩人都選擇教書，部分原因可能是他們記得，自己很小的時候，受過專業訓練而且關懷備至的大人為他們做了多少事。

　　李文的母親跟李文一樣，討厭不公平的比較。李文的母親擔心有老師試著拿他哥哥亨利與李文作比較，亨利也是從那所學校畢業的。在李文讀八年級時，他母親聽見有人提到李文兩兄弟，大部分媽媽對這類評論都不予理會，但他母親覺得她受夠了。她讓李文改讀地區上同樣著名的私立河谷學校（Riverdale Country School），李文並不介意轉學，他已經參加過成年禮，現在是成人了。還有一點讓他很高興：河谷學校有招收女生。

　　李文心裡還記掛著其他問題。他已經練就各種籃球技能，身高也遲早會

讓每個孩子都發光：
KIPP 學校如何打破學習困境，扭轉孩子的未來

超過 180 公分，但升上九年級時，他還不到 160，而且像電線桿一樣瘦。這讓他很難建立運動資歷，而且學業要求也是個問題，他不喜歡被人視為笨小孩，也不喜歡被迫公開表現自己，就像哥哥姊姊被叫上台領獎一樣。

所以十五歲時，他就決心要做個實力堅強的學生，而且要像他自認為做得到的運動員一樣偉大，但要默默耕耘，不會大肆宣揚。他不是宅男，也不是頭腦簡單四肢發達的運動員，絕不會揮舞著智慧或體能卓越的旗幟到處招搖，他準備用自己的方式定義人生，並努力輕鬆看待眼前的挑戰和獲致的成功。河谷學校充斥著小圈圈，他盡力調適，但並不準備融入任何團體，他拒絕被貼標籤。

十一年級時，他經常搭地鐵到哈林區和紐約市其他地方，那些地方的公共球場上有一些臨時湊人的街頭籃球賽，水準高於學校校隊和常春藤預備學校聯盟（Ivy Prep School League）進行的既定比賽。他認為那些比賽很棒，並開始欣賞他所遇到的迥異文化。

十二年級時，他在班上名列前茅，學校打算宣布由他擔任致告別辭的畢業生代表。但是他說服很喜歡他的師長不要這麼做，他甚至沒有告訴家人自己是第一名畢業的。校方要他在畢業典禮上致辭，他也拒絕了那項殊榮。如果答應致辭，他一定會忍不住批評學校對刻板印象坐視不管，而那樣做會令他敬重的師長難過。

申請大學時，李文很確定自己想上耶魯，父親是該校校友，哥哥亨利和姊姊珍妮佛也是（另一位姊姊潔西卡退而求其次，就讀哈佛大學）。耶魯大學接受他的申請，他要父母提早兩天載他到紐黑文（New Haven），以便適應學校生活。當李文的室友們報到時，他們的房間已經堆滿了啤酒空罐，這都要歸功於李文這名來自曼哈頓的新室友，以及三、四名年輕女子，她們是

李文固定的跟班。

　　打從一開始，李文就覺得在紐黑文很自在。大學和高中不一樣，有趣多了。分數並沒有那麼重要，他可以做自己想做的事，而且不必向全世界證明他和哥哥一樣聰明。他開始修哲學和經濟學的課程，並發現自己對知識的興趣愈來愈濃厚。

　　李文必須修西班牙文，以符合畢業規定。在河谷學校，有人建議他不要修外國語言，因為他有學習障礙，但他覺得可以修西班牙文。問題是，第一年的西班牙文是早上八點半上課，這對李文來說太早了，他的社交行事曆排得滿滿的。他經常蹺課，但是會找方法確保分數像樣。他開始和教這堂課的研究生約會，並且和她達成協議。她同意，如果他有看課本、背生字，並為協助紐黑文地區低收入戶小孩的社區團體表演一場西班牙文的木偶戲，她就不追究他蹺課。

　　唸完大一時，李文移情別戀，喜歡來自紐約州斯卡斯代爾（Scarsdale）的大二生克莉絲・林（Chris Lin），她是第一個說服他教導貧民區兒童的人，她要他擔任一對小兄弟的家教，這對小兄弟在紐黑文一所公立學校讀得很辛苦。李文每週拜訪他們一次，每次待兩小時，他沒受過什麼教育訓練，多少會犯錯，卻意外發現自己喜歡教書。

　　和李文不熟的人以為李文成天都在玩遊戲、喝啤酒，他們錯了，李文的讀書習慣，與他隱藏學術抱負的做法一致，把他們都騙倒了。大伙兒吃完晚餐後，通常會在宿舍裡聊運動、性愛、政治，以及耶魯校友布希的總統職務，而李文會先行離開，回自己房間。他每週週一到週三晚上讀三小時書，從七點到十點，這樣就足以讓他跟上進度。

　　其他時間，他用來掌控耶魯的社交場合。他跑到紐黑文的一家酒行打

工，想花錢已經不必再找父母拿。他在全校闖出了「酒莊佬戴夫」（Dave the Liquor Store Guy）的名號，熟知所有派對的時間和地點。關於他新形象的消息傳到父母耳裡，父母指責他荒廢學業，經過一番爭論，他不得已才說出，他平均成績高達 3.7，還擔任過河谷學校致告別辭畢業生代表。

李文四年來表面上忙著社交、私底下勤於研讀，至於之後要從事哪一行，仍在未定之天。他對擔任家教很有興趣，並決定主修教育史。他拜讀了勞倫斯・克雷敏（Lawrence Cremin）關於該主題的大作，而且將三大冊都看完。他還受到伊利諾大學學者詹姆斯・安德森（James Anderson）《1860-1935 年南方黑人教育》（*The Education of Blacks in the South, 1860-1935*）一書的影響，該書指出，美國的學校顯然是為了壓制黑人而設計，李文的大四論文就以此為主題。

李文的指導教授艾迪・麥穆蘭（Edie MacMullen）也是耶魯大學的師資培育主任，但李文不想修任何教師訓練課程，他認為方法論課程非常無聊，但對低收入少數族裔兒童教育的興趣卻有增無減。他廣泛閱讀這個主題的論述，同時維持著派對指揮者的形象。

大學期間，他做過各種暑期工作。有一年，他為紐約州長候選人李查・拉維奇（Richard Ravitch）募集請願書連署；他也曾為國會議員查爾斯・蘭傑爾（Charles Rangel）工作，替麻醉藥濫用特別委員會跑腿。蘭傑爾送他一張簽名合照，照片上面寫著：「致傑森：感謝所有的協助。」大三的那個暑假，父母替他找到一個在所羅門兄弟（Solomon Brothers，華爾街著名投資銀行）東京辦公室的打工，這份工作讓他確信自己沒有興趣追隨祖父、父親和哥哥從事金融投資業。

李文決定畢業後試試看公共服務的工作。他申請加入「為美國而教」、

全國都市研究所（National Urban Fellows）和柯羅基金會（Coro Foundation）。在前一年，同樣畢業於耶魯大學的兩位朋友加入「為美國而教」，並告訴他，他們喜歡這個組織。但是對李文來說，全國都市研究所和柯羅基金會的工作競爭更激烈，所以他把焦點集中在這些單位。

這兩項計畫，不論挑選哪一項，都會讓他繼續待在紐約，他對這兩個單位提出相同的提案：他準備建立一所綜合性、以社區為中心的中學。提供家長工作訓練和英語指導，提供孕婦孕期照護，學齡前兒童提供日間托兒，以及福利諮商、藝術工作坊和一切資源。他在兩項競爭中都進入決選，但被告知他的計畫太不切實際。指導教授麥穆蘭說，她很高興他沒有雀屏中選。「你知道得還不夠多，沒辦法成為大型政策的規劃者，」她說：「去教書吧。」

他申請加入「為美國而教」，只需寫兩頁報告，說明他為何想當老師。他描述當哥哥進耶魯大學就讀而他卻得接受閱讀專家的矯治時，心裡的感受。他也寫到協助自己脫離那種窘境的詹斯基和其他老師，並表示，他們所做的，讓他看到教育工作者如何能夠改變人的一生。

讓每個孩子都發光：
KIPP 學校如何打破學習困境，扭轉孩子的未來

第 9 章
與家長成為盟友

　　一九九三年夏天李文在休士頓上的教育課程,是「為美國而教」教師認證計畫的一部分,他希望這些課程對他第二年的教學提供一些構想。范柏格則是到洛杉磯,在「為美國而教」夏季培訓學院工作。「為美國而教」的主管一直接到這兩人的好評,該組織很高興能夠運用像范柏格和李文這些成員的課堂經驗,即使他們只教了一年書。

　　范柏格開著他買的紅色切羅基車,直奔位於加州大學洛杉磯分校(UCLA)的夏季培訓學院,他用牛奶箱裝教學資料,準備以他和李文在第一年教學犯下的所有錯誤為主題來教一門課。在前往加州州立大學北嶺分校之前的夏天,他和李文在夏季培訓學院蹺了類似的課程,但是他決心讓自己

的課不容錯過。他以二十四歲的年紀自告奮勇提供經驗之談，傳授波爾的吟唱。當一小群新老師進行實習教學時，他指導他們召集一支學習團隊。他告訴他們：「如果你把焦點放在尋找平衡點，兼顧輕鬆自在和持續專注於學習，你應該能夠走得更長遠。」

回到休士頓後，范柏格發現韋丁加重了他的職務。韋丁採納他的建議，雇用他在 UCLA 學習團隊裡的一名成員安潔雅・柯曼（Andrea Coleman）擔任五年級的雙語教師。范柏格則成為五年級的首席教師。

范柏格的西班牙文持續進步到可以暢所欲言，不過聽力方面還是有待加強。新一屆五年級班的人種比之前更多元，但大部分的孩子仍是西班牙裔，但是幾乎不懂英文的學生已經分到柯曼班上，范柏格則分到前一年四年級班中最難控制的學生。

范柏格和柯曼決定根據主題分擔課程和教學，柯曼擁有良好的西語能力和文學天賦，所以負責閱讀和寫作，他則負責數學和歷史。這個做法成效不錯，所以促使他和李文決定以相同方式劃分第一屆 KIPP 五年級的教學。

波爾使李文和范柏格確信，學習只會在運作良好的教室裡發生，而且老師一定要堅定，課程才能順利進行。李文和范柏格都是極有魅力的年輕人，大部分人認為他們是好人，至少在他們為 KIPP 和孩子們宣傳而開始討人厭之前是如此。但他們覺得自己必須嚴格對待學生，否則班上會充斥分心干擾的行為。

要他們對孩子這麼強硬實在很難，大部分孩子都很可愛，只有少數例外。但他們看過有些老師忍不住心軟，反而使得班上頻頻出狀況，所以兩人變得非常嚴格。就算孩子試探，想讓他們不追究上課時交頭接耳、漏寫家庭作業，或是取笑同學的行為，他們都不為所動。兩人的嚴格程度已經遠近馳

讓每個孩子都發光：
KIPP 學校如何打破學習困境，扭轉孩子的未來

名，有時造成其他老師和部分家長批評他們太過苛刻、甚至虐待。

　　李文和范柏格常對學生吼叫，這是嚴格但偶爾頗為有效的策略，但經過一段時間後就減少吼叫次數，改採比較平靜（但仍然緊繃）的對話方式。對於別人建議他們多多包容孩子的缺失，他們並沒有接受，他們認為孩子可以選擇因為喜歡學習而學習，或者選擇即使不喜歡學習也要學習。他們受到波爾的強烈影響，波爾堅持所有的孩子都會學習。

　　班上的新學生艾伯特讓范柏格想起李文的學生昆西。前一年，范柏格目睹這男孩朝其他同學的臉打了一拳，但老師並沒有採取任何措施。艾伯特身高 175 公分，但范柏格比他高了 15 公分，並善加運用那項優勢。每次艾伯特開始干擾其他學生，范柏格就會彎下身子，臉快要碰到艾伯特的臉，如果艾伯特別過臉或是翻白眼，范柏格就會用手指頂住男孩下巴，強迫男孩正視他。每次艾伯特犯錯，范柏格都會快速回應，這男孩不喜歡老師靠他這麼近，但似乎喜歡老師注意他，這表示他值得老師這麼費神，他開始安靜下來。

　　當艾伯特為自己的不專心或不做功課找藉口時，范柏格就逐一處理每個藉口。有一天，艾伯特在操場上打架，他告訴范柏格，是因為他在街上發現一條流浪狗，但是媽媽不讓他養，所以他很生氣。那天，范柏格帶艾伯特回家，與他母親達成協議。他們帶狗去看獸醫，范柏格支付了檢查費用，他向艾伯特解釋養狗的注意事項，並說服他母親，他會爭取養狗的權利。此後，每當艾伯特不守規矩，范柏格就會說：「你知道，我幫助你養狗，你要怎樣報答我？」

　　放學後，學生會留校寫作業或溫習功課，有時候，如果學生做完作業，范柏格和李文會帶他們到「青少年群益會」（Boys and Girls Club）打籃球和

玩其他遊戲。每次學生待得較晚，他們就會開車載學生回家。李文仍然開著他那輛福特金牛座，但范柏格把他的切羅基換成加長型雪佛蘭（Chevy）卡車，因為這種車跟他的牛仔帽和靴子很搭。他們把孩子送回家時，通常會進門和孩子父母寒暄。學生家長已經准許讓小孩放學後留校，但打聲招呼總是有益無害。親自接觸家長，就比較容易在管教孩子的方式上消弭歧見，達成共識。比方說，學校音樂劇開演前一天，擔綱女主角的學生被父親逼著退演，因為她為了洗碗出言頂撞父親，范柏格懇求他用取消在家裡的特權來處罰她，而不是拿學校的事開鍘。那位父親最後同意讓孩子表演，條件是要給他幾張休士頓火箭隊球賽的門票。

與家長建立良好關係，對曼紐這樣的學生特別有用。艾伯特開始改善之後，曼紐隨即繼任成為范柏格最具破壞性的學生。范柏格有一次順道拜訪曼紐家，並告訴曼紐的母親，曼紐擁有很好的潛力，遺憾的是他得跟她說說曼紐不守規矩的事。

她聽了之後，對孩子說：「曼紐，你聽到我們希望你做的事嗎？我這週末不帶你去練習足球了。」曼紐十歲，足球是他的人生樂趣，他有時會因為不能踢足球而哭泣，但該講的還是要講。母親說：「你有那種感覺我很難過，但你不應該讓范柏格老師在晚上撥時間來家裡和我們談，我覺得很丟臉，你必須改變。」

李文和范柏格發現家庭訪問很重要，不僅因為這樣做可以讓學生知道不守規矩一定會有後果，也因為這些訪問使家長成為盟友。有些學生表現比較好，但是後來連他們的家長也打電話來，要求范柏格或李文晚上到他們家坐坐。「請你跟我孩子談談。」他們說。

第 10 章
傳奇的雷夫老師

一九九三年春天，從賈西亞小學畢業的五年級生送給范柏格一張感謝狀，他起初以這項殊榮為傲，但是到秋天時就不這麼想了。那些畢業生升上六年級時，他開始聽到有關他們的一些事，讓他覺得自己不配擁有這個獎。

他做得不夠多，沒有讓那些畢業生為接下來的情況做好準備。范柏格和李文以前的學生都有留老師的私人電話，大多數人會經常打來，這兩位老師希望從他們口中聽到令人振奮的事，像是具有挑戰性的初中數學、思考技巧改進、讀到什麼新書等等，結果卻往往是哪些男生在學校餐廳外被痛毆，哪些女生開始跟人約會，哪些學生根本不去上學。

李文和范柏格聽了無助，但仍試著鼓勵他們。「撐下去，」范柏格對一

名男孩說：「我們知道你做得到，記住你跟著我走了多遠，學了多少。如果你的老師在課堂上講解得不夠仔細，那就記住你對我做的，舉手要求協助。」

「范柏格老師，這些老師都跟你不一樣。」

「你得掌握自己的學習。」他說。

對身在那種處境的孩子來說，這是個荒謬的建議，他心知肚明，但還是得說些話。「要迫使他們跟我一樣。」范柏格說。他心想，這番話真牽強，他把不可能的重擔加在一名六年級孩子身上。

范柏格和李文拜訪一些初中，與學生的新老師交談，但是對話往往很尷尬。國中老師用奇怪的眼神打量他們，就好像在說，這兩個人到他們學校幹什麼？

范柏格嘗試做的，是他所謂的「反向工程」，他研究初中教的科目，希望讓他的學生有更好的準備，或許還可以讓他們有更多機會令老師印象深刻，並獲得充分的指導。但是他拜訪了愈多所初中，就愈相信那不可能奏效。

一天早上，他拜訪哈特曼初中（Hartman Middle School），一個他不認識的人步出教室門口。「嘿，你是老師嗎？」那人說。

「是。」

「可以來我的班上一會兒嗎？」

范柏格走進去。當他回頭想問對方要做什麼時，那人已經走了。范柏格假定他是個老師，因為有急事要處理，沒時間解釋。范柏格環視教室，以為自己走進一場差勁的電影，一齣像「流氓學生」（*Blackboard Jungle*）那類的戲劇。那是一堂英文課，但是沒有人在閱讀或寫作，教室後面有一群男孩聚在一起擲骰子，幾名女孩則拿出化妝組合包，邊塗口紅邊聊著當晚準備跟誰

約會。他很肯定，他們一直在做這些事，甚至在老師離開前就如此。

　　這成為令范柏格震驚的時刻，因為他親眼看到地獄。每當他對學生說這個故事時，口吻就像在向人告誡《聖經》裡罪惡之城索多瑪與蛾摩拉的傳教士。「我希望你們永遠不會待在那種班級，但如果你真的待在那種班級裡，它會提供你很好的墮落藉口，」他說：「如果你發現自己在連鎖便利商店乞討，而有人問你為何淪落至此，你可以把問題歸咎於你蹩腳的初中英文老師。」

　　那天在哈特曼初中，范柏格在教室裡四處走動，詢問學生是否有應該準備的課業，每個人都說沒有。十五分鐘後，他們的老師終於回來了。「謝謝，」那個人說：「剛剛必須打個電話。」

　　范柏格和李文了解，他們對小學學生所做的一切努力，就像在擁擠的海灘上蓋沙堡一樣：粗暴喧鬧的遊客、潮水或什麼，很快就會徹底摧毀他們的心血。當他們詢問初中老師，他們教過的孩子表現如何，得到的回應往往很冷漠：「好，他們的表現還好。」初中本身一點都不好。

　　聽了初中老師的回答，李文和范柏格都覺得很生氣，他們對彼此說，初中爛透了，體制爛透了。在休士頓展開第二年的教學時，他們努力維持高標準，兩人都分配到學校裡一些最難管教的孩子，從某方面來說，那是一種恭維，但仍舊是額外的負擔。當他們努力以自己和波爾都覺得很重要的高水準執教時，他們開始懷疑，繼續從事教育是否有任何意義。

　　十月底，在賈西亞小學任教的「為美國而教」成員喬・索伊爾（Joe Sawyer）告訴范柏格，有個有趣的人即將到休士頓演講，此人名叫雷夫・艾斯奎，是洛杉磯的小學老師。雷夫老師曾獲邀在休士頓研討會上演說，這個系列講座是索伊爾認識的一位社交名媛提供部分贊助。在演說的前一晚，索

伊爾參加了為雷夫老師設的晚宴，隔天他滿懷興奮地回到學校，堅持要范柏格出席演講，學一點雷夫老師獨特的教學法。

范柏格正因為造訪初中的事飽受打擊，意志消沉，他問為何要特地去聽一位他從未聽過的老師演講。索伊爾說：「因為你做了很多他正在做的事情，他今晚在李高中（Lee High School）演講，你應該去聽。」

范柏格回家後告訴李文關於演講的事，兩人都情緒低落，范柏格考慮去讀法學院，李文想回紐約。但他們那晚沒有什麼事可做，就去聽了雷夫老師演講。他們坐在高中禮堂靠中間走道的位子，後來有個身高大約 180 公分、圓臉、留著棕色鬍子的男子出現，他穿襯衫打領帶，外加休閒外套、寬鬆長褲和網球鞋，走到大約兩百位觀眾的面前。「非常感謝主辦單位邀請我來到此地，」雷夫老師說：「我帶了一些學生來，他們有很多經驗想與大家分享，我很榮幸獲選為迪士尼年度教師，但我認為我並沒有比任何其他教師優秀，我只是真的很認真教學而已。」

他向台上坐在他後面的兩個女孩打手勢，其中一人顯然是亞裔，另一名是西班牙裔。「我們認為學習沒有捷徑，」雷夫老師用高聲調說：「那就是為什麼我的學生一年上學五十個星期，從早上七點一直待到下午五點。即使上了初中、高中，他們週六會回來找我，進行 SAT（大學學術評估測驗）訓練。我努力輔導孩子，讓他們進大學，因為如果他們希望有機會做自己想做的事，大學是他們需要去的地方。」

接下來的九十分鐘，范柏格和李文覺得自己就像身處「銀河飛龍」的模擬器中，時間暫停了，他們不記得自己什麼時候曾經這麼專心聽演講。這個人回答了太多他們的問題，解決了所有原本無解的疑問，那些一直將他們從教學推開的疑問。他擁有許多解決方案，可以解決他們的痛苦與無助。范柏

格和李文偶爾會驚訝地彼此對視，或是低聲感嘆：「哇，我的媽啊！」

雷夫老師戰勝無知、貧窮、言不由衷和官僚政治，范柏格和李文一面感受到那種興奮之情，一面試著估量他。他比他們大，但又不像是他們父母輩的年紀，他看似平凡，雖然極為聰明和自信，但不至於驕傲自大。他說的都是肺腑之言，所說的一切似乎根植於常識。

雷夫老師向觀眾介紹他的兩名學生，一名是五年級生，一名六年級。李文和范柏格知道，對這個年齡層的低收入戶少數族裔孩子該有什麼期待，雷夫老師的學生會有何不同？雷夫老師口述了一道數學文字問題給她們倆：「好，四名女服務生在一家餐廳工作，有天晚上，她們輪班結束，準備把所有小費分一分。小費總額是一百二十美元，第一名女服務生拿到三分之一，第二名拿到剩餘的三分之二，第三名拿到剩餘的四分之三，第四名生拿到剩餘的六分之五，最後剩下多少錢？」

兩名學生輕鬆以對，完全用心算，不用紙筆，她們算好答案時，大聲清楚地說出來，這是李文和范柏格的學生很少做到的事。她們看來不像是背過腳本，而是用自己的話自然地說出來，她們引導聽眾理解問題，說明自己如何進行每一個步驟。李文和范柏格彼此對望。

令他們記憶最深刻的，是莎士比亞的短劇，也是這位大詩人的小品。「我非常喜歡莎士比亞，我希望我的學生也喜歡，」雷夫老師說：「每年我們會挑選一齣戲劇，一起閱讀，一起學習，然後演出來。莎士比亞太酷了，非懂他的作品不可，我們現在想要和各位分享一些東西。」

李文和范柏格對自己的學生有很高的期望，但從未想過要對熱愛饒舌歌和 MTV 的孩子，傳授十六世紀伊莉莎白女王時代的戲劇。他們無法否定自己看到的景象——兩個女孩演了一齣長達二十分鐘的短劇，劇裡充滿莎翁的

引言和場景，還加入一些現代社會的評論，呈現幽默趣味。她們掌握了文學韻律，似乎了解背景，而且從中得到樂趣。這位老師是怎麼做到的？

演講從晚上七點開始。雷夫老師回答許多問題後，向聽眾道謝，並在晚上八點半把學生送回家。對李文和范柏格而言，時間好像靜止了。他們考慮要向雷夫老師和他的學生自我介紹，但一堆人早已將雷夫老師團團圍住，他們覺得不好意思，而且也很疲倦，他們需要花幾天消化吸收自己所看所聽的東西。

開車回家途中，李文和范柏格忍不住一再討論當晚的演講內容。經歷了所有的沮喪和挫敗，以及拜訪幾所初中後揮之不去的苦澀，他們的心情因為雷夫老師而有了轉變。他們看到的不再是問題，而是機會。

他們第一個念頭是，有為者亦若是。雷夫老師成就的事令人驚訝，但他在演講一開始就提供足夠的資訊，讓他們接受他所說的——那不是魔法。他們唯一能夠想到的，就是自己該做哪些事，以便達到雷夫老師的境界。

李文和范柏格到家時雖然精疲力竭，卻不想睡。他們把范柏格的經典款麥金塔電腦打開，聽起 U2 合唱團的「注意點兒！寶貝」（*Achtung Baby*）專輯，然後開始寫新計畫。他們認為，一年前他們開車經過莫哈韋沙漠時構思的東西很荒謬，現在的這項新計畫好多了，透過這項新計畫，雷夫老師鼓勵他們相信自己做得到的事都能完成。

應該為計畫取什麼名字呢？他們認為名稱很重要，有了名稱，就可以把它貼到教室門口、印在 T 恤上，還可以做為提交給校長的提案名稱，這樣校長就會看到他們是何等聰明，並提供所有必要的支援。

多年後，有人詢問是誰先想到名稱，李文和范柏格都不記得了，只知道可能是兩人同時想到。他們覺得這個名稱很完美，所以究竟是誰先提出並不

讓每個孩子都發光：
KIPP 學校如何打破學習困境，扭轉孩子的未來

重要。他們的計畫叫做「知識即力量課程」，縮寫是 KIPP——名稱源自他們最喜歡的波爾歌曲之一。

這些文字來自〈閱讀，寶貝，閱讀〉這首歌，李文和范柏格的學生都很喜歡。它的熱情、樂觀和俚俗具有感染力。

你得閱讀，寶貝，閱讀。
你得閱讀，寶貝，閱讀。
讀得愈多，知道愈多。
因為知識就是力量。
力量就是金錢，而且
我想要它。

◉ 自習課　今日 KIPP：杰昆起步

　　在李文和范柏格開始辦學後的那些年，數以千計的貧民區父母受到 KIPP 吸引，華盛頓特區的雪倫・霍爾（Sharron Hall）就是其中之一。霍爾十六歲時自高中輟學，雖然口才便給而且工作勤奮，並在一所浸信會學校擔任助理老師，但是在二〇〇六年春天，她為女兒和三個兒子的教育深感困擾。

　　她看到報紙上的一篇報導，提到一位名叫蘇珊・薛佛勒（Susan Schaeffler）的女子在一間教堂的地下室，創辦後來成為紐約市最具成效的公立中學，報導標題是「華府 KIPP：關鍵學院」（KIPP DC: KEY Academy）。

　　文章指出薛佛勒的第一班 KIPP 學生全是非裔美人，一如霍爾的孩子；KIPP 的學生中，有 84% 家庭收入相當低，符合聯邦午餐補助資格，一如霍爾的孩子。文中又說，在二〇〇一年入學，薛佛勒的學生平均數學分數落在第 34 百分位數，但是到二〇〇五年，那些仍待在原來班級並從八年級畢業的學生，平均數學分數躍升到第 92 百分位數。

　　關鍵學院是一所特許學校：由稅收支持的獨立公立學校。霍爾不確定她是否喜歡特許學校，那年全美有將近三千所特許學校，包括分布在十六州和華府的五十多所 KIPP 學校。文章指出，KIPP 創始人是兩位前休士頓小學教師李文和范柏格，霍爾認為，KIPP 成績斐然，但四年前，她讓女兒就讀華府一所特許學校四年級，結果成效不彰。

　　該校的學年快結束時，霍爾問女兒：「58 減 32 是多少？」那孩子一臉茫然。「55？」她說。霍爾要求特許學校讓女兒重讀四年級，一位主管說，他們覺得沒有必要。現在霍爾最小的孩子杰昆已經四年級，這個愛笑的可愛小男孩也一樣沒學到什麼，霍爾懷疑，她是不是

一樣很難說服老師，杰昆需要他們更多的照顧。

霍爾的四個孩子全都回到華府一般的公立學校就讀，霍爾詢問杰昆的四年級老師對 KIPP 有何看法，那位女老師上網查閱後告訴霍爾，她認為關鍵學院會是適合杰昆的好學校。霍爾發現，關鍵學院已經從教堂地下室搬到一棟明亮的藍色建築，地址在海軍陸戰隊兵營附近 M 街東南的一個商業區內。她前去造訪，拿了註冊表格並四處看看。和她孩子同齡的學生往來於不同教室之間，都是規規矩矩地走路，而且安靜、機伶，他們把襯衫下襬塞進褲子裡，這一點和她所知道的華府公立學校規定不同。

兩位 KIPP 的老師造訪霍爾位於阿納卡斯蒂亞的馬丁路德金恩大道附近的公寓。週六早上，五年級寫作老師茱莉亞‧貝格勒（Julia Buergler）和六年級閱讀老師凱西‧富勒頓（Casey Fullerton）坐在她家客廳裡，解釋 KIPP 的規定：上課時間長、暑期課程必修、隔週週六要上課、晚上家庭作業分量是兩小時、要與老師經常聯絡（老師會把手機號碼告訴學生）。

她們要霍爾和杰昆閱讀 KIPP 的「追求卓越」合約，杰昆大聲唸出來，這是他第一項 KIPP 閱讀測驗。他們要求看居留證，KIPP 的好名聲促使一些並非住在華府的家庭試著將孩子悄悄送進關鍵學院。

兩位老師離開後，霍爾跟杰昆談到要進新學校的事，杰昆不想去，因為原來的學校裡有朋友。但是霍爾解釋這件事對她很重要，杰昆才說他會試試看。

杰昆進入「華府 KIPP：關鍵學院」二〇一四班就讀，二〇一四是那些孩子上大學的年度。五位五年級老師很喜歡杰昆的朝氣，他是個快樂、親切和熱情的孩子。他最喜歡的老師是閱讀專家兼五年級團隊領導人米奇亞‧樂芙（Mekia Love），樂芙老師每天早上都會跟每個學生握手，但杰昆堅持要擁抱老師。

杰昆有太多地方得趕上進度，他報到時做了史丹佛成就測驗第十版，結果顯示，他在閱讀方面至少落後一級半，數學能力也很差。他是那種KIPP老師認為他們幫得上忙的孩子，即使他有專注力的問題。二〇〇六年七月十日，杰昆第一天上課，他穿著白襯衫和淺褐色短褲，看起來又瘦又小。他和其他三百名學生坐在學校小型體育館的地板上，那天是週一，也是KIPP暑期班的第一天。

　　這所學校成立於二〇〇一年，也就是薛佛勒（范柏格和李文招募的第一批校長之一）滿31歲不久後。在接下來六年裡，薛佛勒除了生三個孩子，還新設了三所KIPP：目標（AIM）、意志（WILL）和躍進（LEAP）學院，而且打算再開設兩所。全美每一所KIPP都有自己的名稱，會聘僱自己的人員和設立自己的規定。二〇〇五年，薛佛勒成為華府KIPP執行董事，並將關鍵學院交給莎拉・海斯（Sarah Hayes）——薛佛勒在二〇〇一年聘僱的第一批老師之一。

　　海斯首次迎接杰昆和其他學生的那天，才二十九歲，她穿著棕色套裝，一頭及肩金髮。她歡迎每一個年級，然後讓他們解散並回到各自的教室，只有杰昆和其他五年級生——也就是她所謂的新生——繼續待在體育館內，他們的老師則是靠牆站著。

　　暑期學校班最重要的功能之一，是讓新生適應KIPP的規則、教學方式、比賽、歌曲，最重要的是，適應KIPP的期望。海斯向八十四名新生致詞：「在你們去找你們的老師之前，我必須送你們一份禮物，而且我一拿給你們，你們就得放進自己的口袋。」

　　她從外套掏出一份無形的物體，把它放進每個孩子的手中，並彎下腰來，以便接觸像杰昆這種較矮小的孩子。「這份禮物，是我的信任，」她說：「如果你們弄丟了，是沒辦法到店裡去買另一個的，你得將它爭取回來。我請你們在未來八十或九十年的生命中不要丟掉它。

　　「你們要保住我的信任嗎？」有些孩子點頭，有些孩子說「要」。

「你們覺得怎樣會失去我的信任？」

孩子們提出一些建議：打架、說謊、不交作業。她同意，那些全是可能失去她信任的方式。

「現在我背後有一些人，」她說：「另一個可能讓我對你失去信任的方式，那就是在我背後議論我。」

有孩子提到「不尊重」。海斯的眼睛睜得大大的。「不尊重我？哈！我現在告訴你們，連試都別試，因為那會讓你看起來很糟，而且你會失去我的信任。」

「有幾種方式可以重新贏得我的信任，但是做起來很困難，」她說：「保住我的信任八十年或九十年就容易得多。」

她再次歡迎他們來到 KIPP。老師們發給每個孩子一件墨綠色的關鍵學院馬球衫，背面印著「勤奮努力友善待人」。老師們也根據教室的任務點名，每一間教室是根據老師上過的大學命名：馬里蘭、萊斯和科羅拉多。杰昆分配到科羅拉多，閱讀教師樂芙的教室。

三年前的某個參觀日，當時薛佛勒還是校長，她向五年級新生介紹自己和學校時，看到教室後面有個小男孩沒有專心聽，還跟一位朋友低聲說笑。那孩子很可愛，個兒小小的，臉上掛著燦爛的笑容，一如杰昆。薛佛勒讓其他學生離開，留下那個男孩。她坐在他旁邊，準備對他個別輔導。

「你覺得自己很可愛，對不對？」她說：「你是很可愛，但你現在是五年級生，已經夠大了，不能再做那種事，從現在起，老師在講話時，你要看著老師，專心聽他們在說什麼。你現在人在 KIPP，該是長大的時候了，我對你期望很高。」

二〇一四班報到的第一天，海斯沒有看到這種搗蛋鬼，杰昆聆聽她所說的每一個字。但是隨著這一年展開，總會有一些艱難的挑戰出現，對杰昆和學校而言都是如此。

啟動 KIPP

第11章
四處碰壁

————————❦————————

　　范柏格從索伊爾那裡拿到雷夫老師的地址，就用自己的麥金塔電腦打了一封信，寄給這位人在洛杉磯的老師，向對方介紹自己和朋友兼同事李文。

　　「親愛的雷夫老師，」信的開頭這樣寫：「很榮幸聽到您在李高中發表的演說，祝您一切計畫順利，我們很想聽到更多相關的訊息，不知道是否有機會與您再深談？我們希望聽取您的意見，學習您的做法。」

　　三週後，他們公寓裡的電話響起，范柏格接電話，發現是雷夫老師從加州打來的，雷夫老師說他很高興接到他們的來信，也樂於協助。「跟我說說你的上課情況，你想到什麼？」

　　這次對話是個開端，此後雙方持續聯絡數年。李文和范柏格每次有新構

想或是遇到課堂災難，就會向這位洛杉磯的良師求教，李文打電話，范柏格則是寫電子郵件。

雷夫老師任教於霍巴特大道小學（Hobart Boulevard Elementary School），他讓學生讀很多課外書籍，像是莎士比亞的作品、約翰‧史坦貝克（John Steinbeck）的《人鼠之間》（*Of Mice and Men*）、馬克‧吐恩（Mark Twain）的《湯姆歷險記》（*The Adventures of Tom Sawyer*）和《頑童歷險記》（*The Adventures of Huckleberry Finn*）、艾利斯‧哈利（Alex Haley）的《麥爾坎 X 自傳》（*The Autobiography of Malcolm X*）、理查‧萊特（Richard Wright）的《土生子》（*Native Son*）、譚恩美（Amy Tan）的《喜福會》（*The Joy Luck Club*）、狄‧布朗（Dee Brown）的《魂斷傷膝澗》（*Bury My Heart at Wounded Knee*），以及羅伯特‧史蒂文森（Robert Louis Stevenson）的《金銀島》（*Treasure Island*）。開始時學校一些主管持反對意見，他們不了解為何雷夫老師會選擇這份適合成人的閱讀書單，卻忽略學校提供的基本讀物，他們認為，他教的都是弱勢學生，那些孩子的英文程度還不夠，他卻要求他們讀莎士比亞，有沒有搞錯？

但是第 56 號教室的學生喜歡這些書籍和戲劇，他們的西班牙裔和韓裔父母不像中產階級的美國人，對那些經典小說突顯的種族主義和貧窮並未感到不安，他們沒有抱怨作業太難。學生的英文測驗成績也普遍增進了。當雷夫老師在一九九二年贏得迪士尼年度教師獎時，他了解到，他可能有機會和更多老師分享經驗。

范柏格和李文大肆尋求雷夫老師的每一項建議，一如他們事事向波爾請益。波爾是教室魔術師，充滿了行動、趣味和焦點，讓分分秒秒都過得有價值。她是內部女士（Ms. Inside），協助李文和范柏格強化對每個孩子所做的

努力，讓他們知道如何確定沒有學生受到忽略，以及如何在每一堂課中尋找對每名學生具有意義的東西。雷夫老師則是外部先生（Mr. Outside），長處是宏大的策略——加長上課時間、旅行。

從某方面來說，波爾和雷夫老師之間的差異是人為的，但這種差異有助於解釋范柏格和李文從每一位師父身上學到什麼。就像波爾，雷夫老師在課堂上是相當好的教師，能同時讓五、六十名學生保持專注；而一如雷夫老師，波爾在課堂外精力充沛，深具影響力。但與此同時，波爾把所有的工作時間投注在巴斯欽小學，雷夫老師則是開始走出學校，講課、帶學生到劇院、博物館和公園，將班級變成劇院，那不是教室，而是稱為「霍巴特莎士比亞課」（Hobart Shakespeareans）的俱樂部，至少他的學生是這麼想。學生每天都高興地起個大早，想搶得先機，他們問雷夫老師週六可不可以開放教室，他們喜歡和這位雷夫老師在一起（他要同學直呼其名），更重要的是，他們喜歡與同學在一起，分享雷夫老師啟發他們的各種創意。

霍巴特大道小學第 56 號教室的俱樂部逐年擴大，而且持續存在，連畢業多年的學生也會常回去探視。對范柏格和李文來說，雷夫老師最令人印象深刻的一點是，他拒絕接受傳統公立學校的標準和做法，比方說每天上課六小時、採用基本讀本和制式課程，也不遵守教育局長想要嘗試的新課程。雷夫老師贏得全國教學獎，不是因為他遵循規則，而是因為他打破規則。他認為，公立學校的作息是由習慣所支配，而這些習慣，與學生回家後控制他們貧困生活的習慣一樣不合邏輯、具傷害性和壓迫性。

雷夫老師認為，「教師不應該全盤接受這一切」，極為糟糕的是，有這麼多同事是為了五斗米折腰，彼此表示對這些弱勢的孩子愛莫能助。

他認為，比較好的課程是以邏輯方式解決問題，即使沒有人那樣做過。

讓每個孩子都發光：
KIPP 學校如何打破學習困境，扭轉孩子的未來

理智和創意可以協助老師打破失敗的循環，雖然他承認，很少人能夠像他那樣，對班級投注這麼多時間與精力。他的生活重心除了妻子與繼子女，還有第 56 號教室的學生，從清晨五點起床直到晚上十一點入睡，他通常都在想學生的事。

李文和范柏格逐漸發展出自己的風格和重點，並在管教方式等問題上與雷夫老師看法逐漸分歧，因而關係受到影響。這兩位年輕教師認定，傳統的教室禮儀規則是健全學習環境不可或缺的。雖然 KIPP 的每位新校長會與教師磋商，然後設定自己的程序，但是大部分人都採用范柏格和李文的做法，將 SLANT 規則——坐直（S）、看與聽（L）、發問（A）、點頭（N）和追蹤老師（T）——傳達給每名新生，並確定不守規矩的行為會受到立即和持續的關注。KIPP 的兩位創始人要學生稱他們為范柏格先生和李文先生，而非直呼其名，為數愈來愈多的KIPP老師，通常也要求學生正規的稱呼他們。

雷夫老師從未想過要像范柏格和李文那樣設立新學校，但他花了很多時間對來班上參訪的年輕老師證明他的教學技巧。他天生就懂得自然而然建立教室的秩序，對家長來說，他是個傳奇，這項聲譽是一大優勢。多年來，他向參觀者表示，他其實很少斥責學生，他有時候抱怨說，部分 KIPP 的老師舉止如同獨裁者。

儘管雙方理念存在著差異，但是在聽完雷夫老師演講後回家當晚，范柏格和李文完全認同雷夫老師的做法，而且想將「雷夫之語」傳播到全世界。他們選定的計畫名稱「知識即力量課程」似乎很正確，只不過是篡改自別人的歌詞。他們避開波爾的歌詞中粗鄙的工人階級情緒：「知識就是力量／力量就是金錢，而且／我想要它」。為了讓提案更符合學校官僚、私人募款者

以及自己的價值觀,他們把歌詞改成:「知識就是力量/力量就是自由,而且/我想要它」。范柏格仍然使用波爾針對較小學生所寫的原始版本。他認為,對學生而言,金錢是比自由更清楚的概念,但他也對學生談到自由的力量,也就是在一生中作出選擇的自由,其中包括帶來財務成就的自由。

李文和范柏格希望 KIPP 的上課時間為每天九個半小時,李文早上七點就開始歡迎學生到校,並在下午四點半讓他們放學。後來發現七點有點太早,便將上課時間改成早上七點半到下午五點,另外還有週六的課程,也許一個月上兩到三次。

到一九九三年耶誕假期,他們針對五年級 KIPP 班的提案已經成形,並認為相關單位應該會核准。現在他們必須決定自己對這項計畫是不是認真的。他們真的想做這件事嗎?兩年的「為美國而教」職務到六月結束,他們會繼續在休士頓待一年嗎?如果要試行 KIPP 的構想,要在哪裡進行?在李文和波爾任教的巴斯欽小學嗎?他們可以說服波爾加入行列嗎?如果行不通,他們可以在賈西亞小學成立 KIPP 嗎?范柏格的校長會同意嗎?

范柏格休假回來後,了解到自己如果在休士頓才待兩年就離開,感覺上很不妥。他覺得自己從事的是好工作,但是和那些已升上初中的學生對話的內容,仍令他鬱悶不已。他一定要針對那種情況做點什麼,否則不能離開休士頓。

李文和范柏格起初認為他們會在巴斯欽小學展開計畫,因為那是波爾任教之處,他們希望她參與。他們試著在巴斯欽小學為范柏格安排一份工作。他們擬定計畫時,安德魯斯仍然是校長,所以范柏格去見她和學校的家長協調員。家長協調員詢問范柏格接觸非洲裔學生的經驗,范柏格任教的賈西亞小學以西班牙裔學生為主,但巴斯欽小學主要是非洲裔學生,家長協調員不

確定范柏格是否已做好相關準備。范柏格敘述他在以色列教衣索比亞猶太兒童的經驗，還試著把難民營的故事說得生動有趣。令他困擾的是，家長協調員聽了之後並沒有笑。

面談結束後，范柏格離開。協調員告訴李文和波爾，他們似乎在取笑衣索比亞的孩子，而巴斯欽小學的非裔美人家長不會容忍那種態度，所以學校不會錄用范柏格。李文和范柏格改採 B 計畫，準備在范柏格的學校設立 KIPP。

范柏格不確定校長韋丁會如何回應這個構想。韋丁不反對范柏格特別延長學生的上課時間，但是對老師不聽校方指示行事頗不以為然。在范柏格印象中，她對他的不合群很不高興。

范柏格把長達二十七頁的 KIPP 提案交給韋丁。「我們想要教一個大班級，專收五年級生，」范柏格說：「我們要把學生集中在一間教室。」

「多少人？」她問道。

「大約四十五人。」他說。

「你的目標是什麼？」

「我們想要讓學生做好上磁性學校的準備。」〔譯注：磁性學校（magnet school）是以專題學科或辦學特色吸引學生就讀的公立學校，層級包含中、小學及高中。〕范柏格和李文在休士頓的第一年為小學生加強課業能力，一般混亂的中學幾乎沒有提供這類幫助，相較之下，少數特定計畫的標準就高得多。

韋丁保證有時間會看提案並思考一下，之後再提供他更詳細的反應意見。幾天過去，遲遲不見下文。經過多次提醒，她終於告訴他，她有一些意見。

「太好了，韋丁女士，你有何看法？」

「我認為你列印的字體太小了，很難閱讀，應該把字體放大一點，但你得找學區核准這個構想。」

很難從韋丁的語氣判斷她對構想的看法，不過她並沒有否決，而且樂於將李文帶進賈西亞小學。對韋丁而言，姑且不論合不合群，范柏格是有效率的年輕老師，他的朋友應該也差不多。此外，賈西亞小學是全新的學校，需要一些肯定讚譽，她認為擁有像 KIPP 這樣的創新構想會有幫助。

如同韋丁所言，范柏格和李文必須取得休士頓獨立學區的核准。他們兩人穿上自己最好的西裝，前往泰姬瑪哈陵（他們給學區總部的謔稱），該單位是以灰色混凝土砌成的冷峻建築，位於衛斯理街附近的里奇蒙大道上，看起來就像獨裁者史達林而非一位悲傷的印度王子所設計，不是個令人愉快的地方。

范柏格和李文向掌管補助經費的辦公室交出提案，他們從此著手，是因為要替參加 KIPP 週六課程的學生籌措午餐費，還要為所謂的「喜樂因素」——戶外教學和旅行費用——張羅經費。被要求這麼努力用功的孩子，需要有一些可以期盼的事物。受到雷夫老師的啟發，范柏格和李文規劃要到休士頓各所博物館、劇院和主題樂園遠足，學年結束時還要到華盛頓特區旅行一星期。他們會自行募款，但是要申請補助經費，需要學區核准申請。

會議一場又一場的開，但是都沒有定論。李文和范柏格努力解釋一個不適用於學區表格裡一般空格的構想。

「這個 KIPP 計畫將會是一項教育改革，對嗎？」

「當然，它是教育改革。」

「那你準備採用哪些新課程？」

「哦，不會有什麼新課程，學區裡有很多聰明的人士編寫了很好的課程，我們只想確定孩子們有好好地學。」

一位學區主管瞇著眼睛看他們兩人。「如果沒有新課程，這算是教育改革嗎？」

「呃，我們打算讓孩子們早上七點半到校。」

「好，我們了解，你們是要進行課前計畫。」

「哦，不是，我們會讓孩子在放學後留下來，直到下午五點為止。」

「所以它是課後計畫？」

「我們只是延長在校時間。」

「你知道我們沒有為這種計畫編列預算。」

「我們不想要你們的錢，不需要學區的錢。如果需要經費，我們會自己籌措。」

事情沒什麼進展，他們詢問雷夫老師如何和政府主管人員交涉，雷夫老師說，如果對方很友善，那就以禮待之。「但如果他們礙手礙腳，該怎麼辦？」范柏格問道。「繞過他們，無論如何都要進行。」雷夫老師說。他指出，從中阻礙的主管人員跟家具沒什麼兩樣，應該把他們當做家具繞開。

最後，有人帶范柏格和李文去見休士頓教育局長羅德·佩吉（Rod Paige）的副手蘇珊·斯克拉法尼（Susan Sclafani）。斯克拉法尼的態度冷淡，但聆聽時很謙恭，范柏格和李文是「為美國而教」的團隊成員，她喜歡那個組織，她曾協助將它帶進休士頓。「如果你們可以找到學生，就可以做這件事。」她說。

他們向她道謝。范柏格下次和她見面時她可不會這麼友善，但他們要開始招生，唯一需要的，就是她的背書認可。

第12章
當眾開除李文

李文確信，他搬到賈西亞小學以及嘗試在巴斯欽小學的第二年結束時，催生 KIPP 是明智之舉。巴斯欽小學正在進行重大調整，就在春季學期開始時，聘用他的安德魯斯校長轉到另一所學校，同時校園裡發生一起強暴案，一群五年級男生在放學後攻擊一個女孩。這事件讓區教育局長難以應付，他想任用某個他認為夠強悍的人，並挑選了一位新校長，這次是位男校長。

與此同時，巴斯欽小學教師開會選舉年度教師，波爾顯然囊括了大部分選票，但是部分老師竊竊私語，抱怨為什麼獲選的總是波爾。波爾對她認為不專業的評論感到厭煩，決定加以制止。

「你們知道嗎？」她站起身環顧四周說：「我根本不想代表你們，你們太

會抱怨了。我又不是校長指定的，而是教師票選出來的，」她停下來喘口氣。「這樣吧，把我除名好了，我不想代表你們，把我的票給李文，或是再選一次，而且不要再把我的名字放上去！」

「你確定嗎？」收集選票的女人說。

「把我的名字拿掉，祝大家今天愉快。」她說完就走出會議室。

現場開始騷動，老師們彼此爭論不休，波爾的朋友追上前去，試著勸阻她，問題就懸在那裡。她推薦李文，觸怒了某些老師，他們根本不確定這樣的新人是否值得拿這個獎。有些人顯然公開敵視他，其中有個人稱他「不過是白人版的波爾」。他發現有人在上了鎖的教職員停車場劃破他的輪胎。

但李文也有仰慕者，他們跟波爾一樣喜歡李文這名年輕人。大家再投一次票，就在李文擔任公立學校老師的第二年結束時，校方宣布他當選一九九四年年度教師。新校長對此顯然沒有意見，一如其他校長，他把焦點集中在德州學業技能評量（TAAS）測驗上，而李文的學生正在學習他們的東西。TAAS 評量學校的方式，是聯邦「有教無類法」的模式之一，該法是二〇〇二年由當時擔任德州州長的布希總統所簽署。

一九九四年的規則是，在任何學校裡，如果每個族群的學生通過 TAAS 測驗的人數不到 75％，那所學校就會被評鑑為不佳。這對新校長構成了麻煩，因為學校裡的白人和西班牙裔學生相當少，如果這些學生全都沒有通過測驗，容錯的空間就很小。巴斯欽四年級裡只有十名西班牙裔學生和一名白人學生，而且全都在李文的班上，校方告訴李文，至少要有八名西班牙裔學生通過測驗，而唯一的白人學生也必須通過，否則就會有麻煩。

李文後來回憶，學校管理人員和特殊需求人員告訴他，要避免得到「不佳」的評鑑，最好別讓那十一名學生參加考試，實際做法是：由老師或父母

簽署一項聲明，表示那些學生沒有足夠的語言技能參加測驗，或是有學習障礙，以測驗來評定學生的進展並不公平。校方要李文填寫豁免測驗申請表並在上面簽名，其他老師也這樣做，很多人不喜歡州測驗，認為對孩子施加這種壓力是錯誤的，特別是來自弱勢家庭的孩子。

李文拒絕簽署，他對一般初中的學習標準完全不抱幻想，他想要學生符合某所磁性中學的入學資格，並希望這會對他們形成挑戰，一如他一直挑戰他們。有些磁性中學是從五年級開始招生，如果他的四年級學生接受 TAAS 測驗並獲得高分，就有機會馬上進磁性學校就讀。畢竟，他和范柏格就是要開辦特殊的五年級計畫，使學生符合磁性中學的入學資格，如果他沒有盡力讓他的四年級生為 TAAS 測驗做好準備，確定大家都能通過，他就是背叛了 KIPP 構想，即使計畫還未展開。

巴斯欽小學的主管不太相信這些孩子能順利過關，是有根據的。這些學生是前一年全校學生考試成績中最差的，所以才會分配給波爾的得意門生李文。三年級時，李文的西班牙裔學生只有一人通過 TAAS 測驗的閱讀部分，通過數學部分的也只有兩人。

儘管如此，李文認為，這些學生在班上表現良好，如果給予機會，就能通過測驗。他在巴斯欽小學的第一年，班上有 70% 通過測驗，當然，那些學生那年一開始是跟著波爾，但今年他認為可以靠自己贏得比賽，最起碼，他想要有嘗試的機會。他感興趣的是提升學生的成就水準，而不是保證巴斯欽小學能在 TAAS 測驗上避開「不佳」的評等。一般人有個令人洩氣的觀點，那就是「低收入戶的孩子無法有重大進步」，李文不會向這個普遍的想法屈服。

學校主管說不動李文，就改找他班上的西班牙裔學生父母簽署表格，這

些家長也拒絕了。他們解釋說，是李文老師叫他們別簽的，他人很好，做人客氣，總是會順路來家裡坐坐，讓家長隨時掌握孩子的進展。李文老師說，孩子可以通過測驗，他們了解李文老師，他一向實話實說。

事實證明李文是對的。全班只有一人沒通過測驗的數學部分，只有兩人沒通過閱讀部分，學校並沒有在 TAAS 評等上受挫，李文的學生可以申請磁性中學。但那項消息在幾週後才傳出。校長當下顯然相當惱怒李文，他知道李文下個學年會轉到賈西亞小學，現在沒必要採取行動除掉他，不過，他決定向這位年輕老師傳達明確的訊息，讓對方知道他的感受。

在學年結束之前，這位校長由學校幾名主管陪同，親自來到李文的教室交給李文一封信，他要李文把信的內容唸出來、簽名、保留副本，並交回正本。當時正在上課，四年級生對造訪他們老師的高階代表感到好奇，好幾雙眼睛都瞪大在看。李文唸信的時候，試著不顯露情緒。

信上說，下學年巴斯欽小學不需要李文的教學服務，他被解僱了。信裡沒有提到原因。（官方說法稍後宣布：原因是不遵從指示。）他依照吩咐，在正本上簽名，然後交還人已離開現場的校長。有一兩天，李文擔心自己沒辦法和范柏格一起在賈西亞小學工作，也擔心會被休士頓獨立學區全面封殺。他的教師工會代表解釋說，那並不是事實，免職令只適用於巴斯欽小學。工會想發動示威抗議，新聞標題將極具煽動性：年度教師遭到免職。但李文拒絕了，他不希望有任何事情阻礙他與范柏格的 KIPP 計畫。

被解僱當天，李文在校長離開後沒多久就把免職通知的副本揉成一團，像投籃般以一道完美的弧形俐落地丟進廢紙簍裡。在該校任教的最後一天，當他坐進車裡準備開車回家時，他注意到後照鏡掉了，那不是遭人蓄意破壞，只是螺絲生鏽。一如許多運動員，他相信體育運動及生命中看不見的力

量，波爾曾告訴他許多關於神在關鍵時刻介入的故事，他選擇像波爾那樣，將掉落的後照鏡解釋為一個預兆。上帝正在告訴他，前往賈西亞小學，著手建立 KIPP，不要再回頭。

這是個相當好的兆頭，所以他有好幾個月沒去修後照鏡，改用側鏡確定後方沒有車輛以過快的速度逼近。他持續前進。

讓每個孩子都發光：
KIPP 學校如何打破學習困境，扭轉孩子的未來

第13章
KIPP 的承諾

范柏格和李文造訪賈西亞小學的四年級班，準備為 KIPP 招募第一批五年級生。他們想從四十五到五十名學生開始著手，準備在一間大教室裡一起教兩個班級，賈西亞小學四年級生的家長若不想讓范柏格先生和李文先生教自己的孩子，就會分配到一般的五年級班。

他們演練了好幾遍招生說明。他們大步走到每間四年級教室的前面，兩人身形高大，再加上聲音宏亮，讓人無法忽略。范柏格率先發言，因為四年級生已經在學校裡看過他。「你們很幸運，」他說：「通常四年級生在學年結束時會被分配到一個五年級班，但現在你們有選擇了，¡Qué suert!（多幸運啊！）」

「這位是李文先生,他會跟我一起任教。如果你們願意,明年可以進我們的班級,這個班叫做KIPP。」范柏格和李文在教室前面的黑板上貼了一面白色的橫幅,上面是「**KIPP:知識即力量課程**」字樣,全部用紅色和藍色字母寫成。他們認為,對望文生義的九歲孩子來說,這樣做會使他們的計畫更真實。

「現在我們要解釋KIPP是什麼,看看在座有誰有興趣更一步了解它,並爭取作這項選擇的機會。」范柏格說。

「在我們這麼做之前,請告訴我們:如果可以造訪美國任何地方,你們想去哪裡?」

「迪士尼!」一個孩子喊道。

「加州!」

「華盛頓特區。」

四年級生喜歡許願遊戲,他們提出更多建議:紐奧良、聖安東尼、達拉斯、阿拉斯加、夏威夷。一如排練的情況,范柏格和李文等全班安靜下來,才開始像廣播節目主持人一樣,一搭一唱。「如果你們可以到休士頓任何地方,你們想去哪裡?」范柏格問全班:「你們喜歡太空世界嗎?你們喜歡滾輪溜冰和冰刀溜冰,以及所有那些地方嗎?你們有什麼看法?」

「明年在KIPP,」李文一搭:「我不知道我們可不可以去佛羅里達州,但或許可以帶孩子們去華盛頓特區,對不對?」

「我想我們可以,」范柏格一唱:「至於所有本地的景點,你不覺得我們可以在下課後帶孩子去嗎?他們得努力贏得那個機會,但我們可以帶他們去那裡。」

李文頓時顯得很興奮,就好像他第一次聽到這個很棒的建議。「好!」

他熱情地說：「可以！」

范柏格舉起一塊夾滿家長通知的筆記板。「所以，如果你選擇到 KIPP，你有很多事情得開始做。」他說。他可以看到孩子們臉上顯露的一些興趣，至少顯露了好奇心。有些較大的四年級生裝作蠻不在乎的樣子，但兩位老師可以看出，他們也有在聽。

「以下是關於 KIPP 的好消息，」范柏格說：「如果你上 KIPP，你會開始做很多這類事情。那是好消息。接下來有**真正的**好消息。你們想要聽真正的好消息嗎？」

有些孩子點頭。

范柏格閃現他最燦爛的笑容。「如果你上 KIPP，**真正的**好消息是，你早上七點半上學，一直待到下午五點，星期六上學四個小時，暑假上學幾個星期，每天晚上寫家庭作業，這一切會讓你做好上大學和過好日子的準備，那是真正的好消息。」

他們小心翼翼地練習這部分的演說，他們知道，如果講的時候語氣和詮釋不適當，就會讓人覺得他們像傻子一樣。招生的簡報很重要，在往後幾年間，他們做了很多次，他們會修正和推敲說詞，將它變成美國公共教育年鑑中極為獨特的東西——一項成功的訴求，讓小學生心甘情願選擇做比以往任何時候都來得多的作業。

在賈西亞小學困惑的四年級生面前，范柏格和李文第一次嘗試這種做法時，並不確定它會不會奏效。基本上，他們策劃了一個巧克力蛋糕和冰淇淋願景，然後在上面淋了一鍋熱騰騰的菠菜。現場一度陷入沉默，令他們欣慰的是，他們可以看出，這些孩子並沒有拒絕他們的提議，至少到目前為止還沒有。孩子們正在考慮。如果再稍微推一把，他們可能會被說服。范柏格和

李文繼續按腳本對話。

「那我們星期六上課，需要吃午餐，對吧，李文老師？」

「我想是的。」

「哦，」范柏格轉向全班說：「那你覺得我們應該到哪裡吃午餐？」

這些是二十世紀末的美國都市小孩，他們最喜歡的用餐地點寥寥無幾，卻受到熱情擁護：有幾個聲音喊出「**麥當勞！**」

「嗯，」范柏格對他的同謀說：「你覺得我們可以去麥當勞嗎，李文老師？」

李文說，他覺得可以。

交易還沒完成，他們還要提供更多甜頭。在雷夫老師的建議下，他們在班上採用所謂的薪水支票，薪水支票是進展報告，設計上很像受薪階級的週薪存根。范柏格和李文將 KIPP 薪水支票樣本印在一大張金黃色的硬紙板上，支票上有空格，學生表現良好和行為良好，老師就會在空格上填寫以 KIPP 幣表示的點數。老師也會對特別努力的行為提供點數，稱為 ganas 點數，以紀念洛杉磯數學老師詹姆·艾斯卡蘭德（Jaime Escalante），那位一九八八年電影「為人師表」（*Stand and Deliver*）頌揚的老師，ganas 是艾斯卡蘭德最喜歡的字，意思是成功的渴望。

學生們傳閱支票，他們不太確定這個東西會如何在學校裡發揮作用。范柏格繼續講話，而且速度慢到讓每個人能夠了解這個奇怪的新班級會如何運作。「沒錯，」他說：「如果你上 KIPP，你也會得到酬勞。」KIPP 幣可以兌換學校用品或糖果，或是存起來支付學年結束時的大型旅遊。「所以好消息是，如果你上 KIPP，就可以去旅行、去麥當勞，而且能得到酬勞。現在要講**真的真**的很好的消息。」

范柏格和李文是低級獨立電視台——比方說休士頓播放「銀河飛龍」那台——的鑑賞家,所以研究過資訊型廣告(infomercials)。銷售清潔劑和小裝置扳手的電視購物專家,提供了他們行銷閱讀和數學課程的點子。他們在KIPP招生說明中借用一些技巧,包括電視購物專家興高采烈的堅持在每項很棒的交易上追加更好的產品。他們避免採用制式的電視勸誘——「等等,還有更多!」他們機靈的觀眾可能會注意到並視之為詐欺,不予理會。但那是他們所做的事。

他們了解,有個做法深具威力:讓潛在顧客覺得沒有任何決定是不可更改的。如果潛在顧客不喜歡產品,可以退貨。「現在,如果你有興趣的話,」范柏格揮舞著手上的一疊表格說:「不必現在就說要或不要,我們想知道,有哪位同學要知道更多關於這個學校的資訊。我們有一封信,希望你們帶回家,如果你們有興趣,就讓父母在信上面簽名,然後交給我們,我們會知道到哪裡找你們,並和你們進一步談這件事。」

一九九四年KIPP行銷宣傳活動的回覆率令人鼓舞,賈西亞小學九十名四年級生中,有大約六十五名帶回父母的簽名信。范柏格和李文想要收七十五名學生,並請波爾隨李文一起轉到賈西亞小學,擔任第三位KIPP教師,但是波爾拒絕了。李文後來花了兩年試著改變她的想法,但是她堅持立場。他們是沒有家累的冒險家,為新計畫興奮不已,但是對擁有四個孩子、一筆抵押貸款,以及從學校主管和家長那裡辛苦爭取到尊重的資深教師來說,這一步跨得太大了。

所以,在沒有波爾的情況下,范柏格和李文開始造訪有意就讀KIPP的賈西亞學生家庭,他們在放學後挨家挨戶拜訪,直到華燈初上,連週末也不錯過。身為高大的白種男人,他們在那些社區裡非常醒目,「范柏格老師和

李文老師用心良苦」的消息也不脛而走。當然，范柏格的西班牙文很蹩腳，李文也好不到哪裡去，但至少他們試著講，而且很尊重年紀其實比他們大不了多少的家長。

李文和范柏格對家庭訪問的支持，最後將成為他們最不符合傳統的政策之一。許多學區主管人員，包括貧窮地區和富裕地區，都不鼓勵這種做法。但范柏格和李文發現，大部分父母認為家庭訪問代表尊重，即使他們沒有事先打電話說一聲。這尤其適用於送孩子到賈西亞小學就學的大多數墨西哥裔家庭，這些家庭的父母或祖父母生長的社區裡，教士神父和學校老師常來拜訪，范柏格和李文，誤打誤撞採用了那項受人尊崇的傳統。

招生的家庭訪問中，他們草擬所謂的「追求卓越」表格，表格的一面是英文，另一面是西班牙文，上面列出老師、學生和家長的承諾。老師的義務先列出來：

教師的承諾

我們以下列方式向 KIPP 校方承諾：

- 我們會在週一至週五每天早上七點十五分之前到校。
- 我們會在週一至週四待到下午五點，週五待到下午四點。
- 我們會在適當的週六早上九點十五分到校，並待到下午一點〇五分。
- 我們會開暑期班。
- 我們永遠會以所知的最佳方式教學，並會盡一切努力讓學生學習。
- 我們會隨時協助學生及家長，解決他們可能會有的任何疑慮。
- 我們永遠會保障教室內所有個人的安全、利益和權利。

未能遵守上述承諾者，可能會遭到免職。

x _____

請以印刷體在此簽名。

家長／監護人的承諾

我們以下列方式向 KIPP 校方承諾：

- 我們會確定子女週一至週五每天早上七點二十五分之前到校。
- 我們會作好安排，讓子女在週一至週四待到下午五點，週五待到下午四點。
- 我們會作好安排，讓子女在適當的週六早上九點十五分到校，並待到下午一點〇五分。
- 我們會確定子女參加暑期班。
- 我們永遠會以所知的最佳方式協助子女，並會盡一切努力讓他們學習。這也表示，我們會每晚檢查子女的家庭作業，如果家庭作業有問題，會讓他們打電話給老師，並試著每晚與他們共讀。
- 我們會隨時協助子女及學校，解決他們可能會有的任何疑慮。這也表示，如果孩子無法到校，我們會盡快通知老師，並仔細閱讀學校寄到家中的所有文件。
- 我們會同意讓子女參加戶外教學。
- 我們會確保子女遵守服裝規定。
- 我們了解子女必須遵守規定，以保障教室內所有個人的安全、利益和權利。該負責子女行為和行動的人是家長，而非校方。

未能遵守上述承諾者，可能會造成子女喪失各種 KIPP 權利。

X _____

請以印刷體在此簽名。

學生的承諾

我以下列方式向 KIPP 校方承諾：

- 我會在週一至週五每天早上七點二十五分之前到校。
- 我會在週一至週四待到下午五點，週五待到下午四點。
- 我會在適當的週六早上九點十五分到校，並待到下午一點〇五分。
- 我會參加暑期班。
- 我永遠會以所知的最佳方式讀書、思考和行事，並會盡一切努力讓自己和同學學習。這也表示，我會每晚完成所有的家庭作業；如果家庭作業或是上學有問題，會打電話給老師；如果有不懂之處，會舉手發問。
- 我會隨時協助家長及老師，解決他們可能會有的任何疑慮。如果我犯錯，這表示我會向老師說實話，並為個人行為負起責任。
- 我會永遠遵守規矩，以保障教室內所有個人的安全、利益和權利。這也表示，我會永遠聆聽所有 KIPP 團隊成員的話，並尊重每個人。
- 我會遵守服裝規定。
- 我會為個人行為負責，並聽從老師的指示。未能遵守上述承諾者，可能會造成我喪失各種 KIPP 權利。

讓每個孩子都發光：
KIPP 學校如何打破學習困境，扭轉孩子的未來

X _____

請以印刷體在此簽名。

　　李文和范柏格在自己公寓牆上貼了一張大圖，圖上面寫了 1 到 50 的數字，每招到一名新生，就劃掉一個數字。他們也嘗試募款，范柏格向一百多家公司和基金會申請，他其實並不知道要怎麼做，但是「為美國而教」的區域主任說，那是個好主意，所以他就興沖沖地推動他的募款活動，即使毫無技巧可言。他翻找電話簿，抄下休士頓幾家最大企業的負責人姓名及電話號碼，並且一一去電，查到公關主管的姓名。他寫信給那些高階主管，解釋 KIPP 的目的，並要求見面進一步討論計畫。

　　在一百多封信中，只有三分之一回覆，大部分都以客套的公司用語說，他們從未聽過 KIPP，而且不喜歡它的發音。沒有一家公司承諾捐款。范柏格寫信給朋友和父母的朋友，得到的回應比較好，募到大約兩千美元，包括許多張面額二十美元的支票。

　　李文也募到差不多金額的款項，但不需要寫這麼多封信，范柏格的結論是，李文的聯絡人比較好，作風也更勝他一籌。對范柏格而言，這是說明他們之間差異的最佳例子。范柏格是美式足球的截鋒，在中線弄得一身瘀傷、掛彩和泥濘，李文是四分衛，敏捷地避開對手的擒殺，並且明智地將球傳到達陣區的角落，不但贏得比賽，而且球衣依舊乾乾淨淨。

　　范柏格經常說他是勞役馬，而李文是表演馬，這些說法令李文覺得好笑，李文並非完全不同意他朋友的描述方式。他們了解，比起世上其他人，他們倆都是極端的工作狂，但是將兩人之間的小差異誇大，為圈內增添了豐

富的笑話來源。李文發現一個甚至更好、更文藝的隱喻來說明他和范柏格的故事。他要范柏格讀賴瑞・麥墨崔（Larry McMurtry）的暢銷書《寂寞之鴿》（*Lonesome Dove*），此書的主角是兩名前德州巡邏騎兵，他們也是個性迥異的好友。

這本書令范柏格大吃一驚，它完美萃取了他一直在談論的內容，他一看書，就覺得自己是伍德洛・考爾（Woodrow F. Call），考爾是很努力但毫不富裕的農場工人，天還沒亮就上工，做到太陽西下還未收工，而他朋友葛斯・麥可雷（Gus McCrae）則老是到城裡去找最漂亮的女人，要不然就是坐在農場的門廊上喝著威士忌。但是一有危機發生，倦怠的麥可雷就像擁有魔法一樣，搖身一變成為英雄。他追捕惡棍，勇救少女，考爾看得目瞪口呆，敬佩不已。此後，每當范柏格需要李文的緊急協助，他必須做的就只是留下訊息說，該是讓葛斯從門廊起身的時候了。

不論作風有何差異，范柏格和李文一起設法為 KIPP 籌到了四千美元，該怎麼處理這筆錢？他們再度拜訪學區補助款主管，也就是那些覺得他們想法相當令人困惑的人。補助款主管很詫異再度看到他們，這四千美元引發驚愕。當主管們低聲說話並忙碌的走來走去時，兩位老師耐心地坐等。最後，他們通知范柏格和李文，KIPP 募款帳戶已經設好，錢已經存進去了。身為 KIPP 創始人，范柏格和李文可以決定要如何動用資金，但必須由韋丁核准每一筆開支。

開始新事業令人振奮。李文的大學女友有個做設計師的哥哥，名叫約翰・林（John Lin），他替新計畫設計了標誌，包括 KIPP 四個字母的時尚字體，他把這些字母做得好像是用粉筆寫在黑板上一樣。范柏格和李文構思 T恤、課堂時間表和課程，並針對佈置教室交換意見，他們會從六月份起為期

三週的暑期班，開始著手讓學生習慣 KIPP 諸多的新規定。

韋丁起先說，她可能會把某間比一般教室大的幼稚園教室撥給他們，後來又說，要給他們更好的地方：賈西亞小學一樓某間大型多功能教室，五十名學生在那裡上課會很適合。

范柏格請休士頓的廣告招牌製作公司製作一條長 2.4 公尺、高 1.2 公尺的塑料橫幅，橫幅襯著白色背景，上面寫著「**KIPP：知識即力量課程**」，「**KIPP**」字樣用紅色，「**知識即力量課程**」字樣用亮藍色。賈西亞小學的門警有一把用來更換學校兩層樓高門廳燈泡的梯子，被李文他們借去。他們把橫幅掛在 12 公尺高的空中，看起來像高中體育館頂端的一面優勝錦旗。

韋丁把范柏格叫進辦公室。「范柏格先生，是誰允許你掛那面橫幅的？」

「喔，」他說。他和校長這樣的對話已經變成例行公事，他總是說同樣的話。「我不知道得要取得許可才能掛上橫幅。」

她下達她的標準指示：「從現在起，要先取得許可。」

「是，女士。」

第14章
我們將改變世界

　　李文和范柏格在尋找金主時，想到可以找吉姆‧麥可因維爾（Jim McIngvale）。在休士頓，他比較知名的稱號是床墊大王麥可（Mattress Mack）。麥可經營藝廊家具店多年，這間店從商業街 I-45 裡的幾個攤子，擴展成為稱霸賈西亞小學所在的休士頓北部、乃至於全市的最成功企業之一。范柏格寫信給麥可，但是石沉大海，他看到那個人的電視廣告，突然想到，造訪那家店也許是接觸他的較好方法。

　　許多美國城市都擁有像麥可這樣熱愛電視威力，不怕在電視上看起來愚蠢的企業家。李文和范柏格入迷地看著床墊大王麥可的電視廣告，他們兩人推銷閱讀、寫作和數學給通常不太有意願的買家，向來樂於學習新的推銷技

讓每個孩子都發光：
KIPP 學校如何打破學習困境，扭轉孩子的未來

巧。

「快來藝廊家具店，我們**真的**會幫你**省錢**！」床墊大王麥可在電視螢幕上對著他們大喊。他將一大把鈔票丟向攝影機，卯足全力要清楚說明，顧客來他這家快速成長的商店，一定會覺得不虛此行。

他會把錢砸向 KIPP 嗎？范柏格和李文開車過去，他們預期，那麼開朗的人應該不難找到。麥可人在陳列室那一樓，手邊有支擴音器麥克風。「嗨，麥可先生，」范柏格說：「我們是賈西亞小學的老師，其實現在還不是那裡的老師，但快要是了。」

「老師！」他說：「我喜歡老師。要幫助我們的國家，最先要整頓的就是教育。等一下。」

他抓住擴音器麥克風。「**注意！只限今天，只限今天，長沙發打八折，確定你能搶到長沙發。**」

他把注意力轉回訪客身上，范柏格立即投入，因為不確定接下來會發生什麼事。「我們從五年級生開始進行這項計畫。」他說。

「噢，五年級生，」麥可熱切地說：「一個非常重要的年紀，就在上中學之前。等一下。」

他再度按下麥克風按鈕：「**躺椅！躺椅！快去看躺椅區。**」

李文和范柏格診斷他患有嚴重的注意力缺失症，或至少是這種症狀的商業變體，所以他們必須搶時間說話，就像十秒鐘就播完的新聞剪輯。「我們正展開一項稱為 KIPP 的計畫，」李文說：「這個縮寫代表『知識即力量課程』，我們認為學習沒有捷徑可言。」

麥可的眉毛揚起。「你說什麼？」

「我們認為學習沒有捷徑可言。」

這位家具商的謀生之道，取決於快速和動人地傳達極其重要的資訊，他對名言佳句這個主題很著迷。「你知道嗎？」他說：「那句話**對極了**，沒有捷徑可言，重點全在於努力工作，對吧？所以我要再問一次，你們為什麼而來，男孩們？」

　　范柏格說得很快：「嗯，我們設立這個計畫，讓孩子從七點半上學到五點，今年暑假要讓每個孩子都上暑期課程。」

　　麥可咧嘴而笑。「這**太棒了！**」他說：「這正是公立教育需要的東西，那我能幫上什麼忙？」

　　「呃，」李文說：「我們把這項提案整理出來，」他把一份 KIPP 計畫遞給這位生意人。「我們想知道您是否知道有誰可以幫忙，我們需要為一些事項籌款，像是週六的午餐、校外教學，還有──」

　　「男孩們，我真的很喜歡你們，」他說：「這樣吧，我需要請我的教育導師來執行這件事，你們有沒有聽過撒迪厄斯‧羅特（Thaddeus Lott）？」

　　他們說「聽過」。美國廣播公司（ABC）電視新聞雜誌節目 20/20 曾有一則關於他的報導，他很出名。「羅特，」麥可說：「是休士頓衛斯理小學（Wesley Elementary School）的校長，他讓孩子排成一排走路，教自然發音，而且知道如何做基本技巧的訓練。他是我的教育顧問，他會知道要做什麼。跟我來。」

　　他們穿過這間店，走到停車場。「這是我的車，」麥可說：「你們開車跟我來。」

　　范柏格的載貨卡車開到衛斯理小學，花了十五分鐘，范柏格驚奇地搖著頭說：「李文，我們還真是沒經歷過這麼奇怪的生活。」

　　到了衛斯理小學，麥可對祕書們揮手，並走進撒迪厄斯‧羅特的辦公

讓每個孩子都發光：
KIPP 學校如何打破學習困境，扭轉孩子的未來

室，他們則跟在他後頭。「羅特，你好嗎？」他向坐在辦公桌後面的高大男人說，同時把 KIPP 提案「啪」一聲放到校長辦公桌上。「羅特博士，這兩個男孩來找我，他們有個叫做『知識即力量』的計畫，想要我支持，我要你告訴我，這是不是個好計畫。」

麥可坐下，拿了辦公桌上罐子裡的糖果，羅特瀏覽提案時，范柏格和李文在一旁等待。羅特問了一連串問題：他們招了多少學生？課程重點是什麼？會採用自然發音嗎？韋丁女士對他們的計畫有何看法？他們需要多少錢？打算如何運用這筆錢？這些問題比他們在學區總部那裡聽到的問題更有智慧更實際。過了一會兒，羅特向麥可示意，這兩個男孩似乎有做過通盤考慮，他花的時間可能沒有白費。

床墊大王麥可對這項消息的反應，就像他剛從萬豪酒店（Marriott Hotel）集團接到一筆訂單一樣。「我們將改變世界！」他說：「我們將改變世界！」

「男孩們，」他說：「這樣好了，我認為羅特博士所說的事情好極了，你們應該採用 SRA 閱讀計畫，也就是他採用的那個計畫。如果你們同意在閱讀計畫中採用 SRA，我會為此付費。」

這兩位老師還沒有想到閱讀課程，一如雷夫老師，他們的課程會集中在閱讀和分析小說，他們認為，採用哪個計畫來補充那個部分無關緊要，於是就表示樂於採用 SRA。如此一來就成交了。從那時起，對李文、范柏格和 KIPP 來說，休士頓的金主裡，沒有一個比床墊大王麥可還大，床墊大王麥可喜歡把錢砸向他們，就像他喜歡把錢丟向電視攝影機一樣。

第 15 章
KIPP 暑期班

———— ❧ ————

　　六月初，第一批 KIPP 學生走進范柏格和李文在賈西亞小學的教室，他們既好奇又興奮，但也對額外的作業有點擔心。他們的新老師則是惟恐有些學生會缺席，因為那些學生的家庭習慣在暑假回墨西哥探親。但是頭一天開學，幾乎每個人都報到了。

　　李文和范柏格記得，一九九四年那三週暑期課程是他們教書生涯最棒的時期之一。可以肯定的是，他們擁有格外龐大的班級——是以前教過班級的兩倍大。但他們採取協同教學，彼此截長補短，效果甚至比預期的還要好。

　　他們把這一班比喻成他們週末最愛打的籃球，兩個在球場上合作無間的人，可以成就任何事情。教室裡也可以進行不看人傳球、狂猛擋人、背後餵

讓每個孩子都發光：
KIPP 學校如何打破學習困境，扭轉孩子的未來

球、空中接力灌籃——他們的選擇極多。他們擔任老師的第一年情況混亂，第二年就了解該做哪些事。現在進入第三年，一切駕輕就熟。李文和范柏格想要學生了解，KIPP 與他們以前讀過的班級完全不一樣，范柏格用電影「綠野仙蹤」裡桃樂絲說的話，來比喻今非昔比：「托托，我們現在已經不在家鄉堪薩斯了。」第一天，兩位老師都穿著西裝，而非平常小學老師的休閒打扮，他們準備稍後送給學生 KIPP T 恤做為成年禮。

教室門上方放了一面牌子：**歡迎來到李文先生和范柏格先生絕妙、超棒的五年級班**。身為教室裝飾家波爾的徒弟，他們決心讓自己的新天地成為傑作。他們有可愛的佈告欄，其中一面佈告欄上的箴言是：我們全都會學習，另一面是一群海豚潛入三個 D 的圖片，這三個 D 是：**渴望**（desire）、**紀律**（discipline）和**投入**（dedication）。圖片中有五十隻小海豚，每一隻都貼著一名學生的名字。孩子頭頂上方是文字雲，用釣魚線從天花板懸吊著。學生看到教室的每一個地方，都會學到某樣東西，至少那是兩位老師所希望的。

報名參加 KIPP 的五十名學生中，只有一人第一天沒有報到，范柏格和李文那天下午造訪她家，發現她已經改變心意，她不想要上 KIPP，寧可讀上下課時間正常的班級。在四十九名出席的學生中，四十二名是西班牙裔，六名是黑人，一名是白人，他們來自兩班普通的賈西亞小學四年級，以及兩班還在從西班牙文過渡到英文的特別班。

范柏格和李文知道，夏天開始新計畫是很特殊的，他們本可等到八月，也就是一般學年開始時，但他們希望加長上課時間和學年，而且想要馬上就做到。一般認為，暑期班是針對學習緩慢孩子的補救教學，范柏格和李文希望挽救暑期班這種汙名，並且讓人看到，暑期班可以提高每個人的學習標準。他們會開始認識學生，而學生會開始認識他們和他們的方法。當正規學

年開始時，他們就不需要花費前幾週的時間向每個人介紹 KIPP。

　　從大廳天花板懸掛下來的龐大 KIPP 橫幅，吸引了一些注意，但幾乎沒有人對 KIPP 課程大驚小怪。在這三週裡，賈西亞小學有正規的暑期班課程。從遠處看，李文和范柏格所做的，與其他暑期班老師似乎大同小異。協同教學？那已經過時。歌唱和吟誦？范柏格從定期和波爾碰面一直到現在，近兩年來，在賈西亞小學一直採取那種做法，其他老師並不覺得有什麼大不了的。

　　在 KIPP 教室，學生坐在雙人桌後的藍色椅子上，所有雙人桌排成兩個 U 字形，一個 U 在另一個裡面，兩個 U 的開口端指向教室前面。范柏格或李文沒有繞著教室走來走去時，就會站在中央教課。教室很擁擠而且顯得很混亂，就像個雙環形馬戲團，由兩位 190 公分高的馬戲團團長領導。

　　那年六月，他們維持一般的暑期班上課時間，也就是早上八點到下午兩點，他們希望先創造團隊合作和家庭的氛圍，再切換成較長的上課時間。他們想要學生從一開始就習慣他們的期望，並了解慣常的程序。第一天，范柏格、李文和學生大聲閱讀蘇斯博士（Dr. Seuss）的《史尼奇》（Sneetches），這本書生動有趣地介紹團隊和家庭的概念。接著，他們閱讀一些歷史性的演說，包括美國黑人民權領袖馬丁·路德·金恩的〈我有一個夢〉（I have a dream）演說。第二天，他們閱讀更多書，包括《北極特快車》（The Polar Express），兩位老師每晚出作業，要花一兩個小時寫完。一如他們的預期，許多學生並沒有完成作業，那提供他們第一次機會證明，KIPP 不會像其他休士頓學校那樣，對這種過失坐視不管。

　　在 KIPP 的第二天，有個留著一頭黑色長髮、名叫梅麗莎的女孩告訴范柏格先生和李文先生，她沒有做家庭作業，但沒說明原因。范柏格站在她的

讓每個孩子都發光：
KIPP 學校如何打破學習困境，扭轉孩子的未來

桌子邊，和她討論這一點。他把李文叫過來加入對話。「李文先生，你記得每個人都簽過的合約，對吧？『追求卓越』？」

「我確實記得，范柏格先生。」

「梅麗莎，你簽過名的，不是嗎？」

她點頭。

「那份合約不是也說，你會以你知道的最佳方式讀書和行事，而且會盡一切努力讓自己和同學學習？」

她有些疑惑地盯著這兩個穿西裝的人看。這件事會有什麼發展？她意識到自己陷入麻煩，卻不了解為什麼。從來沒有人這樣對她說關於作業的事。

「記住，梅麗莎，」李文說：「學習沒有捷徑可言。」

「對，」范柏格提高聲調說：「我們已經說過這點！我們每天努力教導你，我們需要你努力學習並且完成作業……」

他停下來，因為梅麗莎開始哭了，這兩位老師改用較為和緩的語氣。范柏格在她旁邊坐下，開始瀏覽作業。他說，她做得到，而且她唯一需要做的就是撥出一些時間。但他繼續堅持說，這個班級沒有其他選擇。「梅麗莎，親愛的，」他說：「我們希望你把作業做完。」她不再哭泣，開始聽話。

每天早上八點上課時，他們會出三十分鐘的思考能力作業，通常是一些數學的文字問題，以及與目前課業相關的其他作業。當學生在寫作業時，范柏格和李文會在教室走來走去，檢查作業。

他們傳授經典的波爾練習，運用波爾多達 33 位數（他們所謂的德州尺碼數字）的位值課程（place value，譯注：每個數字除了本身的值之外，還有一個位置值；運用少數符號，如 16 進位的 A 至 F，透過不同個數的排列，可表示不同的數）。五年級生喜歡兆和京（quadrillion，即一萬兆）的概

念，他們會回家向兄弟姊妹展示他們的新知識，他們的兄弟姊妹從未聽過任何人正確敘述美國的國民生產毛額（GNP）。他們努力學短母音和長母音，唱著〈閱讀，寶貝，閱讀〉，他們背過乘法表所有的倍數，九的倍數特別受歡迎。

老師：我聽一個老鳥說，KIPP數學很棒。

學生：不是蓋的，而是真的！

老師：那你可以背九的倍數嗎？

學生：可以！

老師：KIPP，KIPP！

學生：表現超優，讓我看你指尖撥動。（非常快速）9，18，27，36，45，54，63，72，81，90，99，108。超興奮，就是這樣！（譯注：最後兩句為著名的嘻哈饒舌舞曲）

他們學習生活技能：在困境中如何舉止得當、如何堅持不懈、如何當個好人、如何幫助他人。他們學習雷夫老師的箴言，例如「沒有捷徑可言」，以及另一個隨著KIPP擴充而開始受歡迎的箴言：「勤奮努力友善待人」。范柏格和李文認為，KIPP計畫中的這個部分最重要，它使所有其他學習變得可能。他們想起到初中找以前的學生時的談話內容，那些孩子對學校的態度、個人使命感和責任感已經快速惡化，使得在閱讀、寫作和數學上的進展更困難。

對李文和范柏格來說，家庭作業很重要，他們要學生在作業上有任何問題時，打電話給他們。大約四十個家庭打過電話，有些學生使用自家公寓外

的公用電話，而且撥打的次數頻繁。學生的問題無所不包。「我不懂這些說明，李文老師。」「我不會唸這個，范柏格老師。」老師的公寓裡只有一支電話，所以他們輪流回答，一晚上通常要接十到二十通電話。

KIPP 計畫大多是借用波爾和雷夫老師的做法，但是讓學生打電話問功課是他們自己的點子。它成為 KIPP 最為原創的特點，這項做法顯然減少了學生做作業的壓力，而且比較可能完成作業。它也協助李文和范柏格看出哪些作業很清楚有效，哪些需要稍稍調整。

幾乎每天傍晚，他們都會載一些孩子回家，並且和家長聊一下。他們大約晚上七點回到家，並且工作到十一點上床睡覺為止。他們必須停看「銀河飛龍」影集，因為沒時間看了。

建立 KIPP 文化是一種搏鬥。有時候，范柏格和李文並未清楚解釋他們想要什麼；有時候，學生誤解了他們的意思，因為教室裡存在著語言障礙，許多學生的英文能力都有問題；有時候，他們為了吸引學生，並偶爾傳送不是說給孩子聽、而是說給彼此聽的資訊時，會採用一種祕密語言，也就是聽起來似乎不合邏輯，但若將每個字的第一個字母串起來就言之成理的字組。

KIPP 的前幾週討論的大多是作業遺失。作業到哪裡去了？「我有做作業，」一名學生會說：「但不知道它在哪裡。」李文和范柏格開始稱呼學生為 KIPP 人，這些 KIPP 人逐漸了解，老師期望他們每天交作業。但他們剛升上五年級，已經十歲了，這個年齡的孩子常掉東掉西，所以老師開始教他們如何尋找遺失的作業，以及生活中莫名其妙遺失的任何東西。

「你不知道你的作業在哪裡？」范柏格說：「嗯，但我知道，我很清楚它在哪裡。」

孩子們已經習慣老師自稱擁有魔力的說法，有時候，這些說法會變成事

實，所以他們不會馬上反駁范柏格或李文的任何說法。「在哪裡？」一個孩子問道。

「就看你上次把它擺在哪裡。」范柏格說。

學生一臉困惑。「你上次擺放的地方，」他說：「想想你上次把它放到哪裡，並且到那裡去找。這不是魔法，作業不會憑空消失或飛走。看你最後把作業放到哪裡，作業就會在那裡。」

他們記住這項建議，並試著照做。要他們記住放東西的最後一個地方相當困難，但許多學生發現，坐下來靜靜思考這件事，就可能想到地點。作業通常會找到，就像范柏格老師和李文老師所說的一樣。

那個暑假，英文不太好的 KIPP 學生辛希亞和其他非 KIPP 的五年級生一起參加一項校外教學，有位老師在車上翻找皮包，抱怨找不到鑰匙。

「我知道你的鑰匙在哪裡。」辛希亞說。

那位老師很驚訝地看著她。是某個學生拿走鑰匙嗎？「你知道鑰匙在哪裡？」老師問道：「它們在哪裡？」

辛希亞按照自己記憶中范柏格老師對他們提出的建議，一字不差地說：「它就在你屁股擺放的地方〔譯注：辛希亞把 last（上次）誤唸為 ass（屁股）〕。」

「什麼？」

「它就在你屁股擺放的地方。」辛希亞重複說，她有點擔心這位老師的反應。

這位老師可不覺得這話好笑。「**你為什麼要跟我說那種話？**」她吼道。

吃驚的辛希亞開始哭了起來。「可是范柏格老師是那麼說的！」後來韋丁把范柏格找來，要他對此作出解釋，大人們這才了解事情的來龍去脈。

一九九四年夏天還有其他災難，但是關於 KIPP 的消息則令人鼓舞。賈西亞小學的其他班學生看出 KIPP 的孩子樂在其中，其中有名學生對這項新計畫很感興趣，竟然決定不透過父母就自行報名參加，她叫凡妮莎。她在一九九四年春季很晚才進賈西亞小學，當時 KIPP 的報名已經截止。凡妮莎的英文能力幾近於零，但她看到 KIPP 教室天花板上掛的文字雲，又聽到班上孩子快樂的嘰嘰喳喳聲，就走進教室，告訴李文和范柏格，她不想上專為英語非母語學生設的普通暑期班，她想進 KIPP。

他們告訴她，班級已經額滿，她那個暑假以及新學年都必須上另一班。她聽不懂。那天下午兩點放學鐘響後，她走進 KIPP 教室，一句話也沒有對兩位老師說，就逕自走到教室後面，跪坐在某個書架旁邊，挑出一本書開始讀，至少看起來像在讀書。她不懂英文，但顯然很渴望試試看。李文和范柏格交換了一下眼色，然後走到總辦公室，想和校長商量看看。校長一開始很抗拒。他們以為他們可以破壞所有的規矩嗎？但她准許他們將凡妮莎加進秋季班中。

等到八月，KIPP 開使採用每天上課八小時半的課程表，他們迫不及待想看到屆時會發生什麼事。後來韋丁背叛他們——至少他們的解讀是如此。暑期班結束後進入短暫的暑休，當他們休假回來時，發現一樓的大教室已經給了一位藝術課的老師，范柏格企圖勸阻她，指出另一間教室一樣很適合教藝術課，但是校長心意已決，認為自己不需要向只有兩年教學經驗的二十五歲青年證明她所作的每一項決定正確無誤。她招收的學生一直在增加，而消防規範指出，較小的孩子必須在一樓上課，因此所有的五年級班必須到較高樓層。

「范柏格老師，我已經作了決定。」

「但是韋丁女士——」

「范柏格老師，我們已經談完這件事。」

「但是韋丁女士——」

「范柏格老師，別再說了。」

「但是韋丁女士——」

「范柏格老師，我警告你。」

他放棄了。他和李文沮喪地走上樓，檢視他們分配到的教室，情況比他們所想的還糟。他們分配到第 210 和第 220 號教室，兩間教室正好在走廊兩端，要進行協同教學，距離太遠。他們注意到第 220 號教室旁邊的第 218 號教室沒人使用，裡面放了一些設備，但他們可以把東西搬到第 210 號教室，這樣就有兩間彼此緊臨的教室。他們計畫要在韋丁全新的學校裡將兩間教室之間的牆打掉，但韋丁記得自己否決了這項計畫。

那種情況不是他們想要的，但他們看到一些可能性。他們可以把所有二十五張雙人桌和五十張椅子全塞進第 220 號教室，然後把第 218 號教室當做特殊專案教室和儲藏室，他們為每一間教室取名，第 220 號教室是「大」，第 218 號教室是「狗」。

「大」教室是主要教室，裡面只有一塊黑板。這並不符合范柏格和李文的需求，他們想要磁性寫字板，也就是老師用彩色麥克筆在上面寫字的白板，要價一百八十美元，他們為了是否要花那筆錢辯論了兩個小時，這種白板對他們而言似乎很昂貴，但最後還是買了，而且沒有徵求韋丁的同意，就把它掛在教室的側面牆上。

第 16 章
激勵與處罰

　　休士頓第一個 KIPP 班級的正規學年，是從一九九四年八月底開始，范柏格和李文興高采烈，志得意滿。到十月時，他們確定自己的實驗很成功，因為從種種跡象就可看出：孩子們展現的熱情、作業的品質，以及他們為追蹤每名孩子的進展而舉行閱讀和數學測驗結果顯示班上成績持續提升。五年級生變得非常喜歡波爾的歌曲，所以在操場上不需要提示就會自己唱了。午餐時，李文和范柏格可以聽到校園裡的某個地方有人高唱著〈閱讀，寶貝，閱讀〉。

　　這項消息傳到休士頓「為美國而教」的區域辦公室，該組織的主管派遣新的團隊成員到第 220 號教室觀摩，看看李文和范柏格如何管理這個班級。

這些成員總是坐在擁擠教室裡的角落和牆邊,由於造訪次數相當頻繁,過了一陣子,兩位老師對他們幾乎視而不見。

　　某天早上,有幾位「為美國而教」的實習生到班上觀摩,李文和范柏格發現自己處在運動員和演員所謂「圓滿境界」的神祕地帶。兩人處於顛峰狀態,也就是波爾所說的「受上帝觸動」,上課活力充沛,接著一回又一回地唱歌和跳舞。這種做法相當好,但他們有很多時候都是如此。唱跳完後,他們讓全班安靜下來,排隊前往餐廳吃午餐,正當學生離開時,他們聽到一個奇怪的聲音,循著聲音看去,發現「為美國而教」的實習生全體起立鼓掌。

　　但即使在充滿樂趣的日子裡,教一群清寒家庭兒童這件事並沒有那麼崇高,要讓學生保持專注、保持興趣、避免傷害他人感情,仍然相當困難。李文和范柏格需要各種維持紀律的方式,至少一開始,最有效的方法是他們對本身工作的熱情和快速行動的意願,以避免敵意或厭倦情緒爆發。

　　波爾的標語建議了一項技巧:「如果你不能跟著大狗一起跑,那就繼續待在門廊上。」它的意思是,良好的教育是給努力用功、對自己和同學有崇高期許的學生。如果某個學生不想與有心向學的大狗在一起,這名學生唯一可去之處是門廊,一個生活一成不變、毫無樂趣的無聊地方。甚至在 KIPP 開始前,范柏格和李文就已經嘗試將「隔離」做為懲戒工具,構想是:把門廊——與班上其他學生隔開的地方——當做動力,不努力用功或是不守規矩的學生,會被暫時從大狗的行列中移除,但仍將持續與老師密切接觸,老師會讓他們知道如何克服自己的沮喪和不足。

　　這項工具歷史悠久,而且有前幾代版本,包括一些同樣已經過時的做法,比方說讓孩子戴上小丑帽,待在教室角落。乍看之下,KIPP 的版本似曾相識:第 220 號教室後面有一塊空間,是牆中央突出來的一個櫃子形成

的，門廊就是擺在那裡的一套課桌椅。「追求卓越」表格指出，KIPP學生必須保證會保障教室內所有個人的安全、利益和權利，並且盡全力確定每個人都會學習。任何人若是阻礙那項行動，可能會被安排到門廊上。一旦被安排待在門廊，就不能與任何其他同學說話，午餐時得坐在另一張餐桌，遠離朋友，只能跟老師說話。事實上，跟老師說話是脫離門廊的要件，寫家庭作業和遵守校規，會替自己爭取到重返團隊的權利。

范柏格和李文知道，最強大的力量就是同儕壓力，學生們都想跟志同道合的朋友在一起，切斷他們與朋友的連結是相當有用的動力，至少范柏格和李文是這麼想。他們開始用門廊和其他消極的懲戒形式進行一連串的實驗；沒有一樣做法完全令人滿意，但每一樣對導正某些學生的行為都起了作用。數年後，隨著KIPP學校的數目增加，門廊以幾種不同的方式逐漸發展，包括李文創辦的學校在內，有些學校則完全揚棄此一做法。但是在一開始，門廊只是標示界線的方法，用來警告學生，只要跨越這條線，就會與其他同學隔離。

觸犯門廊規矩，通常是在學業方面，但老師評判的是學生的用心程度，而不是答對多少題目。KIPP學生不會因為考試成績差被罰去門廊，只有沒做功課或是沒頭沒腦地走捷徑，像是抄其他學生的答案，才會受到處罰。此外，霸凌其他學生、擾亂上課、不尊敬老師、偷竊、說謊和其他一般違反班規的行為，也要受罰。如果受罰待在門廊的學生有好幾名，他們會坐在教室後面的其他課桌椅上。

在KIPP第一年，門廊處罰屬於零星性質，受罰的學生通常只需要待一天，下午五點一到，李文或范柏格就會對坐在門廊桌椅上的學生問問題，內容都是關於學生的作業和態度，對話總是會以下面的問題結束：「好，你有

學到教訓嗎？」

學生通常會說「有」。

「如果我們讓你離開門廊，你會用行動向我們證明，你已經學到教訓，以後不會再犯嗎？」

同樣的，一般的回答都是肯定的。

「好，你可以離開門廊了。」

對某些學生而言，懲罰效應很快就會消失。家庭作業是一大問題，李文和范柏格希望學生每晚都寫完作業，以便為隔天的課程做好準備，但有些孩子好幾天都不交作業，他們待在門廊的時間就變得更久。老師會告訴學生：「你沒有做完作業，所以接下來一整個星期都要待在門廊。但如果你到時每天都交作業，在那個星期結束時，你就可以離開門廊。」

老師們嘗試針對個人修正門廊政策。范柏格對一個男孩說：「好像每次我們讓你有正常的自由，你就會搞砸，然後被罰去門廊，但是在門廊時，你表現的就好得多，我們就會說，你可以離開門廊。或許下次你離開門廊時，我們要繼續執行幾項規定，例如只能在午餐時跟朋友說話，在班上就不行，或是讓你坐在教室的另一端遠離你的朋友。我們想讓你獲得成功。」

第一年最常進門廊的 KIPP 學生是霍華。李文和范柏格認為他是這世上動作最慢的人，他很少準時完成作業，很容易分心。學生吃免費早餐時會做一些寫作練習，在思考能力練習時，霍華慢吞吞的，所以他們在他旁邊放了一枚煮蛋計時器。那不管用。他們把鐘從牆上取下，放到他桌上，提醒他必須繼續努力解決問題，要不然就是在他脖子上掛一只碼錶，或是請其他同學將自己的手錶放在他桌上。如果這項行動令他難過，他們就會試別的方法。但霍華是陽光型孩子，喜歡別人的注意，他有加快速度，但幅度不大。

讓每個孩子都發光：
KIPP 學校如何打破學習困境，扭轉孩子的未來

門廊的另一名常客是賴瑞。他和媽媽及妹妹相依為命，以前的老師沒有叫他做太多事，他習慣用不當的行為來逃避，比方說多嘴和侮辱其他學生。李文和范柏格責罵這種行為，用意是要讓霍華和賴瑞這種小孩專心上課。如果他們放任任何不當舉止，就可能助長惡劣行為、上課不專心，並且使班上進度變慢。如果他們讓一些學生取笑別人，怨恨就會加深，對學習環境形成更大的破壞。

基於上述原因，范柏格和李文都不喜歡標準的學校下課時間，那不但是讓學生分心的主要因素，也會中斷他們教學的流程，他們必須讓每個人排好隊走到外面，再叫他們排好隊回到班上。下課時間會引發打架，影響當天接下來的課程。李文和范柏格拒絕讓學生在早上精力和專注力正值高峰時外出活動。韋丁不喜歡這樣偏離課程表，但是下課的學生人數較少，表示干擾中斷較少，所以她就放手不管了。

范柏格和李文不下課，改成進行一場四十五分鐘的躲避球賽，只讓學生在每天下午打。大約下午三點半，在一般的學生回家後，KIPP班會有一段點心休息時間，然後再到體育館。他們利用籃球場比賽，全班分成兩隊，分別站在中線兩邊，老師和學生嘗試一些新規則，如果你在中線另一端將球投進籃框，你隊上的每個人都可以重新進場比賽。有些隊員扮鬼，不會因為被球打到就出局，因為他們是隱形的。對個頭小、能力差或不熟悉比賽的隊員而言，扮鬼是份好差事。

到感恩節時，班上進展相當好，所以李文和范柏格開始思考，他們最初的目標——讓學生符合上磁性中學的資格——似乎太保守了。他們的學生甚至能夠超越磁性中學的孩子嗎？他們決定先做重要的事。他們盡力讓學生為先鋒（Vanguard）磁性中學的入學考試做好準備。先鋒計畫是在一般初中內

進行，一如 KIPP 計畫是在賈西亞小學內進行，入學考試的時間是二月，范柏格和李文先看過考古題，然後在早自習中出類似的題目。

當德州等州政府，乃至於聯邦政府要求所有公立學校學生參加年度標準化測驗時，這種教學生應試的做法變得愈來愈具爭議性，批評者說，根據州標準化測驗的內容制定課程，會使課程範圍變窄，並且傷害學生。包括李文和范柏格在內的支持者則說，州標準化測驗的主管人員（大多數是老師）會決定學生必須學習的技能和概念，為測驗預做準備純粹是要複習那些技能和概念。當老師讓學生複習學校考試會考的主題時，從來沒有人抱怨，那麼替學生準備州測驗又有什麼錯？重複是人們學習的一種方式，飛行學員、高爾夫球新手、外語學生，以及五年級生，無一例外。

范柏格和李文注意到，磁性學校測驗的閱讀部分通常包括句子重組題目。空格內有十個順序混亂的字，學生必須將這些字排成合乎邏輯的句子，並且將重組後句子裡第三個字的最後一個字母寫在答案卷上。數學題目包括數字規律（number pattern）和數字常識（number sense），所有那些測驗方法全都加進早自習裡。李文和范柏格不知道有沒有別的老師如此大費周章，好讓學生進入先鋒計畫。從某種意義來說，這一點令人沮喪，因為它顯示大家的期望都很低，但就另一種意義而言，這意味著他們班的孩子更有可能擊敗競爭對手。

范柏格和李文的期望實現了。測驗結果出爐，幾乎每名 KIPP 學生光是在一年裡就升了兩個分數等級，其中大多數人符合先鋒計畫的資格。范柏格和李文詢問韋丁，下學年有沒有可能在學校裡增加一班六年級生，他們想讓他們的五年級生繼續一起升上六年級，使 KIPP 成為五年級和六年級計畫，他們建議她在操場邊緣增設幾間簡便臨時教室，這樣就有空間容納新學生。

讓每個孩子都發光：
KIPP 學校如何打破學習困境，扭轉孩子的未來

「嗯，我認為這真的是很好的構想，我想我們應該再進一步探討，」她說。結果什麼也沒發生，當他們催促時，她說，這種計畫必須由北區教育局長認可。他們去找他。「這聽起來是個好構想，」他說：「讓我們繼續想想和探討。」和韋丁的話如出一轍。他們了解，那些話是婉轉拒絕的意思，他們已經改掉習慣，不再接受他人的拒絕，不論這種拒絕是否出於禮貌。他們到處尋找其他方法，以便帶領學生進入下一個階段。

第 17 章
學習動起來

━━━━━━━━━━━━━━━━━━━━━◈◈◈━━━━━━━━━━━━━━━━━━━━━

    KIPP 的第一年發生許多事,最鮮明的紀錄是,教室助理梅迪娜在一九九四年年底或九五年初時拍攝的 80 分 12 秒影片,這支影片雖不專業,卻發人深省。影片的用意,是要讓未來的 KIPP 老師、家長、學生和財務支持者了解,范柏格和李文在做些什麼。影片顯示,儘管待在通常只能容納半數學生的教室,范柏格和四十七名學生仍然進行吟誦、歌唱和活動。將兩人用的桌子拼在一起,並肩坐著,學生就有足夠的空間做功課,而老師也能夠在教室裡來回走動。

    教室裡鋪著灰色地毯,中間有四排桌子,前排坐五名學生,接下來兩排各坐六名,最後一排坐了七名,這樣就有二十四名全都面向前方長形黑板的

學生。從站在前方黑板旁的教師角度看，教室右邊是與中間幾排桌子垂直的另外兩排桌子，靠右牆那排有八名學生，他們前面那排有六名，所有人全都面向教室中間。教室左邊是一排桌子，桌子後面坐著六名同樣面向教室中間的學生。

這樣算來就有四十六名學生。影片中，第四十七名學生是個瘦小的男孩，教室後面柱子和書架之間有個空位，他就坐在那裡一張桌子後的椅子上，桌子上方有個很大的標誌，上面寫著「門廊」。

梅迪娜的攝影機顯示，學生正伏案寫作業，教室裡鴉雀無聲，兩位老師不再穿著暑期班剛開始時穿的西裝。范柏格穿著牛仔褲和 KIPP 的白 T 恤，T 恤背面是「知識即力量」字樣，正面是在一塊黑板上的「KIPP」字樣，他坐在教室前面靠近門口的一張椅子上。同樣穿著牛仔褲和相同 T 恤的李文，則是在他旁邊彎腰低頭，低聲交談。

從老師的角度看，教室右邊有幾扇大窗戶，窗簾全都拉上，其中有些窗簾被更多海報和標語覆蓋，部分（不是全部）學生穿著和老師一樣的 KIPP T 恤。

影片中，學生完成作業，開始唱一些波爾的吟誦和歌曲，並不斷揮舞雙臂、拍打桌子和彈指頭。好幾排學生一度站在自己的椅子和桌子上，等唱到一首關於七大洲的歌曲時腳就往空中踢。范柏格在教室前面踱步，高喊「**這是哪間教室？**」

所有的學生齊呼：

這間教室
裡面的孩子

想要學習
閱讀更多書
建立更好的
明——天!

依舊走來走去的范柏格微笑說:「來點節奏!」
學生們開始用手拍擊桌子。拍,拍,**拍**!拍,拍,**拍**!他們唱起波爾的歌:

你得閱讀,寶貝,閱讀,
你得閱讀,寶貝,閱讀,

范柏格和李文在教室裡走動,拍兩下腿再拍一下手,以保持節奏。針對講求實際的五年級生,范柏格和李文仍然採用原始的波爾歌詞。

讀得愈多,知道愈多,
因為知識就是力量,
力量就是金錢,而且
我**想要**它。
你得閱讀,寶貝,閱讀,
你得閱讀,寶貝,閱讀,
不需要期望高薪工作,
五年級的技能讓你只能以搶劫為業,

讓每個孩子都發光:
KIPP 學校如何打破學習困境,扭轉孩子的未來

你得閱讀，寶貝，閱讀，

你得閱讀，寶貝，閱讀，

你會搶劫媽媽，你會搶劫朋友，

你不知道你可以學習嗎？

你不知道你可以學習嗎？

你得閱讀，寶貝，閱讀，

你得閱讀，寶貝，閱讀。

右邊牆壁上高掛著標語：**如果你不能跟著大狗一起跑，那就繼續待在門廊上**。在正面牆壁，黑板之上以及時鐘之下，是另一個以大寫字母顯示的標語：**我們全都會學習**。所有這些字都是黑色的，只有「會」這個字是紅色的。在後面牆壁上，是一張蛋頭先生的大幅圖片，配上改寫過的童謠：**他讀這麼多書／他忘記倒下**。

全班背了乘法表九的倍數，然後背八的倍數，然後背七的倍數。范柏格用手遮住右耳，就好像他聽不清楚他們在講什麼一樣。他們就更大聲地背了六的倍數。

「對不起，寶貝，」范柏格在全班面前喊道：「有誰知道我可以在哪裡找到一些」——他停頓了一下，以便製造戲劇性的效果——「**大狗？**」

「呼！我們在這裡！」學生們喊回去。在范柏格的提示下，他們切換到各州首府的主題。

「奧斯汀（Austin）？」

「德州！」

「聖塔菲（Santa Fe）？」

「新墨西哥州！」

「沙加緬度（Sacramento）？」

「加州！」

「奧林匹亞（Olympia）？」

「華盛頓州！」

「朱諾（Juneau）？」

「我知道！」

「你知道是什麼？」

「阿拉斯加！」

他問林肯（Lincoln）是哪裡的首府，回應很微弱，他再試一次，得到比較強的回覆「內布拉斯加州！」傑克森（Jackson）這個首府難倒了許多學生，范柏格必須唸兩次，他們才報以大聲的「密西西比州！」課程繼續進行，像一場記憶方法的節慶。李文接手，像啦啦隊長般喊道：「一杯是多少盎司？」

「八！」

「一杯是多少盎司？」

「八！」

「把它喝光！」每個學生都假裝喝完一杯。李文沿著走道走時，也做出同樣的動作。每個人都數到八。「我吃（ate）了一杯湯，」──記憶的鑰匙就在那裡。「八（eight）盎司在一杯裡！」〔譯注：吃的過去式（ate）和八的英文發音（eight）相同。〕

兩位老師都在走道上來回走動，做出和學生相同的手勢。「請起立！」

范柏格說。許多人站在椅子上。大部分教室都禁止這樣做，但是在 KIPP 班上，沒有人吩咐學生下來。有些學生沒有足夠的地板空間可供站立。

「世界上有幾大洲？」

「有七大洲！有七大洲！」

他們連續講出這七大洲，並舉起雙臂、跳到空中，兩腳側踢。這個動作看似危險，但是沒有人跌下來。

他們幾乎同樣快速地複習了杯子、夸脫和加侖等容積單位，之後，急流般的吟唱便戛然而止，速度之快，內容之複雜，沒有經驗的人根本聽不懂。

「數字是五，聽到就坐下，」范柏格說。「一、二、三、四、五。」

李文在黑板邊，說道：「請抬頭看。」他利用波爾對每個算術流程階段所取的代稱──「在門邊」「拉下窗簾」──帶學生解一道長除法問題。接著，范柏格在白板上寫了一個很大的數字──三十位數。他要學生幫他以三位數為一組，標出每一組數字，做法是吟唱「一、十、百，圈起來！」

「做得很好，」范柏格說：「為了唸一個數字，今晚嘗嘗麥香堡（Try Big Mac Tonight）── 兆、 十 億、 百 萬、 千（trillion, billion, million, thousand）。」（譯注：Try Big Mac Tonight 的 讀 音， 與 trillion、billion、million、thousand 的讀音類似，取其諧音做為背誦口訣。）

這位老師指向一組數字，學生就把它讀出來，當他們準備喊出每一組數字的正確名稱時，都會深呼吸一下，而且喊的數字愈來愈大：「夸克化、類星體、性感、九月、十月、十一月、十二月」（Quarked, Quastar, Sexy, September, October, November, December）──這個諧音口訣用來幫助記憶 10 的 15 次方、18 次方、21 次方、24 次方、27 次方、30 次方、33 次方（quadrillion, quintillion, sextillion, septillion, octillion, nonillion, decillion）。簡

短的影片沒有多少時間展示教法，這種助記吟唱就像用完一支再來一支的拋棄式枴杖，但是團隊合作顯而易見。學生雖然被侷限在塞進太多人的小教室裡，但是大家團結一致，聲音動作整齊劃一。這支影片的畫面不太穩定，有時會隨著學生的唱歌聲而上下跳動，但是從中仍可看出，學生們很開心。

第 18 章
前進紐約

　　一九九四年夏天的某日，前紐約市學校行政官員西‧弗利格爾（Sy Fliegel）接到李文的來電說，他聽到弗利格爾為曼哈頓研究院（Manhattan Institute）所做的事，想與弗利格爾談談。曼哈頓研究院是保守派智庫，撥款讓自由派的弗利格爾在紐約市成立創新的小型公立學校，雙方建立了難得的夥伴關係。弗利格爾創立了一所領頭的教育改革組織「教育創新中心」（Center for Educational Innovation）。

　　李文說，他想和弗利格爾談論在紐約設立學校的事，他和一位朋友在休士頓已經展開一項計畫，但不確定那裡是否還有成長空間，下次他們到紐約市時，弗利格爾是否願意和他們談談呢？

「可以，」弗利格爾說：「你們什麼時候來？」

「大約在秋天，我們現在真的很忙。」李文說。

「那就到時再通知我，」弗利格爾說：「我們開個會，坐下來談談。」

直到十月，還在 KIPP 計畫的第一個學期間，李文來到弗利格爾位於曼哈頓研究院的辦公室，也就是凡得比街（Vanderbilt Street）和 44 街一棟大樓的三樓。

弗利格爾在紐約教育界是個傳奇。身為一九七〇年代和八〇年代的公立學校行政官員，他構思設計了東哈林區（East Harlem）幾所學校，而且相當成功。最著名的是中央公園第二學校（CPESS），該校校長黛博拉・梅爾（Deborah Meier）成為全美最受推崇的教育家之一，她和麾下的老師將貧民區青少年當做研究生般看待，因此提升了這些孩子的成就。CPESS 沒有採用學習單和多選題測驗，而是實施研究計畫和口試。為了確定梅爾能夠挑選志趣相投的教師團隊，弗利格爾違反了一些人員編制規定，特別是將職缺公布以便讓最資深的合格教師能夠申請這一項。該校的成功，讓他獲得勇敢和效率的美名，並促成一本書《東哈林的奇蹟》（*Miracle in East Harlem*）誕生，這本書是關於他協助該分區學生在紐約市閱讀和數學成績上從 32 名提升為 15 名的故事。

李文和范柏格教導貧民區兒童的方法與梅爾不同，但弗利格爾願意協助有可行點子的人。這兩位老師覺得，如果他們待在休士頓，恐怕 KIPP 還沒有過一歲生日，就會在自己的嬰兒床中窒息而死。他們想留住他們教的五年級生，促成這些孩子上六年級，並且新招一批五年級生；他們想再聘用至少兩位老師，最終成立規模完整的五至八年級初中。韋丁後來告訴他們，她沒有地方，也沒有權限或經費給他們。李文希望改變她的心意，記得曾經想約

讓每個孩子都發光：
KIPP 學校如何打破學習困境，扭轉孩子的未來

她談談但是遭到拒絕。韋丁則說，從來沒那回事。

弗利格爾並沒有要李文提供關於計畫的任何資料，只是想聽聽這位年輕人說話。對紐約學校行政官員以及像他這種學校改革倡導者最常面臨的兩種情況，他有自己最喜歡的回應方式。如果某人抱怨某事，弗利格爾會嚴肅地點頭並且說：「謝謝你讓我注意到這件重要的事情，我會馬上調查，然後再和你聯絡。」即使當他太太抱怨他把襪子擱在地板上時，他也會微笑說：「謝謝你讓我注意到這件重要的事情。」

而每當有人向他提出拯救美國學校的新計畫時，他的第二個標準回應是，探究對方內心深處的想法。「你的夢想是什麼？」他會問。這個問題對主掌曼哈頓研究院的保守派人士就沒有這麼管用，他會改問他們：「你的目標是什麼？」但李文熱情地回應夢想問題。那個舉動贏得弗利格爾的支持。

「嗯，」弗利格爾說：「我想我可以在南布朗克斯讓你設立兩個五年級班。」他不保證李文和范柏格會成功，而且他們當然不像更年長、更有經驗和更理智的梅爾，但他相信他們所說的，低收入戶子女擁有成功的潛力。令他同樣印象深刻的是，兩名常春藤名校畢業生完成了「為美國而教」的義務後，竟然還想待在貧民區執教。

弗利格爾心想，在生命的這個階段，他的效用是利用一己的聲譽擔任奇蹟製造者，將聰明熱心的教育家安置到適當的環境。弗利格爾知道，在第七區，也就是包含布朗克斯的紐約學校體系部分，有一位區域教育局長佩卓．克雷斯波（Pedro Crespo）贊成這類實驗。他也知道，不論李文和范柏格的別致計畫是什麼，紐約校長對這些計畫都有務實的觀點——和韋丁當初接受李文二人設立新類型五年級的構想相同的觀點。李文和范柏格是十分聰明和精力充沛的老師，在課堂的表現可能比其他任何申請者都來得好。此外，在

滿是好動男孩的學校中,他們這種高大、運動型的男性是稀有和寶貴的商品,必定治得了那些小男孩。

　　弗利格爾相信,教育事業的成功不僅取決於概念的品質,也取決於領導力。有些人帶著構想來找他,若因為那些構想的顯著優點就認為它們會成功,那是一派胡言。弗利格爾認為除非有強大的領導力,否則構想絕無機會成功。李文跑去找克雷斯波和他第七區的高層人員,他們的說法一如弗利格爾所料。他們認為 KIPP 的構想很有趣,而且願意讓李文和范柏格在現有的學齡前一年到五年級學校(K-5)中,設立兩個五年級班。第七區的官員知道弗利格爾以往的表現成績,他的人脈協助 KIPP 紐約分校起步設立,但李文很快就了解,想在南布朗克斯生存,得具備更多條件。

讓每個孩子都發光:
KIPP 學校如何打破學習困境,扭轉孩子的未來

第 19 章
聲名大噪

＊＊＊

　　一九九四年十二月十八日星期天早上八點半，休士頓獨立學區西區教育局長裴特森臥室的電話響起，是她在休士頓市學校董事會擔任董事的朋友凱西打來的。有著一頭紅髮、身材高躲的裴特森喜歡在星期天睡懶覺，她半夢半醒間接到電話，納悶為什麼有人會在這時候打給她。但凱西非常興奮，對著話筒大喊。

　　「裴特森，**你看了《郵報》沒？**」

　　「呃，沒有。」

　　「**快去看！**上面報導北區來的這兩個人，他們想要自己辦學校，但沒有人出面幫助，他們準備遷到紐約，你何不打個電話給他們？」凱西聽說過關

於那兩位老師的趣事，而且曾經向《休士頓郵報》（*Houston Post*）記者蘇珊・華勒斯（Susan Besze Wallace）提過，促使華勒斯寫了這篇報導。華勒斯當時二十四歲，與她的文章主角同齡。華勒斯對李文兩人的報導，讓凱西想起當年自己還是個試圖改變世界的菜鳥生物老師時內心的感受。

裴特森了解，凱西的直覺通常相當正確，這則報導必定有些價值。但她得先弄點咖啡喝，再來看報紙。

這則報導放在頭版，是系列報導中的一篇，裡面談到男老師在貧民區的重要性。標題寫著「好人無幾」，底下一張照片顯示，KIPP 五年級生雷蒙・賈西亞（Raymond Garcia）在他家外面的電話亭打電話，和老師討論家庭作業。圖說寫著：「男老師努力使年輕生命變得更美好。」照片旁邊以斗大字體描述新聞背景：「全美國開始掀起吸引男老師重回教室上課的運動，有些人希望此舉能對數百萬名學童提供他們所沒有的父親角色。李文和范柏格是休士頓地區回應這項呼籲的兩個人。」

記者華勒斯從美國教育作家協會（Education Writers Association）那裡獲得一筆補助款，花了三個月撰寫這個系列報導，採訪對象包括一位男性州立學校年度教師和一位頗具魅力的教練。范柏格和李文從未重視自己的性別。雖然 KIPP 就像多數的學校一樣，老師大都是女性。但范柏格和李文還是很樂於見報，希望它會帶給他們一些公信力，而且或許可以讓他們待在休士頓的計畫起死回生。報導開頭這麼寫：

一個月黑風高的夜晚，十二歲的賈西亞在他家社區生鏽的可樂販賣機附近，打了一通對方付費電話。

他把一張紙高舉過頭，以便利用街燈看清楚字，同時等待一個熟悉的聲

讓每個孩子都發光：
KIPP 學校如何打破學習困境，扭轉孩子的未來

音授權接通電話。

今晚的主題是物理，有時是社會，更多時候是問數學。不過他打電話通常只是想說說話。

還有鄰居等著用電話，所以他只有幾分鐘可以講，通常需要的時間也就這麼一點。今晚，固體、液體和氣體的複雜性獲得解釋，雷蒙結束通話。

他經過原本是游泳池的大片荒草，走路回家。除非媽媽允許，否則他和弟弟不得擅自出門。

但是媽媽要到十點左右才會下班回家，而爸爸四年前過世。今晚雷蒙最後一個談話的大人不是家長。而是老師。

「晚安，老虎。」范柏格在十五英里外的電話另一端對他這麼說，然後掛斷，接著接起下一通的電話。在不通話的空檔，范柏格和教學搭檔李文忙著批改作業、備課，並試著決定他們的五年級班要表演哪齣耶誕劇。

全文很長，有 2799 字，讓華勒斯有足夠的篇幅記述學生的生活，並描述范柏格和李文的教學方法。裴特森仔細閱讀課堂的敘述，她知道良好的教學是什麼樣子。不像大部分關於學校的報導流於浮光掠影，這篇文章提供足夠的細節，讓裴特森能夠判斷這兩名年輕人是否真的知道自己在做什麼。

這篇報導接下來寫道：

這兩位老師——范柏格開雪佛蘭卡車，而李文開福特金牛座——對提供少數學生喚醒和上學載送服務，並自掏腰包購買鬧鐘給沒有鬧鐘的家庭……

他們在狹窄的教室裡來回踱步，有時比手劃腳，有時拍手，有時啟發鼓舞學生，每天都是以最後關頭、「不成功便成仁」的緊迫態度來教學。

休士頓可能會將這些有為的年輕男性拱手讓給紐約州。裴特森看到這裡已經了然於胸：這兩個和她是同類人。

裴特森在新澤西州西田市（Westfield）長大，父親是懸壺濟世的產科醫師。受到他的影響，裴特森最初是在聖地牙哥貧民區教書，後來和任職銀行的先生搬到休士頓，開始訓練其他老師啟發弱勢兒童。最後她成為一所學校的校長，這所學校先前在三年內換了三位校長。她運用自己在教學訓練上的識人之明，招募具有才華的教師，使得學生的成績顯著提升。到一九九四年，她成為西區教育局長，但仍然熱切尋找優良教師。

裴特森拿到范柏格的電話號碼，留言給他。「我對這項計畫很感興趣，」她說：「我們何不碰個面？」范柏格回電，建議在里奇蒙大道（Richmond Avenue）上一家小釀酒廠的餐廳見面，這裡是他和李文最喜歡的休閒區。裴特森希望他們可以協助解決高夫頓的問題，高夫頓有很多公寓建築，住戶全是來自中美洲的低收入家庭。嚴格說來，那裡並不屬於她的學區，但高夫頓的孩子到頭來往往會就讀李高中，而李高中在她的轄區內。如果她可以為這些孩子設立一個模範的初中計畫，這個計畫就會成為其他初中的好榜樣，最終會提升李高中的水平。那並不容易，高夫頓素以貧窮和幫派聞名，它是德州十個區域中青少年犯罪率最高的。

裴特森告訴范柏格和李文，李高中的停車場會有空間容納他們的初中，他們可以設立模矩式（modular）教室，將高夫頓初中的學生遷進去。他們將需要特別巴士，但那是可行的。

范柏格和李文聽了之後，覺得這個構想很有希望。他們的 KIPP 提案有四個成功原則：更多指導時間、優質教學、家長支持，以及行政官員支持。

李文和范柏格覺得，他們擁有更長的上課時間，教學品質已獲得控制。他們並不完美，但至少證明自己可以讓一班學生每天上九個半小時的課，並提供夠好的教學品質，讓學生成績大幅提升。他們也知道如何促使家長支持。

但是行政官員的支持並不在他們的能力範圍內。如果他們不快點找到有力的盟友，就可能無法撐太久。北區的行政官員已經拒絕他們，紐約的布朗克斯學校主管看來很誠懇，但他們兩人對那一帶很陌生。范柏格不太清楚紐約，而李文是在上東區長大的，並不熟悉布朗克斯、它的學校領導人，或是它的政治特性。

他們知道行政管理上的草率或阻力可能造成什麼傷害。以賈西亞小學的週六課程來說，他們請韋丁校長提供一副鑰匙，以便自行進入學校。韋丁說不行，但承諾會安排一名門警或助理校長在那裡。然而掌管鑰匙者至少有兩次沒有出現，他們只得在停車場進行週六的教學。

關於他們籌募到的款項也出現一些誤解。范柏格每個月都會打電話到學區辦公室，以查證 KIPP 的款項餘額，每次數字都不太合理，他認定款項比應有的金額短少了幾百美元。他調查時發現，賈西亞小學的行政人員利用 KIPP 帳戶申請一些辦公室用品和圖書館資料，短少的金額將近八百美元，他矢言要揭發辦公室的偷竊罪行，但裴特森要他別再說了。她將范柏格和李文從北區那裡偷挖過來，不想為此與總部發生任何衝突。如果范柏格把短少金額變成一樁鬧得滿城風雨的事件，被指控的官員可能會否決讓這位老師轉調過來，藉此反擊。她告訴范柏格和李文，等他們確定成為她西區團隊的成員，她會提供他們需要的經費。數年後，韋丁說，那只是無心之過，錢被存到錯誤的帳戶，而且很快就改正了。

范柏格和李文都很喜歡裴特森。談到積極又有新構想的老師，裴特森只

說：「讓馬去跑！」她認為，對熱中於結果的教師進行綁手綁腳的監控是錯誤的做法。范柏格和李文認為，裴特森或許能夠兌現承諾，但他們必須暫時保留紐約市這個選項。他們已經同意，如果第七區提供空間，他們就會到南布朗克斯。放棄那個機會是很可惜，但他們也想待在休士頓，他們對自己的學生有義務，包括前幾年持續與他們接觸的學生，以及目前在 KIPP 班上的學生。他們已經告訴那些孩子，他倆會幫助孩子們進大學，許多家長都指望他們。

第 20 章
兩人對決

------------------------------- ❧ -------------------------------

　　對范柏格和李文來說，情況日益明朗：由於裴特森和弗利格爾的努力，他們很快就擁有不只一所學校支持，而是兩所。如果休士頓和紐約都通過提案，范柏格會留在李高中創辦新 KIPP，而李文會在布朗克斯開辦第二所 KIPP，但兩人仍然受制於休士頓日常的例行公事。他們除了每天一起教學十小時，其餘時間也都在一起，久而久之，都覺得對方很煩。

　　籃球提供了某種逃避的方法。范柏格和李文週末會和一些「為美國而教」的朋友一起打籃球，兩人通常分在同一隊，不用彼此對打，還可以對其他人展開攻擊。但是沒有別人在的時候，他們會一對一單挑。

　　的確，他們是最好的朋友，計畫成功強化了那種連結關係。但他們平日

總是像連體嬰似的，而非兩個分開、獨立、驕傲的個體，這有時候很惱人。他們是美國男性，而美國男性絕不討論這點，但兩人彼此都知道是怎麼回事。他們的相似點遠大於差異，但日常生活的煩擾，通常使得兩人執著於彼此沒有連結的幾個方面。

《寂寞之鴿》一書裡的兩個角色很吸引人，他們就像那兩個角色的翻版；另一個實用的隱喻是戲劇「天生冤家」（*The Odd Couple*），裡面的兩位主角是費利克斯・翁格爾（Felix Unger）和奧斯卡・麥德森（Oscar Madison）。李文有點翁格爾的味道，是兩人之中比較一絲不苟的那個，他們的爭論焦點，通常是李文想要讓某件事更完美，而范柏格認為那已經夠好了。他們在 KIPP 教室的裝潢上出現歧見時，通常是因為李文堅持貫徹波爾教導他的藝術價值觀。

就在他們第一個 KIPP 班級開始時，兩人為了學生應該把報告的標題放在哪裡而起爭執。對許多老師而言，標題很重要，學生寫任何作業，頭一項要寫的就是標題，范柏格和李文必須在報告的格式上達成共識。范柏格希望學生將姓名、日期和主旨分三行置於右上角，李文偏好寫成一行。他們為此爭執了兩個多小時，范柏格最後獲勝，如同他後來所說的，因為「李文很成熟，了解為這點爭吵很愚蠢」。

對學生應該如何平衡代數方程式的兩邊，他們也長期僵持不下。當時，五年級老師很少試著教代數概念，但師父雷夫老師和波爾讓范柏格和李文確信，代數概念對這個年齡層的孩子是有用的挑戰。如果方程式是 $x-7=20$，老師會告訴學生，在方程式的兩邊加 7，藉此將變數 x 單獨擺到方程式的一邊，結果會得到答案 $x=27$。到目前為止，這種做法運作順利。

范柏格要學生在方程式的兩邊各寫上 +7，並且在方程式左邊劃一條線

讓每個孩子都發光：
KIPP 學校如何打破學習困境，扭轉孩子的未來

同時槓掉 +7 和 −7，這樣一眼便知 +7 和 −7 已經彼此抵消，而在右邊，+7 會使數字由 20 往上升，加上之後產生 27。李文認為，比較好的方式是把 +7 放在方程式兩邊之下，那會更清楚顯示右邊的陳述是一個簡單的加法問題，較大的數字放在最上面，因為五年級生習慣看到這種表示法。

那次范柏格讓步，他看得出學生比較習慣李文的方法。范柏格也同意李文的要求，將解決問題的口號 UPSLOB〔understand（了解）、plan（計畫）、solve（解決）、look back（回顧）〕，升級為更複雜的 DR QFOSAC〔do（執行）、read（閱讀）、question（質疑）、facts（事實）、operation（運作）、solve（解決）、answer（回答）、檢查（check）〕。

他們做出必要的妥協，但那並未紓解什麼都要協調所帶來的壓力。除了有時為了將課程戲劇化而排練的爭論之外，如果他們在全班面前起爭執，後果將不堪設想。但是要這樣嚴格控制自己，相當累人。到了要打一對一的籃球時，他們彼此都認為，來點競爭可能會有療癒效果。當然，他們沒有跟自己這麼講，他們花了一點時間才了解，即使是在球場上，一對一鬥牛可能也不是個好點子。

他們最喜歡的球場在葛雷迪公園，從他們公寓走半個街區就到了。這座水泥籃球場位於公園角落，四周有樹木環繞，而且有個金屬材質屋頂，下雨天也可以打球，但只開放側門進出。球場維護得很好，籃框的網子是布做的。

他們喜歡打籃球，彼此心知肚明李文打得比較好，但范柏格認為，如果是比耐力而非比技術，那就很難說了。一九九五年初的某個週日下午，范柏格建議打一對一，他說，這次為了讓比賽有趣些，何不看誰先喊停，誰就是輸家？范柏格沒有說出他的理論：他可能贏得一場消耗戰。

他們走到球場上時，天氣很冷，儘管如此，兩人仍然穿著平日穿的 T 恤和短褲。比賽是打半場，進一次籃算得一分，得分者將擁有控球權。第一個小時是很好的練習，但是平靜無事，第二個小時也一樣。李文保持領先，大約一百比六十，他們無法完全確定確切的分數，根據耐力規則，分數已經失去意義，但是彼此都不想喊停。

范柏格盡可能簡化自己的心智流程，他對自己說，我不會喊停，我準備把他打得屁滾尿流。他沒有李文的速度和靈活度，但他更壯，絕對可以迫使李文投外線。當李文準備帶球上籃時，范柏格會阻擋他的去路，把他撞回去。不論李文如何出手或是把球投到哪裡，范柏格都試著讓他付出代價——推擠胸部、打拐子之類的。

李文未說出口的回應是，你打我愈大力，我就會得愈多分。他不斷跳投命中，他可以集中不斷萎縮的精力，偶爾突然加快速度，讓自己從阻擋去路的朋友身邊溜過，直接上籃得分。接招，麥可！

他們都很驕傲，但也擁有幽默感和分析的習慣，能夠根據情況來看待比賽。他們認為，這是一個原始的時刻——兩隻雄鹿在山頂猛撞對方的鹿角。兩人對沒有女性參與這一點同感高興，若非如此，他們可能會致對方於死地。但是違拗意願仍然使人筋疲力盡和痛苦不堪。他們打了超過三小時，在接近四小時之際，只依稀意識到時間或其他任何事情，身體愈來愈虛弱無力，幾乎像夢遊。范柏格還是試著不斷移動，阻擋去路，企圖阻礙投籃，希望使李文精疲力盡。但是遲鈍已經接管一切，他們彼此都無法清楚思考。

打完第五個小時，他們依稀逐漸明白，如果讓這場比賽繼續下去，可能會對自己造成重大傷害。范柏格因為一次碰撞嘴唇流血，雙腳也失去感覺。李文渾身是瘀傷——范柏格的手肘留下的標記。李文領先八十多分。范柏格

一心想著他的箴言：別放棄，別放棄。但范柏格的朋友建議休戰時，范柏格毫不驚訝。他再度承認，李文比較成熟。

「情況變得有點荒謬，」李文氣喘吁吁地說：「我們是真正的好朋友，但這場比賽可能變成一場鬥毆，可能會沒完沒了。」

范柏格疲倦地微笑，並且表示同意。他不準備稱勝，但至少沒有打退堂鼓。「我們去吃一些雞翅。」他說。

那場比賽讓人深思，而且時間愈久，故事愈誇大，但是兩人很慶幸比賽結束了。他們可能很快就會待在不同的城市，再也沒有機會一起教學或是一起享受歡樂時光，就像他們在打完籃球賽後所做的，一屁股坐到椅子上，大啖雞翅。

第 21 章
再闢戰區

━━━━━━━━━━━━━━━━━━◆◆◆◆◆◆━━━━━━━━━━━━━━━━━━

　　紐約市第七學區的官員說，他們在南布朗克斯區有地方可供 KIPP 使用。裴特森正積極推動她的計畫，在李高中實施 KIPP。但是離學年結束還早得很，范柏格與李文對他們還在教的四十七名賈西亞小學學生負有重責大任。

　　即使范柏格留在休士頓，他的新學校也不太可能有地方容納他們既有的五年級學生。他們必須找到有良好六年級的初中，才配得上這些孩子。如果裴特森信守諾言推廣 KIPP，也許有辦法讓這些孩子重回 KIPP。范柏格決心持續關注他的寶貝們（他這樣稱呼他們），如果他們不得不脫離他的日常照顧，他要確保他們不會受到虐待。

讓每個孩子都發光：
KIPP 學校如何打破學習困境，扭轉孩子的未來

范柏格需要找到場所，並為明年的五年級招生。他喜歡搬到李高中的構想，但不想把五年級生放在十一年級生（即高二）的隔壁教室上課。他們的父母會覺得不妥。裴特森說，范柏格可以得到他所需的上課空間，還能把他的小孩子和大孩子分開，做法是在學校後面那塊空地上蓋兩座模矩式建築（或稱移動式或拖車教室），開辦新的 KIPP 學校。

每座拖車教室要價兩萬兩千美元，裡頭還能隔成兩間教室，如此一來就有四間教室。不幸的是，在擁擠的休士頓，其他學校也在爭取相同設備。這個學區已成立有模矩式施工單位，方便趕工建造，但這不代表將有足夠空間供 KIPP 教學之用。裴特森不便堅持她的要求是最高優先，但因她的學區內包含休士頓最富裕的地區，她的學校不像其他許多學校那樣擁擠。

為 KIPP 招生看來很簡單。在高夫頓有兩所小學：康寧安（Cunningham）和班納維迪茲（Benavidez），有許多孩子是他們想招募參加 KIPP 的對象。三月間，范柏格走訪了康寧安的四個四年級班級和班納維迪茲的五個四年級班級。大多數孩童的家庭源自中美洲，也有像賈西亞小學的墨西哥裔兒童，以及一些越南裔和非洲裔美國人家庭的孩子。

范柏格比照雷夫老師在休士頓演講時所帶的那兩名學生，也找了兩名 KIPP 的女學生和他一起作招生說明。他們花了約二十分鐘對每個四年級班級說明。范柏格利用他和李文在前一年寫的腳本，努力傳達興奮之情並激起學童的好奇心。范柏格扮演健談的范柏格先生，兩個女孩取代了李文，是他的得力助手。

范柏格問那些四年級學生想去哪裡旅行。他把他們夢想的目的地寫在黑板上：迪士尼世界、太空世界、紐約市、華盛頓。他請他的得力助手提供意見。「你們覺得呢？如果這些孩子來到 KIPP，你們覺得我們可以到聖安東

尼奧（San Antonio）旅行一趟嗎？」

「當然，范柏格先生，我們可以那樣做。」她們用充滿信心的聲音說。

「我最喜歡的食物是漢堡，」范柏格說：「你們覺得我們可以每週一次吃麥當勞或其他東西當午餐嗎？」

女孩們看起來很困惑，彷彿在和一個健忘的叔叔交談：「范柏格先生，我們現在就已經這樣做了！」

廣告收到了預期效果。那些四年級生起初好像很無聊，繼而不相信，然後懷抱希望，最後是興奮。室內開始出現熱烈交談的嗡嗡聲。那兩名見多識廣的五年級小助手給他們留下深刻印象。新生後來告訴范柏格，他們記得最生動地介紹 KIPP 的不是他，而是那兩位賈西亞小學的女生。她們讓這個介紹真實可靠，那是以前的訪客試圖推銷東西給那些四年級生時少有的。

范柏格在每個班級發出那份表格。「這不是簽約單，」他說：「我們只是想知道誰有興趣。我會再跟你們談有關它的更多事情。」

「你是什麼意思，你會來跟我們談？」一個女孩問。

「我會去你們家裡。」他說。

一些四年級生似乎持懷疑態度。

「是啊，我會去你們家。」他堅持說。

一百多位家長簽署了那份表格。一些四年級的老師告訴范柏格，他們曾經推薦 KIPP。他了解這不一定是無私的姿態。有時候，老師推薦 KIPP 是認為某個孩子有天賦，在普通學校無法獲得適當培植；但在其他情況下，某校長頌揚 KIPP，是因為她希望那孩子盡快離開她的學校。

范柏格可以容納三個班級，約七十二名學生。他和李文多次討論後決定，這是合適的規模。如果他們在賈西亞小學的第一年能說服波爾加入，一

開始就會有七十二名學生。他們認為，如果學生人數遠超過七十二名，那麼學生與教師之間的連結關係將更難建立，尤其如果學校按計畫擴張到有第五至第八年級的話。如果每個年級的學生人數遠少於七十二人，就會削弱他們的論點：KIPP 可以成為一般規模的學校。如果有足夠的學生註冊，則可證明它收取的費用合理，並不是只有兩三間教室的小計畫。

范柏格計畫在一座模矩式建築內設兩間教室，在另一座設一間附有辦公處所及個別輔導空間的教室。他希望三組學生（每組二十四人）輪流使用這三間教室，一間用於閱讀課，一間用於上數學，另一間用於學習科學和社會研究。要做到這一點，他需要增加至少兩位老師。

李文在紐約有太多事得做，無法幫忙。范柏格自行拜訪了在高夫頓區的家長，並以結結巴巴的西班牙語從事這項任務。如果家長問了一個他不明白的問題，他就看著準學生，問道：「你媽媽剛剛說什麼？」他做的家庭訪問愈多，用西班牙語遊說就愈流暢。出乎他的意料，他開始對自己使用英語向那少數幾個黑人和亞裔家庭及一個盎格魯家庭（他們需要聽英語）遊說，覺得彆扭。使用他常有機會練習的西班牙語推銷這個教學計畫，讓他覺得比較輕鬆了。

高夫頓區有七萬五千人擠在三平方英里內。范柏格需要一個新的地方住，一個負擔得起的地方。為什麼不在高夫頓區？五月間，他在藍燈村租了一間房，這個社區住的都是移民家庭。他搬進第 41 棟樓的 4109 號。五百平方英尺的大小（約 15 坪），臥室、浴室、廚房與客廳各一，月租 440 美元。

他喜歡便宜的租金。他和李文都曾因為過度節儉而被揶揄，但他們欣然以對。范柏格也發現他的新居地址有助於招生。他的公寓位於柏內特蓓藍公園（Burnett Bayland Park）的對街，公園因幫派活動和毒品交易而出名。身

為在地居民，當他說他想幫助當地的孩子時，顯得分外可信。「我們社區需要變得更好。」他告訴家長。

那些家長往往是笑著點點頭。他們很高興結識為他們設想備至，甚至搬進同一社區的老師。他們和孩子都簽署了那份「追求卓越」合約。休士頓 KIPP 學院開張了。

第 22 章
造訪白宮

⬧⬧

　　雷夫老師告訴范柏格和李文，要讓學生們準備去旅行：在一九九五年五月去首都華盛頓的大旅行，有如他們是電視台的團隊要去採訪奧運會。他們必須學習各種禮儀規矩，對弱勢兒童來說，飛機、飯店、博物館和國家紀念堂，有如到了異地他鄉。兩位老師教導學生認識白宮東廂的繪畫、國會大廈的雕塑、聯邦政府各部門的職能，以及傑佛遜紀念堂和林肯紀念堂的紀念文。

　　正如他們曾警告的，不是每個人都有資格參加這趟旅行。大約六名學生花太多時間在「門廊」上，花太少時間學習。同學們在華盛頓的那一週，他們被指派坐在賈西亞小學其他老師的教室後面，閱讀班上同學遊歷之地的更

多事物。

　　參加旅行的四十名五年級學生興奮的發現，即使在他們搭乘的班機降落在巴爾的摩—華盛頓國際機場（Baltimore-Washington International Airport）後，學習仍然持續進行；航空公司給了范柏格和李文很好的優惠。此後老師們稱這些旅程為實地學習課（field lessons），而非實地考察旅行（field trips）。從機場到飯店的巴士上，他們鼓勵學生觀察、省思和學習。「看看這裡生長的樹木，和休士頓的比起來有什麼不同種類，」范柏格說，當時他們正沿著 95 號州際公路向南奔馳。「這是大西洋沿岸中部地區，和我們墨西哥灣沿岸是多麼不同。」

　　帶這麼多孩子到那麼遠的地方旅行，是很昂貴的冒險之旅。兩位老師盡其所能地省錢。例如，他們一抵達飯店，下午玩躲避球遊戲的「鬼」又出現了，這一次是別有目的。他們訂的是水晶城（Crystal City）的大使套房飯店（Embassy Suites Hotel），水晶城是一條帶狀的商業與辦公室物業，在阿靈頓郡的傑佛遜戴維斯公路（Jefferson Davis Highway）沿線，接近國家機場。每間客房一晚要價 119 美元。套房的臥室有兩張床，客廳有一張折疊沙發，照理說客人不應超過六位，特大號單床套房的客人則不應超過四位。但是李文和范柏格記得他們在大學宿舍裡的擁擠情況，決定不要浪費有用的空間。即便大使套房飯店婉拒了他們的請求，不肯以同樣價格讓較多的學生入住客房，他們還是住進去了。兩人分配七名學生外加一名陪同照料的成人住進較大的套房，六名學生外加一名成人住進較小的套房。

　　每間房的隱形學生被告知，他們是鬼，就像玩躲避球。他們是無形的，舉止必須有如無形，不可向人發噓聲，也不可讓鍊子嘩啦作響。他們必須安靜，讓人看不見。凡妮莎的母親薩拉不怎麼喜歡這一點，她女兒看到她在聆

聽有關鬼的解釋時瑟縮了一下。但凡妮莎已準備追隨范柏格先生和李文先生到任何地方,所以薩拉未發一言。

范柏格告訴學生和陪同的家長,讓較多孩子擠進每間客房只是經濟的旅遊方式。他說,這樣做還能讓團體更有凝聚力,而且比較不會惹麻煩。「我們會展示給你們看,在飯店裡要如何舉止端正,」他說:「如果我們走進去,大聲喧嘩,飯店的人會自問,那個團體裡有多少孩子?相反地,我們希望他們認為我們只是一個人。如果我們沒有發出超過一個人的噪音,就算表現得不錯。」

他看到許多懷疑的表情。「我們不得不為這趟旅行募款。」他說:「我們很樂意讓大家住豪華套房,但我們負擔不起。」范柏格和李文也算出,他們使用的客房愈少,所需的陪同家長就愈少,可以進一步削減費用。幾年後,范柏格和李文被問道,欺騙一家旅館經營者是否符合 KIPP 對於做正確之事的強調,他們說,那是一個灰色地帶。他們仍然覺得,飯店可以做更多事情來歡迎他們,但也同意說他們越線了並不為過。然而兩人補充道,如果支付完整的帳單,就不能帶同樣多的學生去,在他們看來,那將是巨大的損失。

雷夫老師建議他們住大使套房飯店。這家連鎖企業的飯店收費相對便宜,中庭擺著許多餐桌,提供很省錢的東西:免費早餐。范柏格建議學生善用這個補給營養的機會。在早餐托盤上多放幾個貝果、再加一顆蘋果,他們稍後就有美味的點心可吃了。

當然,對飢餓的十歲孩童而言,這不足以當午餐。為這個班級準備午餐是煞費苦心的事:花生醬和果醬三明治裝配線。這是范柏格和李文的點子,為此他們被開了許多玩笑。在餐廳購買午餐會扼殺預算。他們改而找到當地的廉價超市,買了一大堆包裝三明治的塑膠袋、棕色紙袋、麵包、花生醬、

果醬、蘋果和小包薯片。不同的房間每晚輪流為全班製作午餐。大使套房飯店的這些「小廚房」變成三明治和袋裝午餐的裝配區。

一個孩子把花生醬塗在一片麵包上，下一個孩子把果醬抹在另一片麵包上，再下一個把麵包組成三明治，放進塑膠袋內。三明治、蘋果和薯片丟進紙袋後，整個過程重新開始。三明治製作團隊播放收音機以鼓舞士氣，裝配線隨著音樂搖滾起來。

在每間客房，孩子、鬼和其他東西都受到「國王」和「王后」的監督，國王和王后是李文與范柏格對陪同的家長與老師的稱呼。母親喜歡被稱為王后。每當 KIPP 團體抵達或離開一個目的地，孩子們奉令要聚集在其國王或王后身邊。每位君主負責計算自己的臣民，如果無人失蹤，他們就向范柏格和李文比個手勢：豎起大拇指，然後整個團體繼續前進。

在華盛頓的交通是搭乘地鐵，這是學生第一次乘坐地下火車。他們履行地鐵禮儀。搭乘大型電扶梯向上或向下時，他們被提醒站立在右側，行走在左側。李文和范柏格站在每個驗票口之前，各自插入票卡。走在最後的國王或王后在票卡彈出後拿出來，放進自己的皮夾或錢包。

這些五年級生很興奮，但也有失望的時候。他們一直期待親眼看到白宮，針對這棟著名的建築，老師已為學生上了很多堂課。有人以為他們甚至可能會看到柯林頓總統。但范柏格和李文沒有料到兩者之間的極大差異：觀光客習慣了被催促著從一處趕到另一處，KIPP 學生則被教導要觀察並回想他們觀察到的事物。

一團人排在長龍中耐心地等待白宮之遊。李文和范柏格為他們複習會看到什麼，包括每個具有歷史意義的景點。但入內後，一切都發生得太快了，導遊不停地告訴他們要向前走、向前走。在「紅室」（Red Room），李文和

范柏格試圖讓大家慢下來。

「記得我們學過這個嗎？」范柏格說：「誰記得這件家具？誰曾經在這個房間裡工作？掛在牆上的是哪些總統的圖像？你能看著這片牆，告訴我哪一位**不是**總統嗎？」

幾個人舉起手。李文指著一名男孩，他說：「富蘭克林？」

「很好。」

官方的導遊不允許，於是上課被打斷了。學生們盡力做出最佳表現。後來他們爬上華盛頓紀念碑的頂部。他們在國會大廈尋找山姆・休斯頓（Sam Houston）與史帝文・奧斯汀（Stephen Austin）的雕像。他們測試了在舊眾議院會議廳奇怪的迴聲效果，它讓約翰・昆西・亞當斯（John Quincy Adams）無意中聽到他的議會對手說了什麼。

但他們一直在趕趕趕。最高法院尤其糟糕。大夥兒只有三十分鐘去看大法官的半身像、對法庭匆匆一瞥，然後繼續前進。站在最高法院大廈前，李文和范柏格試圖就雄偉的前門廊大圓柱所代表的傳統上一堂即席課程。就在測試學生多利克式（Doric）和科林斯式（Corinthian）柱子之間有何差別時，范柏格注意到一位眼熟的穿西裝男子走過，那是史蒂芬・布雷耶（Stephen Breyer），新上任的大法官之一。

受教的時刻！范柏格非常激動。他趕上布雷耶，開始快速說話。「布雷耶大法官、布雷耶大法官，你得到這裡來。你一定要來會會我們從休士頓來的孩子。」

布雷耶禮貌地向范柏格微笑著。「我很想去，」他說：「但是我在辦公室有個會議要開。」

「你不明白。這些都是我們國家最勤奮認真的孩子。他們從七點半上課

到下午五點，星期六還上四小時，每個夏天上暑期班。」布雷耶意識到他哪裡也去不了了，除非擊倒這個瘋狂的人奪門而出。「好吧，」他說：「我會過來一分鐘。」

「孩子們，這是布雷耶大法官，美國最高法院的一員。」范柏格說，對他的收穫感到自豪。「你們知道最高法院的法官。有多少位？」

這個容易。「九位！」孩子們異口同聲說。

布雷耶給他的小觀眾二十秒的問候。「我聽說你們這些男孩和女孩在學校學習很認真，我很高興聽到這個訊息。做得好！請保持下去。」他轉身要離開，但魯本‧賈西亞，也就是《休士頓郵報》報導過的那個男孩的弟弟，舉起了手。

「魯本？」范柏格說：「你有問題嗎？」

「是的。」他說。布雷耶停了下來看著他。

「一九六九年，當法院為米蘭達控告亞歷桑那州案（*Miranda v. Arizona*）投票時，你在這裡嗎？」這名十歲孩子問。

布雷耶睜大了眼睛。這些孩子是誰？「你為什麼問？沒有，當時我不在這裡，」他欲言又止：「那是我來以前的事。」

「哦，」魯本想了一下子，再次舉起手。「那麼，」他說：「如果當時你在這裡，你對這個案子會怎麼投票？」

布雷耶驚訝地搖了搖頭。范柏格和李文擊掌相慶。這位法官決定，對這麼一群有鑑賞力的訪客，他的會議可以等待。他回答了有關人身保護法及囚犯權利和「人權法」（Bill of Rights）的問題。那是就憲法而做的一場小型演講，但這可不是他最後一次接待來自 KIPP 的一群五年級學生。

在最後一天，李文和范柏格告訴大家，他們受到特別招待，可以參觀國

立花生醬和果醬工廠。那是個不可思議的地方，老師們說，「你們可以得到含有碎粒的花生醬或奶油狀的花生醬。至於果醬，有草莓醬、蘋果醬、葡萄醬和杏桃醬，」范柏格說：「有什麼麵包，李文先生？」

「你想像得到的每一種都有，」李文說：「黑麥、酵母、小麥、裸麥——什麼都有。」

學生們疲倦地點了點頭。聽起來奇怪，但他們已習慣了老師的特殊口味。他們吃膩了花生醬和果醬，但必須有禮貌。在華盛頓一切都是國立的，所以也許有一家國立的三明治工廠並不是太牽強的事。

下午五點鐘，在第 11 街和賓夕法尼亞大道的拐角處，李文和范柏格告訴他們，要排列成適當的隊伍。想要酵母麵包的人必須在一處排隊，想要黑麥麵包的人排另一處，想要有碎粒花生醬或奶油狀花生醬的人各自成隊。有些學生注意到，李文和范柏格臉上有種奇怪的表情。兩人忍不住了，承認這是個玩笑。他們站在距離好萊塢星球餐廳（Planet Hollywood）半個街區外，今天要去那家餐廳吃晚飯。漢堡和薯條將抹除學生對花生醬和果醬的記憶。

吃完一頓喧嘩而愉快的晚餐後，太陽快下山了，李文和范柏格認為大家需要安靜片刻，回想他們看到和聽到的一切。數星期後，他們將得知，KIPP 被評定為非常成功。當他們還是小學四年級生時，只有一半的學生通過德州學業技能評量（TAAS）。范柏格和李文教授一年後，超過 90％的學生通過數學和閱讀測驗。這則消息令老師們很高興，卻非驚喜。正如所有優秀的教育工作者，在考試前，他們就知道自己的學生已有長足的進步。

「這是我們在一處遠離休士頓的地方的最後時光，」范柏格告訴正聚集在餐廳外的大夥兒說：「我們希望，在這個不同的地方吸收所有的景象、聲

音、氣味。這是我們在華盛頓特區的最後漫步，我們要無聲無息地行走，吸收這一切。」

四十個孩子，加上國王、王后和教師，走上了賓夕法尼亞大道。他們通過舊郵政總局大樓、舊威拉德飯店（Willard Hotel）和財政部，最後抵達白宮。保持安靜不難。可觀的事物很多。這是愉快、溫暖的晚上。他們的胃裡填滿了餐廳的食物，他們停在賓夕法尼亞大道 1600 號前（編按：白宮住址）。有些孩子站在白宮圍欄小小的磚台上，緊抱著大門的鐵柱，凝視著總統的住所。

梅莉莎和達妮爾，開始帶頭唱自己喜歡的歌曲以及念誦韻文（chants）。她們唱〈閱讀，寶貝，閱讀〉。她們唱〈就是這間教室〉。波爾的詞揚升到柔和的春日空氣中。

他們不是在學校裡。他們是在華盛頓特區，但那天是星期五，是 KIPP 民謠歌唱課的日子。還有什麼更好的地方能展現他們是誰？他們唱在 KIPP 很受歡迎的視訊系列《上學樂翻天》（Schoolhouse Rock）中的曲子，如〈我只是一項議案〉（"I'm Just a Bill"）和〈不再有國王〉（"No More Kings"）。路人停下腳步聆聽。這是什麼？示威？抗議？在一九九五年春天，有很多事令人心煩，但這些孩子唱著快樂的歌曲。愈來愈多的人群激勵他們唱得更大聲。在換歌之際，這些孩子大聲呼喊：「我們要小柯！我們要小柯！」

一輛有特勤隊（Secret Service）標記的雪佛蘭休旅車在路邊停下來，但那些特勤人員似乎只是為了聆賞音樂。范柏格看到白宮屋頂上有一名保安人員揮舞著雙手，彷彿在指揮合唱。而在白宮的一扇窗口，幾名學生看到好像有個人在揮手。沒辦法知道那是不是總統，但那晚大家的共識是，總統聽到他們的演唱會。

讓每個孩子都發光：
KIPP 學校如何打破學習困境，扭轉孩子的未來

學生唱畢，觀眾報以響亮的掌聲。李文和范柏格帶領他們走向地鐵站以返回大使套房飯店。那天晚上的三明治裝配團隊準備了另外五十份午餐，然後上床睡覺，迫不及待要在第二天早上回家了。

第 23 章
又被趕出校園

第二年的 KIPP 向前推展，這是雙城記：李文去紐約，范柏格留在休士頓。范柏格寧願自己把他們在賈西亞小學的 KIPP 班級帶上六年級，但他既沒有場地、交通工具，也得不到行政部門的支持。范柏格說，他會想辦法把六年級學生帶回來，最終他信守了這個承諾。

對這七十二名 KIPP 的小五新生，范柏格的規劃是他自己加上三位老師，分別教閱讀、科學和社會學科。范柏格每天教半天的數學，其餘時間管理庶務。裴特森說，她將提供教室、食物和支薪服務，並為每名小學生配發兩千兩百美元供其他一切之用——主要是老師的薪資。以休士頓的標準薪資來說，這給四位老師是足夠的。范柏格在第一年賺兩萬一千五百美元，第三

年已達到兩萬四千五。這並不多，但他還年輕，也沒有家屬，他打算雇用情況類似的老師。

范柏格聘來的每位老師，薪資將和他相同，再加上五千美元以彌補較長的上課時數、星期六和暑期課程。以這樣的福利成本，就沒有餘錢支付他自己額外時間的付出，所以從一開始，他就是學校內薪資最低的老師。

尋找合適的老師竟然比他預期的更困難。他的大學女友愛莉森有個雙胞胎姊姊羅莉，是費城市郊的高中老師，擁有賓州大學的教育碩士學位，也具有一些有用的教學經驗。她同意到休士頓為范柏格工作。

還缺兩位教師。KIPP 暑期班預定開課的一個月前，災難降臨。裴特森答應要提供的教室突然沒有著落。她訂購的兩間教室被另一名較有權勢的人捷足先登。另有兩間教室正在興建，但要到八月才會建好。如果范柏格要開辦暑期班，就必須等到八月，但那時正規的學年已開始。

范柏格因應這場危機的做法是，讓自己有更多事做。在休士頓的「為美國而教」的幹部，請他擔任暑期學院主任。他同意了，這個決定並不明智，結果竟然很不錯。在暑期學院，他找到了第二位老師：麥可‧費拉柏（Mike Farabaugh）。在一九九二年的暑期學院，費拉柏是「德州之屋」的一員，後來到格蘭特河流域的一所學校任教。他有幽默感和充滿活力的教學風格。

范柏格聘請的第三位老師是吉兒‧柯拉辛斯吉（Jill Kolasinski），她在「為美國而教」只做了一年。她認為 KIPP 是很棒的點子，但在她任教的休士頓中學的督導，對她離開轉而加入一個未經驗證、不可預知的實驗頗不高興。如果她去 KIPP，會被視為從「為美國而教」逃跑。她還是去了，最終還開辦了自己的 KIPP 學校。不久，許多「為美國而教」的成員被請去為 KIPP 工作。

范柏格很興奮。他找到老師，也有場所了。他有個自認為很棒的閱讀新計畫。他的新學生低於年級水準兩三年，因此他會把最初幾個月全用來教閱讀。畢柏教閱讀和歷史，費拉柏教閱讀和科學，柯拉辛斯吉教閱讀和語言藝術，范柏格自己教閱讀和數學。他們每天都會談到大學，范柏格下令，每人都要把自己的大學文憑掛在教室牆壁上。

　　一天下午，范柏格帶領費拉柏去看李高中的設施。范柏格說，週一至週五，他們必須待在拖車教室內，他們的學生不該和高中生混在一起。但週六，他們可以自由使用那所高中的整個建築。他們可以使用電腦實驗室、在游泳池上游泳課。然而這個夢想破滅了。裴特森來電說，李高中註冊的學生超出四百名，他們需要新的模矩式教室。「這所高中已沒有教室給我們用了。」她說。

　　范柏格拒絕接受。「你說什麼？」他說：「這是完全無法接受的！我們把一切都安排好了。」

　　「范柏格我**不會**讓你空等的。且慢，且慢，我對這件事已做了承諾。」

　　「我們該怎麼辦？」

　　「我不知道，」她說：「但是我們會想出辦法的。我要為你找個地方。」三天後，她找到了艾斯庫小學。「他們有三間用不到的模矩式教室，」她說：「而且他們有間裝滿了廢物的儲藏室，看起來好像二十年沒人動過了。如果有人去清理好，你可以把它變成辦公室。」

　　范柏格問艾斯庫距離李高中有多遠。三十分鐘，裴特森說。在哪個方向？錯誤的方向。它在一個富庶的社區內，移民家庭寥寥無幾，因而有多餘的空間。它距離高夫頓，比李高中距離高夫頓遠了三十分鐘的車程。KIPP的學生到艾斯庫上課必須搭四十五分鐘的公車。

對這一情勢逆轉,范柏格覺得糟糕透頂,意識到這對他在高夫頓家長心目中的信譽是多麼令人尷尬的打擊。他已為他們排除了把九到十歲孩子送到高中校園就讀的恐懼。他告訴家長,那樣做十分安全,因為孩子會比高中生早到校、晚離校。他告訴家長,李中學的設施完備,有游泳池、電腦等等。

但現在李高中已不能使用,他必須一家家去告訴學生,使用高中的計畫已作廢。他想出了一套完全不同的說詞。他告訴他們,他找到在西邊的一所較遠的小學,那是本市最佳地區之一;那裡沒有毒品、幫派、鬥毆,不會讓孩子分心。他承諾會提供很好的公車服務,盡可能在高夫頓的每個角落接孩子,以最大的方便往返艾斯庫。

他擔心聽起來假假的,但沒有人反對。他是他們的鄰居。他做家庭訪問已表現出對他們的尊重與信任。「好的,范柏格先生」,他們說,「這聽起來不錯,非常感謝您告訴我們。」

第 24 章
波爾老師

　　海莉特‧富蘭克斯（Harriett Franks）遇到李文和范柏格的十年前，認識了她後來的第二任丈夫賀曼‧波爾（Herman Ball）。那是在一九八三年，她還在德州奧斯汀的小學當輔導老師，個性活潑、離了婚，有四名子女。賀曼是學區維修主管，高大、害羞，經常來問她是否需要什麼。

　　「你好嗎，富蘭克斯女士？」他會說，微微一笑：「我們需要為你修好那些置物架。」或者他可能更大膽地說：「我們正要去吃午餐，富蘭克斯女士，你要我們幫你帶午餐回來嗎？」

　　海莉特和賀曼從沒有像男女朋友那樣交談，他沒有那種信心。但每一次談話都讓他獲得一些勇氣。有一天，他為她辦公室的櫃子安裝新的置物架

時，深深吸了一口氣，試圖告訴她，他對她的感覺。

「我知道你沒有很多時間聽，」他說：「我知道你有小孩，但我一直注意你。我知道你上的教會，看到你在教堂唱歌。」

「你怎麼會知道？」

「我跟著你，」他說：「我坐在你看不見我的地方。在牧師布道後才離開。」

她睜大了眼睛。以前從來沒有人這樣跟蹤她，他看起來似乎不危險。

他繼續說，試圖在失去勇氣之前傾訴所有心聲：「我從來沒有想到要讓你知道，我喜歡你。你在唱那些歌時我也在那裡，還記得你跌倒了嗎？」

「為什麼我從沒有看到你？」

「佈道結束，一看到你站起來，我就往外走。我總是坐在後排的另一端，所以我能看到你。」

她微笑看著他驚呼，「我的天！」。

他很高興她仍然和他說話，而不是打電話報警。「耶誕節時我也在那裡。」他說。他一一說出對她驚鴻一瞥的時間和地點。那很難受的，他說，對某個人有這種感覺，卻只能坐在教會後面看著她。他不敢相信她對他會有什麼感情，她對他不錯，但她對每個人都是那樣。他只是名維修工人，而她是輔導老師。她有大學學位而他沒有。

她對他微笑。他是個好人，他愛她。她繼續和他約會，但發現她不想再留在奧斯汀，那裡有她的前夫和很多不好的回憶，她非得搬家不可。遺憾的是，她再也看不到賀曼了，但她已打定主意。她告訴他要搬去休士頓。

他沉默片刻，然後說：「我和你一起去。」

她感到很驚訝。「你不能離職，而且我必須帶著我的孩子一起。」

「不，真的，」他說：「我知道你不相信我，但我想幫助你。」

他開車送她去休士頓找房子。在她和四個孩子搬家後，有好幾個週末他開兩小時的車從奧斯汀到休士頓去看她。孩子們崇拜他，他比他們的生父更像父親，她想。他花時間為孩子朗讀，並讓他們騎在他的背上。他教孩子如何騎自行車、游泳和保護自己不受欺凌。

在一九八五年，她嫁給了他。他搬到休士頓，成為她生命中的一部分，甚於她認識的任何其他男人。她不知道自己怎麼會這麼幸運。在嫁給他之前，她每天早上都東趕西趕，打理家務送孩子出門上學後，再為晚餐要煮什麼費心思。他堅持為她分攤大部分負擔。「你年紀比我大，我要愛惜你，」他說：「你不需要做飯。」

「不過，我需要——」

「坐下來。」他說。

「不過，我需要——」

「坐下來。」

「但是我得洗衣服。」

「這事我來處理。」他難以破除她一切靠自己的習慣，但他持之以恆。「放輕鬆，放輕鬆，」他說：「休息一下。」

他為孩子做飯，為他們梳頭髮。他為她兒子理髮。每天早晨，他開車送兩個年長的去高中上課，然後再送兩個年幼的走路到附近學校上課。他護送他們穿過熙來攘往的街道，希望她能睡個回籠覺，然後給她帶早餐回去。「看看爸爸帶什麼回來給你了。」他說，並拿出她上班要穿的衣服。

一九九〇年某一天，賀曼告訴海莉特，他要到住在休士頓西南區的姊姊那裡參加野餐會。那天晚上，賀曼坐姊姊的車要回她的公寓，開車的是一名

受邀參加聚會的十八歲魯莽年輕人。海莉特後來獲悉,不知怎地,賀曼一腳踩在剎車上,車子停了下來。賀曼下了車。開車的年輕人沒有下車,賀曼走到駕駛座那側和他談話,那年輕人不想談。他持槍射中了賀曼的手臂。

坐在後座的賀曼侄子後來告訴海莉特,賀曼跪倒在地,抓著年輕人的手臂。「你為什麼開槍打我?」他問,痛苦又驚訝:「我只是想保護汽車。」

年輕人下了車,朝他再開槍後逃逸。賀曼癱倒在地。

警察和救護車到達時為時已晚。

賀曼以前曾經在他姊姊家過夜,他沒回去的那個晚上,海莉特並不驚慌。

第二天早上他姊姊打電話告訴她賀曼被槍殺時,海莉特仍不相信。這個女人總是開瘋狂的玩笑。「讓我和賀曼說話。」海莉特說。但這時他已經撒手人寰了。

● 自習課　今日的 KIPP：杰昆爬上山

薛佛樂於二〇〇一年夏天開辦 KIPP 的華府關鍵學院時，旗下有四位老師，分別教五年級的閱讀與寫作、數學、科學、社會學科。杰昆在五年後進入該校就讀時，繼任薛佛樂當校長的海耶斯，從華府的特許學校基金和捐贈金中獲得更多款項，負擔得起五位教師來教五年級：樂芙教閱讀，史密斯教數學，貝格勒教寫作，富特教社會學科，霍茲曼教科學兼任學校的執行主任。

范柏格和李文的第一個 KIPP 班級由五年級生組成，那是校長希望他們教的年級。他們決定在各自居住的城市設立多所由五到八年級學生組成的初級中學，半是因為想利用自己對五年級學生的經驗，也因為在休士頓和紐約，八年級通常是進入高中前的最後一步。

韶光荏苒，李文和范柏格開始看出以五年級為起點是個幸運的意外，他們認為，五年級生往往還保有孩子想要取悅大人的渴望。前青春期的荷爾蒙和文化壓力，尚未使那些孩子成為較大的教學挑戰。對十歲的孩子，老師有機會灌輸學習與課堂行為的習慣、團隊與家庭的精神，這種精神可以幫助學生度過躁動不安的前青春期歲月，並奠定進入高中和大學的基礎。

類似 KIPP 關鍵學院的特許公立學校，經費由納稅人支付，但不必遵守學區的規定，例如不必在下午兩點或三點送學生回家。關鍵學院的五位老師一天在校九小時，有足夠時間定期會晤並討論像杰昆這樣的學生。他們也有時間額外指導這類學生最弱的科目。

多數公立學校學生一天在校只有六個半小時。雖然專家建議各校增加教學時間，但那樣做很昂貴。研究顯示，如果學校經營不善，時間就被浪費。KIPP 幹部曾估計，他們學校的支出平均比一般公立學校高出 13%，主要是因為教師在校時間長，薪資較高。額外的資金來自

讓每個孩子都發光：
KIPP 學校如何打破學習困境，扭轉孩子的未來

私人的捐獻和政府的撥款。

　　這個五年級團隊對於杰昆看法相當樂觀，儘管開始時他在班上大部分科目都是墊底的，但他個性開朗且願意合作。老師們深信，一旦發展出師長所鼓勵的心智與行為習慣，他將上升到自己明顯可見的智力水準。

　　在老師的心目中，他母親雪倫‧霍爾反而是個問題。她要上班並養育四名子女，忙碌得很。有時，杰昆被罰「坐板凳」（關鍵學院對被罰「去門廊」的說法），她卻無法到校。霍爾曾質疑有些會議是否必要，然而一旦她到了學校，就相當支持老師的決定，而且會提供有用的點子激勵兒子。

　　二〇〇六年十一月，杰昆已上了三個月，五位老師蒐集了大量有關他的資料，每個人都記錄了考試成績和課堂練習成果。他們就如何調整每名學生的做法交換意見，以獲得最佳效果。

　　教數學的史密斯是位苗條的女性，她認為杰昆的主要障礙是超齡就學，他在十一月中旬剛滿十歲。她把杰昆的躁動不安和缺乏專注歸咎於此。老師經常得提醒他要 SLANT，在 KIPP 這代表「坐直、看聽、提問、點頭並追蹤老師」（"Situp straight, look listen, ask questions, nod your head, and track the teacher."）的首字母縮寫。他倉促完成作業，有些問題答不出來，特別是要求他閱讀幾個解釋性句子的問題。他犯粗心大意的錯誤。教師團隊同意在為需要額外協助的學生開設的「爬山」課程中，每天給他額外上一小時數學。

　　史密斯的數學課節奏快速而且內容複雜。她讓學生作遊戲、競賽、小測驗，以了解每名孩子的程度。推動 KIPP 的波爾式念誦仍然存在，但史密斯加入了自己的風格。她是典型的 KIPP 教師。前一年，在關鍵學院的姊妹校 AIM 學院，二十五歲的小學五年級數學老師蘇本，詢問是否可以使用和 KIPP 標準課程不同的方法。她曾在密西

西比州成功的使用建構式教學法教數學並讓學生做較多課題。華府所有 KIPP 學校的主任薛佛樂和 AIM 學院校長強森，對新人竟然有偌大自信丟棄波爾－李文－范柏格的教材感到很驚訝，但教師的創造力是 KIPP 的信條之一，只要結果是好的。所以就批准了。那年年底，蘇本創造了 KIPP 歷史上在一年內最大的成績躍升：在史丹佛成就測驗第十版中從第 16 飆升至第 71 百分位數。

史密斯提高學生成績的紀錄也很好。在十一月初，她給學生的測驗之一是減法速度練習。她發下一百題的測驗卷，每名學生只有三分鐘完成。年初時，多數學生在這麼短的時間內答對的題數不超過二、三十題，當時杰昆的得分為 22。在十一月的練習中，他答對了 52 題。這班有幾名學生得到九十多分。史密斯已開始在乘法和除法方面作類似的快速練習，目標是幫助全班一週比一週進步。一旦演算法學得根深柢固了，他們可以進一步做較高階的題目。在 KIPP，所有學生開始學習第一年的代數；那通常是初中的課程，在七年級學的，而且多數學生在八年級結束前才學完。

史密斯認為，杰昆的許多問題來自於抽象思考能力，在改善數學成績之前，他需要提高閱讀與寫作能力。如果他必須解釋某個測驗中要做什麼，那一題他就不作答。她把重點放在幫他作更多的概念思考，而整個團隊則努力加強他的閱讀能力。

褐色長髮的霍茲曼，對各科目的 KIPP 教學法都很拿手，她很高興杰昆在她的科學課上提出很多有趣的問題。就像她的多數學生，他對科學沒有先入為主的概念，或者說沒有任何概念。為關鍵學院提供學生的華府學校，並沒有太多時間上科學課，他們必須把重點放在閱讀和數學成績上。杰昆對霍茲曼打算混合化學物質和繁殖動物的計畫感到很興奮，他在吸收科學事實方面趕上了最優秀的學生，但難以用寫作表達自己所知。

從費城一所 KIPP 學校轉來的富特，是個風趣活潑的老師，她發現，正如她社會學科班上的許多學生，杰昆的低閱讀水準減緩了他的進步。她交給他額外一小時的閱讀練習，讀非小說的散文作品，藉以強化他的文學素養。但是他認得的字太少，閱讀起來很困難。

貝格勒寫作班成為杰昆的最愛之一。身材苗條、一頭長髮的貝格勒，常常讓學生站起來扭擺、唱歌和跳舞，手舞足蹈。杰昆的寫作就像他的閱讀一樣只有初階程度，但到十一月，他已大有進步。

他有時仍然會忘記句首第一個字母要大寫，忘記寫完整句子，標點符號寫不全，主詞與動詞也不一致。但在貝格勒指出這類錯誤時，他會迅速改正。

杰昆毫不掩飾自己喜愛教閱讀的老師樂芙。她身材高姚，個性溫柔有耐心。其他老師取笑她對這個小男孩難以抗拒，他每天早晨給她一個擁抱。老師們都知道閱讀是一切的關鍵。相較於美國一般小學生，KIPP 學生在數學科的進步比閱讀科的進步大。學習理論家說，良好的教學在數學上能有立竿見影的效果，因為那是孩子們通常只在學校學習的科目。相反地，閱讀需要他們克服在家裡學到的語言失誤，以及自小難得接觸書本的問題。

當樂芙給了他五年級的閱讀教材，杰昆大多能「解碼」，也就是說能正確讀出來。但他不了解大部分內容。她努力向他展示如何分析這些內容，以及如何預測接下來會是什麼。他很容易分心，所以她設法加強他的專注力。她要他坐上十五分鐘以上，不停歇地讀一本書。

行為的習慣至關重要。每個孩子必須找到一種專注學習、遵守規矩的方式，及發展為他人著想的精神；KIPP 的教師認為，這種精神將在他們未來的人生中帶來好處。五年級老師團隊起初擔心的是：愛交際的杰昆會和行為不端、年齡較大的男孩交往。但這問題並不嚴重，倒是家庭作業的問題增加了。

他因為太多作業未交，而被罰「坐板凳」。他母親花了兩星期才抽得出空檔到校，在課後和史密斯與杰昆討論此事。史密斯向霍爾解釋，杰昆不僅許多作業沒交，而且已交的大多品質很差。他母親看著他：「杰昆，我有當媽媽的責任，你也有責任。其中之一是做完功課。」母親告訴史密斯，他已開始打兒童美式足球。「如果你想繼續玩美式足球，」她告訴兒子：「你必須保持好成績，並做好你的功課。」

　　杰昆煩躁不安。他母親不只一次告訴他，史密斯女士說話時，他要保持安靜，看著她。史密斯喜歡母親說的話。「這是我們不能掉以輕心的事，杰昆，」老師說：「在這裡我們很重視功課，因為那是你練習的方式，你練習你學到的技能，就像你練習美式足球。」

　　這名男孩不習慣和老師做這種談話。在他以前的學校，校方往往給予較少的作業，並對沒做作業的事一笑置之。他在和母親及老師開會時沒有哭。他說，他覺得難過。他承認，前一天晚上他一直在和兄弟們摔角，其實他應該多花時間在功課上並承諾要做得更好。

開辦兩所學校

第 25 章
波爾再婚

··· ❦ ·····································

　　在休士頓，李文認識的人如果不是老師，就是以某種方式參與教育。他的全部世界就是 KIPP 的孩子、范柏格及「為美國而教」的朋友。他致力於教學，但希望能住在人生還有教學以外的地方。搬回紐約，他就有這樣的機會。

　　一九九五年春假期間，范柏格和李文一起來到南布朗克斯區，協助招生。和他們一起的是兩人在休士頓的新室友柯克蘭，他已同意加入李文，在 KIPP 的紐約分校擔任老師。李文一開始只要收五十名學生，比范柏格打算在休士頓招生的數目少二十二人。李文認為在 KIPP 不曾涉足且自己不熟的學校系統，從人數較少的學生開始發展比較好。他認為只要兩位老師，加上

一名行政人員處理文書工作和其他細節，就能辦得起來。

如果你覺得有誰搭檔很怪異，那不是李文和范柏格，而是李文和柯克蘭。柯克蘭是天主教徒，李文是猶太人。柯克蘭很安靜，李文總是有話要說。柯克蘭出身聖母大學，李文耶魯。柯克蘭被動而謙遜，李文積極且雄心勃勃。

柯克蘭之前就被這兩個室友嚇到了。他們高頭大馬、聲音宏亮且精力旺盛。起初，他和范柏格比較熟，因為他們已在同一所學校任教兩年。和KIPP 男孩共同生活的最初幾週，他幾乎不曾和李文交談。但李文喜歡他，而且每天一定要和他說說話。漸漸地，談論他們的教室裡發生了什麼事變成每天的例行事務。他們的交情愈來愈好，其後十年生活與工作都在一起。

南布朗克斯區第 156 公立小學校長瑪克辛·歐康納（Maxine O'Connor）女士，答應讓李文在她的兩間教室開辦 KIPP 五年級。她的深色磚造小學收的學生來自附近幾個國民住宅。為了鼓勵她合作，李文和范柏格在元月付錢讓她飛到休士頓看他們教學。當時她顯得很友善且支持他們，但在李文在該校成立 KIPP 後，她的態度急遽改變了。

李文、范柏格和柯克蘭在春天去訪問時，到當地小學的四年級教室招募KIPP 新生。李文和范柏格演出老戲碼，柯克蘭則在旁觀看並作筆記。他們答應讓孩子們去迪士尼世界，他們答應星期六去吃麥當勞。他們向那些同意上學時間較長、做較多家課的學生保證，這個課程會很好玩。他們在那些國宅散發英文和西班牙文傳單，他們訪問了學生住的公寓。

但得到的接待比在休士頓冷淡許多。這裡的家長表示，這三名年輕人肯定是瘋了，竟然相信自己在全國首善之都能有作為。他們被稱為瘋狂的白人男孩之類。有些父母認為，這三人代表體制的再次侵擾──那個家長必須容

忍而非欣然接納的體制。

李文、柯克蘭和范柏格看到兩者之間令人沮喪的差異：休士頓那些貧窮但充滿希望的家庭文化，和在南布朗克斯區許多家庭的憤世嫉俗、相對冷漠的態度。休士頓的墨西哥裔和中美洲裔家長認為自己是在向上發展，他們雖然公寓狹窄局促且工作薪資偏低，但日子比來到美國之前好過。南布朗克斯區的非洲裔、多明尼加裔和波多黎各裔家長則抱持較小的希望，整個住宅群已被棄給老鼠、毒販和流浪者。警方有時會辱罵毆打人，學校令人失望。KIPP 之類的計畫來來去去，他們見多了。

范柏格沒時間留在布朗克斯協助，李文和柯克蘭繼續不斷嘗試。賈西亞小學在五月關閉以度暑假時，他們回到紐約繼續招生。他們希望招到至少四十六名學生，而且要快，暑期班才能開課。儘管當地家長普遍持懷疑態度，有些家庭仍然願意給 KIPP 機會，因為這個課程和第 156 公立小學在同一棟建築內上課，他們的孩子無論如何都會去。上課時間較長，加上週六和暑期班，在某些方面會使他們的生活輕鬆些。如果這些年輕人要提供等同於免費的課後輔導，加上隔週週六上午免費照顧孩子，以及每年夏天為期三週的暑期班，為什麼不參加呢？就算它持續的時間可能不會很久。

從 KIPP 的角度看，南布朗克斯區勝過休士頓的唯一好處是，李文不必擔心接送學生的問題。在高夫頓，范柏格為了安排公車路線，扯掉不少日益稀疏的頭髮。另一方面，第 156 公立小學位於美國人口最稠密的街區之一，學生大多步行上學。即使是短程路途也有危險，當地有惡霸和幫派，但李文不必擔心安排公車的事。

但若招不到足夠的學生，這種好處是毫無意義的。暑期班在六月開課之前一星期，他已招到四十三新生，比需要的少三人。依據城市人員編制的規

定，需要有四十六名學生才能支付他和柯克蘭的薪水。他最後的招生機會是，為附近一所高中各年級學生舉行的註冊登記會。他準時抵達，但在大禮堂門口，一名手持寫字板的活動主辦者不讓他進去。

「我是李文，」他說：「我是個老師，也是第 156 公立小學一個新計畫的主辦人。」

「我很抱歉，」那名女子說：「你不在名單上。我們並不認識你。你去年在哪裡教書？」

「在休士頓，但我今年在這裡教，一切都安排好了。我只是需要多找幾名學生。我敢說，這裡的家長會很高興有機會拿到我們的傳單。我不打算強迫任何人。」

「對不起，你不能這樣做。你沒有獲得授權。」

李文十五歲就曾潛入紐約公立學校的體育館和運動場。大禮堂通常有其他入口，他找到一個，溜了進去，試圖不引人注意。他走近可能是家長的人，低聲道：「聽我說，我為這附近一所公立學校的五年級學生開辦一個新課程。我們上課時間從早上七點三十分到下午五點，以及隔週的星期六上午和三週的暑期班。你想不想登記參加？你認不認識其他的五年級學生？」

像路燈一樣醒目突出的他，最後被發現並護送出去。與他聯繫的家長差一點就不夠，勉強湊足那班人數，但每天都顯示會有多困難，以及給他的承諾能履行的是多麼少。他為期三週的暑期班計畫被歐康納女士封殺了，很難想像她在元月間到休士頓時看起來是那麼友善。第 156 公立小學不像賈西亞小學，後者在 KIPP 於一九九四年開辦後，固定有暑期班。第 156 公立小學在夏季時是關閉的，沒有校警，沒有校工。李文被告知，甭想開暑期班了。

李文做了決定，沒有回頭路可走。但在永遠離開休士頓前他還有一個重

要責任。波爾要再婚了，她請李文送她出嫁，交給新郎。

李文很了解，他們的朋友看到瘦長、二十五歲的李文充當四十八歲新娘的父親時會造成的娛樂效果。他不在乎，他欣喜難抑。他與波爾的關係，是他菜鳥老師新生活的重要精神支柱。在他剛到巴斯欽小學、極為笨拙的那幾個月，她教他如何影響那些孩子，她傾囊相授所有秘訣。他很高興可以藉著在她人生中的重要場合扮演要角，來報答她的恩情，至少是報答一部分。

范柏格和他一起參加了在波爾家後院舉行的小小婚禮。整個儀式中，李文笑得合不攏嘴，范柏格從未見過他如此高興。他們不太認識新郎，但對波爾想嫁的任何人，他們都欣然接納。

婚禮進行得很順利，但婚姻沒有。原來那名男子不是波爾所想的那樣，他一點也不像賀曼。不到一年，她已決定要他離開她的生活。這很棘手，但她知道可以向誰求助。李文付錢讓他們離婚了事。

李文試圖再次說服波爾加入 KIPP。他和她談了好幾次，但她沒有改變心意。「我辦不到，李文。」她說。

「但是，波爾，這全都是你的構想。是你創造了這個。」

「我辦不到。我有四個孩子要養，我有抵押貸款要付，而且沒有子女撫養費。在我能做那件事之前，我的收入至少得像現在的薪水那樣多。」

「我們可以一起想辦法。」

她看著他。他是這麼優秀的年輕人，但他哪裡懂得人生？「你和麥可一定會得到我的幫助，我支持你們。但是，如果 KIPP 付不起我的賬單，我求助無門。你們年輕，可以從頭再來，我沒有那樣的餘裕。」她不能去紐約，她的兒子正就讀高中最後一年。

「我會讓你們使用它，」她說，指的是她的教材：歌曲、口訣、遊戲。

全都給他們了，但有一個條件。「如果有人問你們從哪裡得到的，要告訴他們，是從我這裡得到的。」

KIPP 的初步成功在她腦海裡種下一個念頭。就在李文前往紐約的一年後，波爾徹底改變想法，她決定不要再待在休士頓當任課老師。不是李文，而是一種高高在上的力量做了這個關鍵的論證。她的方法功效卓越，再加上認為窮孩子無法學到多少的觀念已破產，這兩件事在 KIPP 的頭兩年明顯得令人驚訝。顯然她有某種有價值的東西，可以成功地傳給其他教師。

一九九六年的一個春日，她在巴斯欽小學後面的停車場抽菸休息。抽完菸，她回頭走向校舍。有個聲音從上面傳下來，如同以前那樣。「我把它給你。」這個聲音說。就這五個字。

她停下腳步聆聽。她感到惋惜，她一直沒有信靠上帝。她知道自己的教學法成效多麼良好，她已傳授給李文和范柏格，並訓練了這個學區的其他人。這樣很好，很慷慨，但上帝要她走更遠的路。祂要她停止現在的工作，把所有時間花在和更多孩子分享這個教學法上。

她深深吸了口氣，走進校舍。她平靜地看著校長。決定已作出。「這是我在這裡的最後一年。」她說。

「波爾，你哪裡也不去，你要留在這兒，維持我們的好成績。」

「不，就這樣。」她說。

波爾離開巴斯欽小學時，沒有正式的送別，校長沒有感謝她所做的一切，這只令她更堅定要走自己的路。她投入退休金，用房子抵押貸款，開辦了自己的事業。她開始旅遊，到全國各地培訓教師。許多人願意聽她演說，令她感到興奮。她發現自己有能力賺更多錢，勝過當任課老師。

她到李文和范柏格的學校拜訪，提出建議。但他們在成長，想照自己的

意願行事。她為他們感到驕傲，但她有自己的工作要做。

幾年後，李文和范柏格開始獲得全國性知名度，與學生一起上電視唱波爾的歌曲，她認識的人向她談起這件事。「這些在偷黑人的東西，」他們對她說：「他們猶太人在偷你的東西。」

「寶貝，那是免費宣傳。」她說。

「他們猶太人就會幹這種事，把它占為己有。」

「親愛的，」她說：「祝你今天開心。」

第 26 章
意外的戀曲

    一九七六年，柯琳‧迪裴爾（Colleen Dippel）的母親在結冰的冬季道路上開車失控，撞上一棵樹，當時四歲的迪裴爾正在後座的地板上玩。忽然她感覺到強烈撞擊。她從下面擠出來時，看到到處都是血。媽媽在前座一動也不動，姿勢怪異。她試圖打開媽媽的眼睛，但是沒有用。迪裴爾太太再也沒有恢復意識，四天後過世。

    迪裴爾的父親是建築工人，沒有大學學歷但很能養家，有時會為了養育他好交際的女兒而覺得頭痛。迪裴爾常去參加派對而不是去上課。她的朋友要去上大學，迪裴爾認為自己也會上大學。但高三時父親告訴她，他不會付錢讓她上大學。「我不相信你，」他說：「你去那裡不是真的為了讀書。」

她回敬他大吼：「你毀了我的人生！」但幾年後，她意識到他的決定是個轉捩點。父親是對的，她只是想和朋友在一起。她被迫思考其他重要的事。她做了幾樣工作：計畫生育處辦事員、救生員、游泳教練、服務生，她完成了達奇斯郡社區學院（Dutchess County Community College）和紐約州立大學阿爾巴尼分校（State University of New York at Albany）的學業。她原本打算當律師，但是在「為美國而教」計畫的一連串行政工作（先在紐約，後在休士頓），把她引導到不同於自己想像的人生。

　　一九九五年夏天，她到休士頓的第二週，在一次員工會議上，她不認識的一位「為美國而教」學院的校務主任走進會議室。這個大個子，穿著活像肯德基爺爺的可笑打扮：蝶形領結、背心和黑色牛仔帽。她納悶怎麼有人敢穿成這樣而不難為情。

　　他們圍桌自我介紹。那名城市牛仔說他叫范柏格，是「為美國而教」團隊成員，督導一組正在受訓的新老師。輪到迪裴爾時，她笑著說：「嗨，我是柯琳。你可能已經收到好幾封我發的電子郵件，我主辦今年夏天的講習班。你們不需知道我的頭銜，只要知道把你們的課程描述發給我，如果不照做，我會成為你們最可怕的噩夢。」

　　會議結束後，范柏格俯視著她，試圖自我介紹。他喜歡時髦活潑、有魅力的女性。迪裴爾擁有游泳教練瘦削、健美的身材，酷似女星茱莉亞・史戴爾斯（Julia Stiles）。

　　「哦，是的，」她告訴他：「你在我的名單上。你還沒有交上你的文書作業來呢。」

　　范柏格似乎很高興。「哦，」他說：「我會討厭成為你最可怕的噩夢。」

　　真是個聰明的傢伙，迪裴爾心想。當范柏格交出他的課程描述，內容卻

和她朋友麥可‧費拉柏的雷同時，她對這名牛仔男的懷疑增加了。費拉柏是那個夏天團隊的另一位顧問。她找上費拉柏。

「這傢伙是什麼來頭？你寫的是他的課程描述。」

「我沒有寫他的課程描述。」

「少騙人，他在打什麼主意？」

「你為什麼問？」

「他有點兒可愛。」

費拉柏面露微笑。「為美國而教」暑期學院有其浪漫的一面。「我來把你介紹給他。」

「不行，我有男朋友了。」

她還是找了個理由去和范柏格說話。在「為美國而教」學院的一個社交場合，她打斷了幾名女學員的話，她們正詳細分享自己如何因為沒有做好教案而嚇壞了。迪裴爾也聊了一下，然後說她要離開了。

「我跟你一起走。」他說。

她說想回大學宿舍睡一下，結果他們去吃了冰淇淋，還散了步。他終於把她送到她住的那一層樓，然後上樓回自己的房間，那是院方為避免他長途往返高夫頓公寓分配給他的。半分鐘後，她找不到房間鑰匙，才想到鑰匙在還在參加派對的室友那裡。她上樓敲了范柏格的門。

「我知道你會認為我瞎扯，但我的室友真的拿走了我的鑰匙。我今晚可以借宿這裡嗎？」

第二天晚上，他們去看電影。「要不要一起到我的公寓去？」他們離開電影院時他說：「今晚我必須傳真一些東西。」

這是她聽過的最差勁的性暗示，但她還是同意了同行。她發現他的公寓

的確塞滿了辦公設備和書籍，那是為他要開辦的學校準備的。影印機幾乎擋住了門口，他們必須側身才能擠入公寓。

　　他們的戀情從此真正展開了，那晚雙方也做了很長的爭論且沒有定論，爭執的是他真的有東西需要傳真嗎？

讓每個孩子都發光：
KIPP 學校如何打破學習困境，扭轉孩子的未來

第 27 章
KIPP 工具箱

　　李文尚未獲准在第 156 公立小學開辦三週的暑期班，但他希望新的 KIPP 班級至少可以提前一兩週開課。在七月結束進入八月時，他懇求校方讓他的學生到校上課。得到的結果是可以提前兩天，不是兩週。而且學生只許在學校待兩個小時。

　　李文的解決辦法是，在第 151 初級中學前門外的水泥磚上舉行為期一週的暑期班；沿著第 156 公立小學那條街走下去就是第 151 初中了。學生坐在水泥磚上。他放了一面大招牌在學校外牆上：「團隊總是勝過個人」。他和柯克蘭盡了最大努力。KIPP 紐約新校的學生學會了很大聲地朗誦：

就在這個房間
有許多孩子
他們想要學會
閱讀更多書籍
打造更好的
明一天！

　　他們喜歡這些詞語的節奏，即使不是在教室內，而是穿著白襯衫和卡其短褲坐在水泥磚上，就在布朗克斯區東 156 街 250 號外面。

　　李文遇到了困難。他歡迎新班級時必須熱情洋溢、活力充沛，學生必須看到 KIPP 沒有許多大城市教室內常見的壞脾氣的無精打采現象。但他覺得難以鼓起熱情。

　　至少他的第 156 公立小學的空間，比賈西亞小學的韋丁提供給 KIPP 的來得好。他們在二樓有一間雙倍大的教室，他和柯克蘭把它裝飾得五彩繽紛。他們以笑容和快樂話語迎接照指示提前兩天上學的孩子。那些五年級生沉默寡言，但沒有惹什麼麻煩，對在縮短的暑期班學到的東西似乎感到高興。有些人對新遊戲、口訣和故事感興趣，其他人以擔心和困惑的表情旁觀，不確定這是在做什麼。

　　柯克蘭對 KIPP 系統沒有經驗，所以他和李文一直在練習、思考，很少談論別的。李文的母親在東 33 街一棟無電梯建築物的三樓為他們找到一間公寓，那是個友善的街坊。李文和柯克蘭住在一起，一如當年的李文和范柏格，每晚規劃隔天的教學，並輪流接聽學生打來詢問功課的電話。

　　最初幾週，他們談的大多是在布朗克斯教書有多困難。每名學生都要上

讓每個孩子都發光：
KIPP 學校如何打破學習困境，扭轉孩子的未來

大學的 KIPP 宏願，對許多孩子來說似乎就像他們在小學四年級被迫閱讀的那些童話之一。他們在隨堂測驗中錯誤連連或答不出來，許多人抵制做功課。相較於在休士頓 KIPP 的最初數週，當時范柏格和李文覺得他們的班級就像色彩鮮豔的氣球冉冉上升，如今在布朗克斯區的班級經常顯得悶悶不樂，負擔沉重。

李文以棒球術語來思考這個情況。他正在比較難纏的聯盟中比賽：投手的球速較快，外野的全壘打圍欄也比較遠。在休士頓，他擊出了全壘打，但在紐約他揮棒落空。

他試圖調整。KIPP 問世後，李文和范柏格沒有多加討論，就認同他們永遠不會滿足。若發現無效或略作調整收效會更佳的部分，他們就會改變模式。最初他們就是這樣想出 KIPP 的點子：使用試誤法（trial and error）。他們曾向波爾和雷夫老師學習，但他們必須調整兩位師父的做法，改造成適合自己的風格與情況。

范柏格開辦他的休士頓學校後仍在進行變革。李文和柯克蘭在布朗克斯區也得那樣做。針對不良結果進行改革，成為 KIPP 的定律。每所學校、每個校長與教師團隊，採取適合他們使用、有效的 KIPP「工具箱」，拋棄其餘。如果他們的調整沒有提高成績，就會捨棄那些改變，並再次嘗試。他們希望 KIPP 既有彈性而且新鮮，能調整以適應變動的世界和新的資訊，而且絕不忽略要幫助孩子更好的學習的需求。

在第 156 公立小學的二樓教室，李文和柯克蘭廢除的第一件事是罰學生「去門廊」的做法。在休士頓，李文見過這個做法對一些學生有效，但他從來就不很喜歡。那似乎太靜態，難以實施。門廊激勵的通常是品性好、動機強的學生，他們只需比較不痛苦的暫時隔離，以提醒他們須避免無精打采和

其他懶散懈怠的習慣。

對有較嚴重行為問題、會叫老師滾開而毫無悔意的學生，門廊沒有什麼威力。這些學生去門廊後就不曾離開（行為沒有改善）。情境的改變並未困擾他們。李文認為，對他們而言，門廊就像「煉獄」（暫時的苦難），他們待在那裡，直到被發落到「地獄」，在李文的心目中那意味著被踢出 KIPP。但李文下定決心，只有在最極端的情況下才開除學生，結果那種極端情況一年只發生一兩次，遠少於許多普通公立學校迫使學生轉學的情況（因紀律問題要求他們轉到特殊課程）。李文與范柏格認為自己教不來的每名學生都是自己的挫敗，他們持續尋找各種方法使被開除的人數降到零。

思考使用什麼方法取代門廊時，李文斷定他和范柏格一起教學那年採用的最有效的懲戒技巧，是對任何違規行為給予立即且壓倒性的回應。如果一名學生侮辱同學，或上課不認真，或說謊，李文與范柏格會分別站在這名學生的兩側，把他們的體型和對話的所有能量放在一個目標上。

「所以，你以為自己比這裡的每個人都優秀，是吧？」或者「那是你會向你母親說的話嗎？」或是「你覺得這種活動將在你未來的人生中幫助你嗎？它會幫助你上大學嗎？」或是「你對自己或班上每個人有沒有一點點尊重？」

李文認為，他和柯克蘭需要練習那種方法並設法擴展。他保留了一點門廊的做法：違規者要獨自吃午飯。他也試著讓行為不端的孩子在下午五點後留校，把在校時間延得更長。有一段時間，違規學生在班上必須坐在幼稚園那種小椅子上。當時的想法是對不同的學生要有不同的懲戒措施，不受制於門廊的硬性規定。李文想給行為不端的孩子渴望的特別注意，讓孩子在學校不像在家裡那樣常被忽視。柯克蘭和李文想出的方法並不僵化固定，那是他

倆喜歡的。這些方法雖然不見得比門廊有效，但後者是兩人不喜歡的。

他們需要為此取個名稱。給個標籤是有用的，因為標籤可幫助學生組織他們正在學習的事物，並讓老師有個簡易的溝通方式。他們應該如何稱呼這個多面向的新做法呢？

也一如李文及范柏格，柯克蘭也喜歡科幻小說。他和李文偶爾會在公寓觀看「銀河飛龍」或太空電影。一個週末，他們到租片店租了「星艦戰將」（*Starship Troopers*），那是海萊因（Robert A. Heinlein）小說的簡略版本。該片中涉及對行為不檢的士兵的「行政處罰」。加入人類對抗銀河系敵人戰爭的新兵認為，行政處罰聽起來是官僚式的輕微處分。有些人太晚才知道，其實它的意思是拖到總部後面槍決。

李文和柯克蘭相視而笑，就稱呼新懲戒制度為「行政處罰」。

每天晚上，他們討論如何把課程分解為更生動、更易理解的小單元。他們希望能幫助每名學生掌握每個概念。這是艱苦的工作，需要反覆試驗改進。李文很少有時間做日常行政工作，那也是他的份內任務。他尋找某個人來處理輔導、文書和行政工作，一個可以擔任校務主任的人。他不想要那個頭銜，因為擔心那會把他帶出教室。他仍然在做有關學校的重大決策，但希望有人來做辦公室的工作。他雇用了一位頗受好評的「為美國而教」的老手，二十七歲的吉莉安·威廉斯（Gillian Williams），她似乎很適合這個職務。

威廉斯獲得其他教師的高度推薦，但兩人風格不合。她覺得教師應該像友好的長輩，而非監工。她要求學生以名字稱呼她，不要用姓。在學生犯規的當下立即予以糾正會讓她覺得不舒服。她認為行政處罰的許多做法過於嚴厲，而李文太嚴苛。

到十一月，李文和威廉斯都覺得受夠了。他覺得如果他不能讓學校的每個人，特別是成人，有相同的理念，他無法創造必要的學習文化。在此同時，她已另外找到工作，並提前兩週告訴他要離職的事。當下彼此對對方都不太和善。他要她馬上離職。

她感到又驚又怒。「不，我不會馬上走。」她說。

「好吧，」他說：「你不必馬上走，但你不可待在孩子身邊。」

「你當真嗎？」

「是啊，」他說：「你可以整天坐在這個房間裡。」

因此她在那天收拾東西，並寫了一封長信給李文解釋為什麼 KIPP 本身是個錯誤。她說，他使孩子們很難堪，他太直率、對他們的缺點太坦白，幾乎到了辱罵的地步。她說，他傷害他們甚於幫助他們，他最好改變，否則會遭到不利後果。

幾年後，威廉斯成為南布朗克斯區一所小學校長，也是位有主見的學校改善專家，她提起李文使用的一些方法讓她感到恐怖而退避，但兩人都有所改變。他成為更好的老師。

「我對於要獲得成果變得更加激進，現在有許多人對我做的事情覺得恐怖而退避，」威廉斯說：「李文吸引我的地方是，他的做法有效，而且孩子們喜歡他。」——即使在紀律遭到破壞，他就良好行為一事在全班默默吃午餐時訓了四十五分鐘時，他們仍然喜歡他；孩子們驚訝於這名白人男子好像當做他們是在教堂內。

最後李文承認，威廉斯說他有很多東西要學是對的。但她一直攻擊波爾效用良好的那些支柱，對他沒有多大意義。他繼續聆聽批評，大量的批評，並試圖從中學到一些東西，正如他希望學生受到他批評時會做的那樣。

讓每個孩子都發光：
KIPP 學校如何打破學習困境，扭轉孩子的未來

第 28 章
在休士頓重新開始

--------◆◆◆--------

　　范柏格的學生從高夫頓家園到新學校艾斯庫小學的公車接送是個問題。學區的政策是把學生的地址輸入電腦，然後選擇適合大多數學生的街角設站，許多人仍然得走一段長路到公車站。范柏格認為那可能會扼殺他的課程，他的學校那麼早就開始上課，大清早天色是黑暗的。而且他已答應家長將提供方便的公車。

　　他知道該學區調度公車的人在麥卡蒂路的建築內辦公。一天早晨他出現在那裡，帶了足供全體工作人員當早餐的墨西哥玉米餅，毛遂自薦要幫他們訂出恰到好處的公車新站位置給 KIPP 學生。「我們可以把電腦設在手動操作嗎？」他問：「我想輸入合適的時間地點。」坐在電腦前的男子嚼著墨西

哥玉米餅，告訴范柏格：請便。

艾斯庫是一所招收幼稚園到四年級生的學校。兩層樓的磚造建築已有五十六年歷史，後面有十二座黃褐色模矩式建築群集在一處。KIPP 將使用三座模矩式建築：較大的那座可以設兩間教室，較小的設一間教室，第三座有 200 平方呎大（約 60 坪）的儲藏室，充當范柏格的辦公室。破家具、舊書籍和打掃用具塞滿了大部分空間，范柏格設法把它們推到一側。他有桌椅各一。

范柏格獲得了開暑期班的許可，只是比他希望的短期，只有兩週，在學年開始之前一週結束。他仍然需要安排午餐和種種其他細節。他把 FileMaker 程式用到極限，讓文書作業可以在開課當天準備好。他寫課程表、點名簿和給家長的信。他的老師們努力移走或重新排列先前放在模矩式教室的大堆雜物。沒有太多時間進行教學討論或編製詳細的教案，范柏格告訴他的團隊需專注的要務：「把你的教室準備好，把教材準備好，告訴我你需要什麼，開始規畫你在孩子們抵達時要做的事。最初一兩天我們要把他們全部聚在一起，不用擔心這點，我會處理一切。」

這有時意味著他會去做其他老師認為自己已經完成的事。每天晚上，老師們精疲力竭回家後，范柏格溜進他們的教室做些改變。在他看來，有些海報懸掛不當或未經精心挑選，布告欄上有些字是歪斜的。范柏格知道他做得太過火了，但控制不了自己。他曾經因為李文執著於教室的安排而指責李文。李文堅持要把教室布置做到最好，一如波爾做的，范柏格從他們身上感染到追求完美的毛病。范柏格喜愛閃閃發光的字母，顏色明亮得不會被忽略，他希望每間教室的每面牆上都輻射出興奮的情緒。

但是，在老師背後重新布置他們的教室，不是良好的管理技巧。他為自

己的侵擾行為找藉口：老師們只是受雇來教書的，不能期望他們也有他那種一天二十四小時對學校每個細節的執迷。他知道自己想要什麼，但缺乏時間和技能清楚、完整地傳達他的願景，所以他就干預。這有點傷感情，但他很快就責備自己。他滿口的笑話和讚美，這有助於（勉強地）保住他的形象：一隻逍遙自在的大狗，會撞翻家具，但身邊有牠是好玩的事。

KIPP 暑期班開課的第一天，范柏格做了一張大型海報，寫著：「**像冠軍那樣思考**」。那是他從鼓舞人心的美式足球電影「豪情好傢伙」（*Rudy*）偷來的口號。他搭第一班公車到高夫頓，在清晨六點半抵達。費拉柏在第二輛公車上。每到一站，范柏格就跳下車，舉起海報讓大家都知道這輛是 KIPP 的快車。他與家長握手，他和五年級學生握手，「歡迎加入 KIPP！」他說。

他說話速度非常快，就像教練在重大比賽前的訓話。「這很棒！」他說：「請觸摸海報，念出海報上的字，然後坐上公車。」

在電影「豪情好傢伙」中，一名矮小的聖母大學學生憑著英勇努力加入大學的美式足球隊，並獲准和其他球員一起，在進入體育場的窄道上拍打一張海報，上面寫著「**像冠軍那樣打球！**」。高夫頓的孩子幾乎不曾看過電影，或被要求在爬上校車之前拍打標誌。有些人覺得困惑，上了車但沒有觸摸它，有些人讀不出上面的字，但他們全都上了車。上午七點一刻，他們都在學校了。

第一天有七十一名學生，包括一名東南亞人、兩名南亞人、一名盎格魯人和兩名非裔美人，其餘來自中美洲或墨西哥的家庭。如同范柏格要求的，KIPP 教師把一間教室的課桌椅搬出去，讓七十一名學生聚集在一起參加第一天的新生訓練。老師們站在牆邊，由范柏格向全體人員講話。他要老師們自我介紹。他嘗試了一些打破冷場的做法：誰擁有兩兄弟和兩姊妹？誰有三

個？誰有四個？五個？六個？誰是左撇子？誰見過海洋？

他教他們波爾的一些歌曲，從〈閱讀，寶貝，閱讀〉開始。他教他們撥動指尖助算九的倍數（roll their nines）。他們試了好幾次才跟上節拍。他們會拍手，但被要求同時也唱歌時就跟不上節奏。范柏格保持輕鬆的氣氛。他們喜歡以最大音量練習〈閱讀，寶貝，閱讀〉，他們愈唱愈大聲。

范柏格想證明這是一所有趣的學校，全然是因為學習很有趣。他知道在娛樂與認真投入之間有一條微弱的分界線，他不希望新學生認為 KIPP 全是在遊戲、吃糖果和麥當勞。他想把那些興奮感和這些事情交織在一起：能理解 33 位數、閱讀小說，以及在到華盛頓作春季旅行之前，對白宮、國會和最高法院瞭若指掌。

「如果我們為你們努力用功，而你們為我們努力用功，」他告訴他們：「只要你們遵守規則，那麼我們將不嫌麻煩地為你們做各種很酷的事。但是這一切都需要你們努力去贏得。」

最初兩天，全校師生仍聚集在一間教室內，范柏格和其他老師讀《史尼奇》、《北極特快車》等書籍。范柏格會中斷並提問、問意見、做評論，而且連結到與學生生活有關的部分。他希望每個人都能參與閱讀的神奇作用，這將是他們這一年要做的最重要事項。

他要傳達的訊息和在紐約的李文是相同的：我們是團隊，我們是一家人。我們不僅尊重彼此的差異，也要頌揚那些差異。我們一起生活，一起學習，彼此照顧，一起玩樂。在《北極特快車》中，他強調的是書中孩子們聽到鐘聲的那一刻，那是他們前往北極途中對自身遭遇的信仰與信念的象徵。范柏格希望，那種一家人的感覺會引導學生成天待在學校和努力學習。他把 KIPP 的信條介紹給他們，那是他和李文琢磨了好幾個月的：

讓每個孩子都發光：
KIPP 學校如何打破學習困境，扭轉孩子的未來

「勤奮努力友善待人。」（這是雷夫老師的一個口號，他比較喜歡把友善待人放在勤奮努力之前，但范柏格認為對調之後讀起來比較順。在紐約，李文用「友善待人勤奮努力」。）

「沒有捷徑。」（這是雷夫老師的招牌口號，也是他的書名）。

「指派自己任務。」（這意味著學生應該對自己須做的事承擔責任，以獲得教育並支援其團隊與家人。）

「如果有問題，我們尋找解決辦法。如果有更好的方法，我們找到它。如果隊友需要協助，我們提供協助。如果我們需要幫手，就提出要求。」

這些只是簡單的格言。范柏格和李文是在富裕且教育水準高的地方長大的，在那種地方這些格言會因為陳腐平庸而被摒棄；但在休士頓，許多家庭正在尋求擺脫貧困，這些格言有其意義。

第三天中午，范柏格宣布團體新生訓練結束，並送學生到各自的教室。是讓老師們執教的時候了。范柏格和李文認為，根據自己在休士頓的笨拙開端，不應該以教學風格或理念來評判教師，應該以教學成果來評判。只要學生活躍興奮且熱中參與，測試成績提升，只要 KIPP 的校友進入高中並獲得成功，尤其是上了大學並表現優良，他倆需要知道的就只是上述這些。

當然，范柏格和李文會密切監督老師的表現，並在適當時候介入。他們樂於重教別的老師教過的東西。當學生來上范柏格的數學課時，他從不自限於數學。他也做閱讀練習，他討論科學及科學和數學的關係。他會說：「你們剛剛學到關於水的循環，對嗎？告訴我，什麼是蒸發？什麼是凝結？」如果他看到孩子臉上空洞的表情，他會告訴教科學的費拉柏：「嘿，孩子們不知道水的循環。」

每天下午，KIPP 的五年級生依閱讀程度不同重新分成三組。他們從下

午三點半到四點十五分讀小說，第一本是羅德‧達爾（Roald Dahl）寫的《查理和巧克力工廠》（*Charlie and the Chocolate Factory*）。學年結束時，他們已經讀完六本書。在課堂上，每個孩子會大聲朗讀半頁至一頁。老師經常會打斷朗讀，展開討論。下午四點十五分到五點是李文和范柏格當時讓學生玩躲避球的時間，現在范柏格用來上自習課，學生可以開始做功課。指派給他們的作業一個晚上要花兩小時左右，包括在校自修的那四十五分鐘。午飯後艾斯庫的學生做運動，同一時段，KIPP 的老師督導學生在年級教室（homerooms）點名上體育課。

不同於李文，范柏格和這位校長關係良好。依蘭‧艾倫（Elaine Allen）沒有把范柏格視為威脅或討厭的人。范柏格進入校舍從來沒有遇到困難。KIPP 的週六班是在李高中上，比較接近高夫頓，而且有完善的設備，如電腦實驗室和游泳池。

范柏格總是遇到一些家長，儘管他們已簽署「追求卓越」合約，卻不喜歡學校嚴格的紀律和孩子得做很多功課。一位母親打電話給教閱讀的老師，抱怨她女兒被罰「去門廊」。「我的女兒很好，」這位家長說：「不需要用這種方式對待她。」

范柏格對這類投訴的反應是做家庭訪問，讓家長看看他們的孩子在四年級時參加德州學業技能評量的分數。「你的女兒非常聰明，」他對這位在電話中向老師大叫大嚷的家長說：「她很有潛力，但在上 KIPP 之前，她的表現是這樣。如果你要她受到和以前的學校相同的對待，這是她在以前學校的成績。」家長平靜下來。但也有人繼續抱怨，每年總有一兩位家長非常不滿，以致第二年退出 KIPP。

岡薩雷斯是一九九六年招募、住在高夫頓的學生，多年後他回想起休士

頓 KIPP 的五年級生是什麼樣子。他高大健壯，擅長數學，英語不好。他沒有做功課時，老師當面扣他分數並罰他去門廊。范柏格有時很可怕，比方向你尖叫，然後突然轉成輕聲細語，解釋什麼行為是不能接受的。

家庭作業是每天的一大問題。范柏格試過讓沒做作業的學生整節課站著。「你沒有帶你的票來，」他告訴學生：「所以你不能坐下。」岡薩雷斯不喜歡那樣，但他沒有告訴范柏格或父親他的感受如何。他擔心的是他們會對他說的話。他也開始認為，儘管學校有煩人的規則，但對他來說學校可能是最好的東西，而且他和這個課程的其他學生交上了朋友。

范柏格認為第一年過得很順利。他的老師愈來愈有信心而且增加了新技巧，學校的標準依然很高。但未來並不看好，艾斯庫小學沒有空間在次年創辦六年級。裴特森曾允諾會找到空間，但她花的時間遠超出范柏格的預期。

當擴張計畫無法實現時，范柏格向中央的學校管理當局展開倡議型民主課攻勢。所有五年級學生打電話給市中心的官員投訴，說不知道明年將要到哪裡上學。數小時後，裴特森手忙腳亂地試圖彌補這項損害，而沒有一絲懊悔的范柏格，問她究竟何時才能取得新教室。

裴特森不得不向和她共事的每個人解釋，大量出現的學生電話，正如他們猜測的，是不成熟的范柏格的傑作。她還得告訴他們，她要一了百了地制止范柏格的不禮貌作為。裴特森要范柏格放學後立即到她的辦公室報到。她也知道那是不可能的，因為兩人的任何約會他從未準時出現過。他曾答應在下午五點半前到她辦公室，卻讓她枯等到超過下班時間。往往直到下午七時，她才會透過辦公室窗戶，看到他把他特地買來接送孩子的藍色雪佛蘭廂型車開進停車場。她會瞪他一眼。「對不起，斐特森，」他會說：「但我有些孩子必須先送回家。」

在民主課事件後，她省掉所有寒暄，直接談到身為團隊一員，不要扯她後腿，要有耐心，不要做得好像他是該市唯一關心孩子的校長。她看得出他並不買帳，兩人都知道她不善於拉下臉來斥責部屬，大部分是在裝模作樣。若說要向學生扮黑臉，范柏格是天生的課堂表演者，他可以看出她只是在做做樣子。

他堅守立場。他說他會盡力破除那扼殺休士頓和其他許多學區的冷漠。他的學校表現得很好，應該讓他的孩子們有機會獲得成就，他會繼續盡力爭取。

裴特森揉著太陽穴，是採取行動的時候了。所以，第一次，她寫公文糾正范柏格。寫公文糾正某人是美國學區裡流行的行政處分做法，裴特森給范柏格一份公文，告訴他犯了什麼錯，並指示他在未來採取不同做法，該文將放進他的人事檔案中。她告訴所有向她抱怨范柏格的官員，她寫公文糾正他了。在他們的文化中，很多行動是表面工夫，寫公文糾正是令人滿意的處罰。總部的人以為她這次真的修理范柏格了，他下次要做這麼離譜的事情前會三思。這件事會永遠留在他的紀錄內。

實際發生的是，范柏格簽署了申斥他的公文後，還畫了個笑臉，那是他和李文用在幾乎所有 KIPP 通訊中的。裴特森把那份公文扔在她的抽屜內，沒有放入范柏格的檔案中，她壓根忘了這件事。

第 29 章
翻牆

　　KIPP 的小五學生做了民主倡議練習後回去上課的那天，興奮地嘰嘰喳喳。范柏格祝賀他們做得很好，他沒有告訴他們上司對他咆哮並寫公文糾正他。最終他們將學到在龐大組織內工作的規則，他認為不適合向這個年級的孩子解釋，反抗上級會受到處罰。

　　「你們在做的事，國內沒有別的五年級學生敢做，」他說。就這一次，他很確定自己並沒有誇大。「知識就是力量。你沒有袖手旁觀當個觀眾，讓人們左右你。你為自己負責。這就是我們所指的團隊和家人。**KIPP 萬歲！**」

　　「**KIPP 萬歲！**」全班高興地喊道。

　　看來好像他的特技表演生效了。幾天之內，裴特森告訴他 KIPP 已獲准

搬到夏普斯頓中學（Sharpstown Middle School）。在那裡她可以提供足夠的模矩式建築給六年級生和五年級生上課。夏普斯頓距離高夫頓只有十五分鐘車程，比艾斯庫小學近得多。

越來越多人注意到 KIPP。繼《休士頓郵報》報導過後，《休士頓紀事報》（*Houston Chronicle*）跟進。十三頻道電視台記者唐‧柯博斯（Don Kobos）來採訪。演講與學習專家卡洛‧馬瑟（Karol Musher）和她的醫師丈夫丹‧馬瑟（Dan Musher）邀請兩位老師到他們家吃逾越節晚餐。馬瑟家有許多有影響力的朋友，包括芭芭拉‧赫維茲（Barbara Hurwitz）和她知名的金融家丈夫查爾斯‧赫維茲（Charles Hurwitz）。卡洛曾幫助赫維茲的兒子蕭恩（Shawn Hurwitz）克服閱讀障礙問題，就像當年詹斯基女士幫助幼時的李文一樣。多年以後，蕭恩對 KIPP 感興趣，和范柏格結識，起初擔任休士頓分校的董事長，後來成為全美 KIPP 董事。但是在范柏格於艾斯庫小學的第一年，卡洛和芭芭拉為他做的最重要的事是說服市長鮑伯‧雷尼爾（Bob Lanier）參觀艾斯庫小學。

市長的參觀訂在二月。休士頓教育局長聽說後，連忙把自己的名字加到陪同市長參訪的名單中。學校的公關主任急忙進行安排，並和 KIPP 學院年方 27 的校長范柏格發生衝突，後者不覺得他必須遵循一般禮儀。

范柏格與艾斯庫小學校長艾倫及裴特森會面，以安排他們的參觀行程。范柏格說，他想在圖書館會見市長，向他解釋 KIPP 如何運作，然後帶他去教室。范柏格認為，了解 KIPP 的最佳方式是參觀同學和老師上課。

「但是，我們應該先招待他吃點東西，」裴特森說：「他在上午來，所以我們需要準備一些早餐。我們要請吃什麼？」

「你在說什麼？」范柏格說。

「你必須準備橙汁和鬆餅，我們必須招待一些東西。」

「不，我們**不要**。那不是我要招待的東西。」

「你要招待什麼？」

「我要用靈感招待他們。」

一陣沉默。裴特森不確定他是否在開玩笑，或者只是他一貫高尚、惱人的自我。裴特森決定不爭辯。「不管如何」她說：「這是你的場子。」

「是，」他說：「我希望這是一次不同的參觀訪問。使 KIPP 得以成為 KIPP 的重點是孩子，不是我，不是丹麥奶酥。它的重點是孩子，這是我們想要的，是我們宣揚的。這就是為什麼當人們來參觀時，我希望他們看到的不是我們是誰，而是我們在做什麼。」

他感到興奮。點心問題可能聽起來微不足道，但它暴露了一件重要的事，而且在休士頓這種地區常常被忽視。「我希望他們看到我們在做什麼。他們來參觀 KIPP，不是因為我們有最好的鮮榨柳橙汁。我希望他們看到孩子們在做的事情。」

「不管如何，」裴特森再說一次，語氣疲憊：「芭芭拉在為你處理這件事。這是你的場子，我不能阻止你，但我認為你犯了一個錯誤。」

范柏格認為，這次的參訪證明她錯了。雷尼爾和他妻子似乎喜歡他在圖書館為他們做的沒有廢話、內容豐富、點心貧乏的簡報。他們花了一個多小時，看了在三間教室內的老師和學生。市長一度和全班一起朗誦。學生吟誦了波爾的作品，那已成為歡迎訪客的標準問候語。雷尼爾在坐車回辦公室途中，告訴他的教育顧問，他想知道他們如何能辦更多像 KIPP 的學校。教育局長也留下深刻印象。

范柏格仍然擔心要搬到夏普斯頓的事。工人正在這所中學後面的空地建

造模矩式教室。他發現透過電話很難獲得良好資訊。他說服了 KIPP 的老師畢柏，在晚上開車去那裡調查進度。

那時仍是三月，他們到達時天很黑了。范柏格透過鐵絲網圍欄向內窺視，黑暗中看到有些建築物，但他想走近些觀察。他攀上了圍欄。

就像和范柏格及李文共事的其他多位工作人員，畢柏認為自己是這個大家庭的一份子。兩位創始人認為這種認同感是學校的最大優勢，而且它一再拯救他們脫離災難。在這種情況下，畢柏自視為范柏格的姊姊，並採取相應行動。

「范柏格，」畢柏說：「住手，你會受傷。」到華府的實地學習課將在幾天後啟行。她能預見他斷了幾根骨頭，躺在醫院裡無法成行。

范柏格繼續向上攀爬，翻越過鐵絲網。下去時，左手被圍欄頂部尖銳的鐵絲網鉤到而流血。

「看起來我需要縫幾針，你能載我到醫院嗎？」

畢柏再次扮演惱火的大姊。「我不開車載你去醫院。你會把我的車子弄得都是血。」其實她沒有那個意思。老師的車子裡總有大量的筆記紙，范柏格先在傷口上裹了幾張才到醫院裡縫了十針，第二天上班時他自豪地向大家展示。他沒有時間休養，他增開了六年級的班，而且他是不會錯過華府之旅的。

第 30 章
拿走電視

艾比是在艾斯庫小學上課的 KIPP 小五生，她喜歡看電視，因此很少做完功課。罰她「去門廊」並沒有效果。范柏格到他們家做家庭訪問，以了解問題所在。

「我要她做功課，范柏格先生，」艾比的母親用西班牙語說：「但是艾比離不開電視，她是電視迷。即便到深夜，電視台都收播了，艾比還盯著電視。」

公寓很小：起居室、餐廳、小廚房、兩間臥室和一間浴室。雄踞在起居室櫃子頂部的三十六吋電視機，主導了全家人在那個狹窄空間內的活動。

電視機隨時都開著。這家人沒有安裝有線電視（在高夫頓幾乎沒有一家

安裝），但已有太多電視節目來填滿十歲小孩的一天了。艾比看西班牙語頻道連續劇、看英語頻道卡通片、看喜劇片、看名流動態，她什麼都看，就像母親、父親和兩個表兄弟一樣。

艾比是個聰明的孩子，范柏格對這點很確定。她有胖胖的臉頰，長長的黑髮編成馬尾辮。她熱情奔放、好交際。她加入這個班級，但實際上幾乎沒在學習。將近半世紀以來，電視成癮一直是美國兒童的問題，不分貧富。范柏格已嘗試過一些方法，也讀過其他做法。

「我們應該開始限制看電視，」他說：「拿走它，直到她夠資格看電視。她必須做功課，做完後，你要獎勵她，一個晚上讓她看一小時左右的電視。但你得把它限制在一小時左右，因為任何東西一旦太多，就變成壞事。」

她母親笑了，說這是個好主意。他們叫來艾比，告訴她他們的決定。艾比說，她明白。一切都很好。

但在第二天，艾比去上學，功課還是都沒做。「你一定是在跟我開玩笑。」范柏格喃喃自語。那天晚上，他又去艾比家。艾比的級任老師畢柏一同前去。前門微開。他敲門後門打開了，艾比坐在沙發上看電視。

「這是怎麼回事？」范柏格用西班牙語問正在廚房裡的艾比母親。

她看著他，聳了聳肩。「我能怎麼辦？」她說：「她不願離開電視機。」

范柏格還能想到的辦法只有一個。「你知道你應該怎麼辦嗎？」他說：「你要把那部電視給我。」

「我不能給你電視，那是我們僅有的一部。」

「好，但你說你無力阻止女兒看電視，所以在我看來，確保她不看電視的唯一辦法是把電視機從家裡拿走。」

「沒錯，」這位母親說：「但我不會給你電視機。」

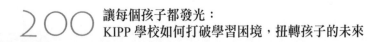

范柏格決定豁出去了，打出他的最後一張可用的牌。「我不願這樣做，但是要麼你給電視機，要麼你女兒不要去上 KIPP 了。」

畢柏大吃一驚。這是激進的舉動，但她了解那個邏輯。她認為那是革命性的，卻是必要的。她屏住呼吸，要聽聽這位母親怎麼說。

這婦人起先沒有反應。她靜默了幾秒鐘，似乎並沒有心煩意亂，只是在沉思。然後她說：「拿走電視機。」

一直在傾聽的艾比開始哭泣。范柏格拔掉插頭，把電視機拿下來，又抱起來。他停下片刻和他的學生交談。「艾比，你可以把電視機賺回去。你好好做功課，連續三週，我就把電視機帶回來。」

畢柏出手要幫忙，但范柏格堅持自己拿電視機。他跌跌撞撞走出公寓，那台三十六吋怪物的重量把他的背都壓彎了。他設法扛下兩層樓梯，放進廂型車。第二天，他把電視機拖進畢柏的教室，放在一張靠牆的桌子上。有學生認為那是頭殼壞掉的范柏格先生精神錯亂到了極點的行為，他們告訴艾比：「我可不希望他拿走我的電視機。」

接下來三週的規矩是，每天早晨艾比把她的功課帶來時，必須放在電視機上面。這個做法讓艾比在同學間博得一些惡名，那是她喜歡的。她遵守這個約定，連續三週天天做完功課。

所以范柏格把那部電視機再放進廂型車，開到她家，再扛上樓放回起居室。他插上電源插頭，並祝賀她。「要記住，」他說：「這是你掙來的。凡事都有適當的（做事）時間和地點。」

之後艾比的表現有好有壞，但通常都有做功課。她學會了如何把注意力放在重要的事務上。

她在蒙大拿州自展中學（Bootstrap Ranch School）畢業時是班上的致辭

代表，並拿全額獎學金進了德州農工大學（Texas A&M）。自展中學的督導後來回憶說，艾比在學業和品德方面都是「很棒的孩子」。

范柏格和電視機的故事將被一再傳唱。范柏格說，他至今仍不確定那樣做是正確的。他不反對看電視，只反對過度沉迷其中。他承認他介入艾比的家庭生活太深，遠超過他應該做的地步。

但他認為一位絕望老師的魯莽行動，對他的工作人員造成有益的影響。他們祝賀他不顧後果的勇氣。整件事也傳送一個訊息給學生：為確保學生有時間和機會獲得良好的教育，他會竭盡全力。如果那件事對他如此重要，那麼也許對學生更是重要。

讓每個孩子都發光：
KIPP 學校如何打破學習困境，扭轉孩子的未來

第 31 章
校外教學

·· ❈ ··

　　分開教學的第一年年底，范柏格和李文決定，他們要一起帶學生去華府上實地學習課。這是個棘手的任務：讓 120 名五年級生到首都衝撞。

　　兩位老師回憶起第一次的華府之行：同行的「國王」和「王后」、布雷耶大法官、花生醬和果醬三明治等，讓他們有信心，此行可以圓滿完成。

　　導遊和講解員仍然帶著他們匆匆通過展覽品，但這一次，老師們已警告學生會發生這種事。大法官布雷耶歡迎他們來到法院，伊利諾州參議員保羅‧賽蒙和德州眾議員金‧葛林（Gene Green）在國會大廈迎接他們。好萊塢星球餐廳再次讓大家驚喜。兩位老師認為他們解決了五年級的旅行問題。在大嚼漢堡和研究餐廳牆壁上阿諾‧史瓦辛格的紀念品之際，他們討論著明

年的六年級之旅。要去哪裡旅行？他們邀請柯克蘭、費拉柏、畢柏和其他老師同桌進行腦力激盪會議。他們想到許多可去之處，他們想要雄偉的、非常震懾人的東西。他們可以提供給這些城市孩子的，什麼地方最吸引人？答案很明顯：大峽谷。

大家都認為這是個好點子。他們決定在白宮前宣布這個選項，就在靜默的散步和唱完小夜曲後。柯克蘭找了一塊白板和筆，畫了一幅壯觀的峽谷透視圖。范柏格和李文宣布了他們的決定，柯克蘭高舉他的圖，學生發出喘息和歡呼聲。老師們都慶幸有了另一個絕妙的點子。李文和范柏格太激動了，以至於分別回到休士頓和紐約時，他們和雷夫老師舉行了電話會議，告訴他他倆已做的決定。

電話中，這位導師沉默了片刻，范柏格感覺到雷夫老師並不同意。雷夫老師用他在教室裡最親切的聲音說：「我認為還有更好的地方可去。」他說。

范柏格說：「呃，你是什麼意思？」

「首先，除非帶孩子下到峽谷，你所做的就是從邊緣上匆匆看一眼，這樣做的教育性或興奮感並不比電影「瘋狂耶誕假期」（*National Lampoon's Vacation*）中吉維·蔡斯（Chevy Chase）的做法好多少。你知道的，『好吧，這裡是大峽谷，現在我們快點回到巴士上。』」

「是啊。」范柏格說。

「所以，」雷夫老師說：「那不是什麼旅行，除非你下到峽谷，但那是很費力的腳程，對孩子來說太辛苦了。你可以使用騾子，但騾子需要兩個成人陪伴一個兒童。那很昂貴。那麼，為什麼你要去大峽谷？」

這次輪到范柏格沉默了片刻。「哦，真糟糕。」終於他說話了。

雷夫老師總是隨時準備提供幫助，即使是對他最遲鈍的學生。「一個好

讓每個孩子都發光：
KIPP 學校如何打破學習困境，扭轉孩子的未來

的構想，」他說：「是去猶他州，去錫安（Zion），去布萊斯（Bryce），去摩押（Moab），對孩子們友善得多。」

「好吧，是的，」范柏格說：「謝謝，雷夫。」

范柏格和李文同意，他們必須做點改變。他們覺得尷尬，因為宣布要去大峽谷的偉大之旅要改為猶他州；但那些即將升上小六的五年級生，對去任何陌生的地方都很興奮。接下來那一週，柯克蘭和李文驅車前往猶他州檢視現場，並打電話給驚訝的雷夫老師以交換意見。

旅行，不論遠近，把學校的學習連結到現實世界，這是教育理論家如杜威等人已經推薦了一世紀的方式。范柏格帶領大批學生到休士頓百老匯路看表演。當他們（一百名西班牙裔和非洲裔兒童）走進戲院時，通常會有尷尬的一刻。范柏格看到持成人票者的臉孔。他們的眼珠子骨碌碌轉動著，在想這些孩子看戲時會竊笑和哭泣。然後在中場休息時，觀眾走近他，帶著驚訝的表情。「這些孩子是哪裡來的？他們好乖。」

「我們來自休士頓的 KIPP 學院。」

「我們好像看到他們小聲地跟著唱每首歌的歌詞？」

「沒錯，他們知道每首歌的歌詞。我們的孩子們會去上大學，他們學會欣賞不同的東西。」

實地學習課也有過惡劣的時刻，立刻被李文和范柏格轉變成長久討論的主題。這兩位 KIPP 創始人責備小學生惡作劇的方式，就像佈道會的傳教士在討論酒吧和妓院。有一次到華府旅行時，范柏格遣送兩名男孩回家，因為他們在房間內打架。「最讓我生氣的是，」范柏格告訴集合在飯店走廊上的全班同學：「這場架從**昨晚**的枕頭戰就開始了。你們兩個今天一整天必定一直想著這件事，想著今晚要怎麼做。所以當我們在阿靈頓國家公墓，在甘迺

迪總統的墳前閱讀那些精彩的引言，看著那美麗的天際線時，你們在想著枕頭戰。當我們在韓戰退伍軍人紀念館時，你們在想著枕頭戰。在林肯紀念堂前讀著蓋茲堡演說時，你們在想著枕頭大戰。」

「我們是團隊，是一家人，」范柏格說：「這是要努力才能獲得的。」他看著那兩個壞蛋。「你們已表現出不重視能來到這裡，不重視學習，因此，不配到這裡來。你們不值得和我們一起歡慶學習，你們要搭乘下一班飛機回休士頓。」

李文和范柏格認為，實地學習課不應該只是觀光。雷夫老師說，實地學習課是進行批判性思考的大好機會。無論他們把學生帶到哪裡：華府、猶他州、加州、紐約、奧蘭多，每晚回到飯店時，他們坐在一起，回想當天的經歷。范柏格和李文及其他老師試圖讓每個孩子都參與。你喜歡今天的什麼東西？不喜歡什麼？令人興奮的是什麼？令人失望的是什麼？明天怎麼樣？他們使用閱讀老師的工具：預期，他們預期第二天會看到什麼？

一九九七年的第一次猶他州之旅愈來愈引人入勝。休士頓的學生搭公車去——比搭飛機便宜，而且較有教育性。他們在清晨起程，一直在德州的狹長地帶（Texas Panhandle）前行，除了加油站和廣告牌，幾乎看不到什麼。夜幕降臨時，他們睡著了。第二天大清早，東方的天空開始發亮時，學生們在驚奇中醒來。

他們置身在美洲大沙漠（Great American Desert）中，靠近四角落（Four Corners），即四個州（科羅拉多、新墨西哥、亞歷桑那和猶他州）州界的交接之點。景觀看起來像火星，不像地球。范柏格非常喜歡看到他們驚訝的面孔，因此其後每趟猶他州之旅，他一定讓自己在天亮前醒來，才不會錯過從大城市到不同的宇宙的十一歲孩子的這一刻。

他們醒來，環視四周，然後說：「哇！」他們用肘推醒朋友。這是范柏格將帶領多次的旅程的完美開始。

第 32 章
坐在操場上課

李文和范柏格有缺點，但雷夫老師喜歡他們的精力充沛和魅力十足。一九九四年春假期間，他們撥出時間去洛杉磯看雷夫老師的班級，並會晤他的妻子芭芭拉。他們第一次共進午餐時，兩位年輕教師暢談自己的願景，如此宏偉而天真，讓雷夫老師和他太太笑了起來。

「你知道，」雷夫老師用友善的語氣說：「你們兩個真瘋狂。」

范柏格和李文對視一眼。他們看著雷夫夫婦，兩人異口同聲合節合拍地說：「我們的使命來自上帝！」他們引用的喜劇電影《福祿雙霸天》（*The Blues Brothers*）中的話。也許這兩個傢伙不會有什麼進展，夫妻倆想，但有他們相伴是件樂事。而且他們勤奮努力，知道在短短一兩年內不能期望太

高。

　　雷夫老師很明白這一點，即使他在獲得全國教師獎及其他榮譽後知名度大增。他在霍巴特大道小學的生涯中仍然充滿對他毫無意義的規定，最顯著的例子讓朋友和訪客很難相信，直到他們親眼看見。自一九八九年以來，每年有四個月，雷夫老師在學校的操場上課。不論晴雨，他和學生每天早晨在一塊水泥地上學習莎士比亞、經濟學和數學，那是在其他教師和學生正在使用的二樓第 56 號教室的視線可及之處。這所學校已變得非常擁擠，因此官員們制訂了三個休假時間表。當雷夫老師和他的學生休假時，由另一個班級使用第 56 號教室。但雷夫老師不休假，因此他的許多學生也不休假。沒有教室，他們唯一的地方是室外。

　　一位副校長在一次會議上宣布了新制度。後來雷夫老師去找這位女士，他告訴她：「孩子們一直在我休假時來找我。我們可以留用這間教室嗎？我們能否想個辦法？」

　　「不，雷夫。在這裡我們一視同仁。你必須明白，如果我們給你特殊待遇，我們就必須給大家特殊待遇。」

　　「但是，大家都不像我，我在休假期間免費志願服務。所以，那樣做不能讓我多獲得一些東西嗎？這些孩子願意在放假時來上課，我們豈不應該給他們一些特別的榮譽嗎？那不是很不可思議嗎？」

　　這場談話發生在他開始贏得全國獎項的三年前。但是，成為教育名人並無濟於事。正如學校主管在第一天所說的，規定就是規定。他可以使用在學校另一頭的午餐用長凳和桌子，但只能在上午使用一小時。從上午六點半至下午六點半，他和一大群學生就在水泥空地上上課。有時他們拖來一條未被鏈子鏈住的長凳，但多數時候學生直接坐在地上上課。

這樣子持續了十餘年。有一天，就在他開始獲得當地一些感興趣的商人支持後，一位贊助人打電話問他近況。

「比爾，」雷夫老師說：「這些孩子真了不起。我們今天讀馬克吐溫的《頑童歷險記》。我們坐在水泥地上，他們因為這本書而哭了。」

「他們不是因為那本書而哭，」贊助人說：「他們哭是因為屁股在痛。」

四、五月間，當洛杉磯是大熱天時，他和學生經常待在室外。上到第56號教室的樓梯下有一些陰涼處。他帶來涼水和其他飲料。隨著莎士比亞的戲劇愈來愈受歡迎，他的戶外班級人數增加了，但是在戶外很難進行排練。孩子們的聲音消散在露天環境下。

范柏格和李文聽著雷夫老師描述他的日常工作，他們意識到，只要他們還有東西能提供給學生，他們應該就能找到教學的場所，即使是在水泥人行道上。

沒有任何校長試圖停止雷夫老師的露天課程。在一所有兩千名低收入戶兒童的學校，他們有許多其他事要擔心。有些行政人員喜歡雷夫老師並為他喝采，即使他們無權把教室還給他。

某個週五，雷夫老師帶學生到學校圖書館時，告訴他們在洛杉磯有一場莎翁名劇集錦將開演，門票將於週日早晨在加州大學洛杉磯分校（UCLA）發售。後來這場演出成為雷夫老師與著名演員伊恩‧麥克連（Ian McKellen）的第一次邂逅，麥可連則成為霍巴特小學莎翁社團團員的最重要贊助人。

演出時，麥克連注意到有一大群兒童觀眾，安靜而專注地觀賞，有時還能同步說出他的話，彷彿他們早已熟記那幾齣戲。他邀請他們和老師到後台，後來他常常到第56號教室探視他們。

在那之前，雷夫老師也沒想到會有這樣的事發生。他只是希望學生們看

到一位真正的莎劇演員。一張票四十一美元，他呼籲學生把每一分零用錢都帶來，他則會設法籌錢補足其餘款項。

到 UCLA 買票時他們必須排在前頭，以確保戲票沒有售罄。「我們應該在什麼時候從這裡搭公車去排隊？」他問全班同學。學生們認為，清晨四點可以。他在圖書館黑板上寫上：「清晨四點和雷夫會面。」

隔週週一上午，有場教師會議在圖書館召開，討論翌年的課堂作業。雷夫老師不必出席會議，因為嚴格說來他在休假中。有些老師不明白為什麼他堅持要天天到校，但他們覬覦他的排休假期，因為他排到的是耶誕節假期。有人問：「為什麼雷夫可以休耶誕節？我們在這裡的資歷比他還久。」

校長吉姆‧梅斯拉（Jim Messrah）看到還在黑板上的字，「清晨四點和雷夫會面。」他指著那些字說：「這就是為什麼。」

雷夫老師開始利用假期在操場上課的十一年後，霍巴特小學的入學率開始下降。該區內的許多家庭搬到更好的街區。後來成為校長的助理校長桑托佑意識到她可以減少需共用教室的老師人數。

有一天雷夫老師到桑托佑的辦公室，兩人進行激烈討論。他向她解釋他看到的一些學區政策的問題，例如要求所有教師使用開闊的庭院（Open Court）讀本系列，比他給孩子們讀的莎翁劇作低了好幾級。

談話暫停的瞬間，她向他微微一笑，有如她知道一個秘密。「所以，雷夫，你希望一整年都有教室可用嗎？」他仔細端詳她。看起來不是在開玩笑。

「為了教室，你要我做什麼我都願意。我願意讀開闊的庭院讀本。什麼都行。」

第56號教室再次成為雷夫老師的五年級生暨莎翁社團團員一整年的

家。他確實出席了開闊的庭院的培訓，並提出有禮貌的問題，但他在課堂上
繼續迴避使用那份教材。

讓每個孩子都發光：
KIPP 學校如何打破學習困境，扭轉孩子的未來

第 33 章
突襲教育局長

范柏格在休士頓開辦 KIPP 的第二年，一切都很順利，除了設施。范柏格希望他能說服夏普斯頓中學的行政主管，讓他的學生進入大禮堂或體育館，或最重要的圖書館。每當學生需要挑選下一本小說時，他必須利用公車載他們到數個街區外的公共圖書館。但他繼而想到，不辭麻煩以取得圖書可能有好處。學生們坐上圖書館的公車時一定會明白，閱讀這件事在他們小小的學校是多麼重要，在某些方面也是令人興奮的事。

第二年其實進行得很順利，以至於范柏格一向很活躍的想像力超速運行。為什麼明年在休士頓的 KIPP 學院只增加七年級就罷手了呢？為什麼不實現他和李文的夢想：讓賈西亞小學的 KIPP 學生回來？他到哪裡去找上課

的地方呢？他甚至不知道可以把七年級學生放在哪裡。他向裴特森談過在夏普斯頓中學增加教室的構想，但似乎不太可能。裴特森提到在休士頓西南區購買一棟建物以設立另一所學校的計畫，也許 KIPP 在那裡會有場所可以上課。

一如往常，裴特森懇請范柏格耐心等待。冬去春來，什麼也沒敲定。某天，裴特森要他去她的辦公室。她的眼睛浮腫，看起來不妙，范柏格心想。她揉了揉太陽穴，這是出問題的另一個跡象。

「有件事我必須告訴你。我不⋯⋯」她吸了一口氣再試，這次直直地看著他：「**沒有**場所，沒有場所。除了你現有的，沒辦法再給你任何空間。我想你明年得待在原地上課。」

「所以你不會給我更多教室？」

「不，這場戰鬥我們已經輸了。」

「我不接受。我們怎能繼續待在同一地點？」

她搖頭，然後低頭。「好吧，你可以招一班小五的新生，但必須讓你的七年級學生回去珍瓏中學（Jane Long）。」那是在高夫頓的中學，在范柏格看來，是教育界藏污納垢的場所。

「**該死**，不行。」他說。

「好吧，那麼，你就不能招一班五年級的新生，只能繼續教你現有的孩子升到六年級和七年級。」

「不行！我一直在招募新生。我不能告訴他們，不能來上課了！」

裴特森看上去有些疲憊。她說：「我不知道還能跟你說什麼。沒有其他選擇。」

「我們一定有其他選擇。」

「我什麼都試過了，」她說：「沒辦法。看看我，我簡直是一團糟。我心力交瘁，我一直在哭，一直在對人大喊大叫，人們討厭看到我談論 KIPP。我無能為力了。」

「你無能為力了？」

她說她已試過一路向上級洽談這件事，直到教育局長佩吉，那位高大、理智的前美式足球教練暨教育學院院長，他從校董轉任教育局長，是很不尋常的。佩吉非常專注於提高貧困城中區（inner-city）兒童的學業成就。他參訪過 KIPP，並讚譽有加。但一些 KIPP 的老師認為，也許那只是他討好記者的方式，那些記者曾報導范柏格和學生們的精采故事。也許他真的沒有其他選擇，如果沒有空間，佩吉也不可能無中生有。他的學區因為移民家庭孩子的增加極為快速，有可能像過度膨脹的氣球般爆炸。

佩吉的時間表控制在助理手中，他們對裴特森的催促和范柏格的易怒日益厭煩。范柏格的行為導致很多軼聞在校際流傳，令他們益發氣憤不滿。

也有范柏格對學生大呼小叫的故事，他和李文在教學生涯之初，當其他辦法都無效時也曾那樣做。當時他們既年輕又笨拙，不了解有替代做法。漸漸地，他們認知到那樣做嚇到的學生超過被激勵的，而且並沒有比用正常語調說中肯合宜的話更有效。有時教訓學生的最好辦法是對他耳語。

李文後來斷定吼叫是錯誤、無效的招數，他比范柏格還早放棄大呼小叫的方式。之後范柏格也捨棄那種做法，因為效果適得其反，但是指控他虐待兒童的說法已深植許多人的腦海中。

反范柏格的勢力一直特別感興趣的一件事是，在 KIPP 學院於休士頓開設的第二年年初，有家長投訴他，涉嫌偷竊學校的經費並體罰兒童。進行調查期間，裴特森將范柏格留職停薪一週。調查報告出來，發現指控無據，范

柏格得以回校教課。當時，這個事件讓他很生氣。後來他視之為一個警告：切勿過於激進，最終他聽進去了。他的批評者中很少人聽說他被停職一事（根據規定，此事應該祕而不宣），但仍然認為他不夠格獲得他們協助。這也是裴特森在為他的學校尋找場地時，沒有得到更多協助的一個原因。

「我已經試過找佩吉，」裴特森告訴他：「他不想跟我談，所以為什麼你不去找佩吉談這件事？」

她把自己的挫折感丟回給范柏格，並顯現出她有多惱火，因為她竭盡全力幫助他，他卻未能表現足夠的感謝。然而她一說出口，就意識到自己犯了錯誤。

「好吧，」范柏格說，他的下巴收緊：「那麼我就去找他談。」

噢喔，裴特森想。現在怎麼辦？她累得說不出話來了。她要范柏格離開，讓她清靜一下。如果長途跋涉到教育局可以讓他離開她的辦公室，就那樣吧。

次日，范柏格打電話到教育局長的辦公室，要求接見。接待員說，她會回覆他，但他聽得出來，她向很多人那樣說，可別指望她真的會回覆。范柏格等了四十八小時，什麼也沒有發生。他開車到學區總部「泰姬瑪哈陵」。他在佩吉的辦公室得到的接待並不親切，「如果他有時間和你談，」祕書說：「我們會與你聯繫。」

范柏格毫不氣餒，他在員工停車場看到一樣東西，想出一個點子。他再等了兩天，看看是否有人把他的名字和教育局長向報紙發表的對 KIPP 的良好評論連結在一起。在無事發生後，他開車回到「泰姬瑪哈陵」。

員工停車場位於建築物北側，暴曬在烈日下。范柏格停好他的廂型車，抓起一疊學生作業，邁向通往建築物主門斜坡旁的停車場。一輛栗色的本田

讓每個孩子都發光：
KIPP 學校如何打破學習困境，扭轉孩子的未來

轎車停在那裡，汽車前保險桿旁邊豎立的木製標誌，寫著教育局長。范柏格倚著車後部位，好整以暇準備做漫長的等待。他以改學生報告打發時間。

那是四月初，太陽已高，沒有陰影。范柏格想，如果他坐在佩吉汽車的後保險桿上，就可以待得更久。是有人用奇怪的眼神看他，但沒有人對他說什麼。他看來無害，一名戴著眼鏡、有學者風度的年輕人。也許他是佩吉的司機。

當時是一九九七年，是恐怖攻擊使美國極端重視公共建築物安全的四年前。若是在九一一事件後，就會有人問范柏格坐在教育局長的汽車上幹什麼，但那個下午沒人打擾他。他等待並思考要說什麼。佩吉遲早會出來。

下午六點左右，在守候了四個小時後，范柏格看到教育局長走下斜坡，拿著公事包。佩吉看起來又累又煩，但他認出范柏格。

「嗨，佩吉博士，我現在深陷困境，」范柏格說。他凝望這位長者，希望傳達他的痛苦和絕望。「您一定要幫幫我。他們試圖帶走我的孩子們！」

教育局長想了片刻。他被這位老師為了吸引他的注意力而做的事逗樂了，而且留下深刻印象。三十年前，當佩吉還是密西西比州傑克遜州立大學（Jackson State University）的足球教練時，他偶爾會在校本部停車場等著攔大學校長。就是這種堅毅精神，讓他贏得比賽並讓其他美好的事發生。

「你在說什麼？」

范柏格連珠砲般把事情說了一遍。「夏普斯頓沒有足夠的空間讓我們待在那裡，我們沒有別的地方可去，而且他們說唯一的選擇是……」他停頓了一下，意識到他必須講重點了：「我被告知必須放棄我那些即將升上七年級的學生或五年級學生，我希望您能幫我找到一條出路，脫離這個困境。」

佩吉看得出范柏格心煩意亂。他說：「我相信我們可以做些事。」他又

想了一下。「明天早上你過來，我們來解決這件事。」

范柏格非常興奮，他終於約到了教育局長。「謝謝您！」他說。

第二天范柏格在上午八點半抵達一間小型會議室，裴特森似乎很尷尬。范柏格也看到局長佩吉和副局長斯克拉法尼，她在 1994 年見過范柏格和李文，並批准了最初的 KIPP 概念。這位矮小、衣著考究的女士注視著范柏格，好像希望他下油鍋似的。范柏格能確定的是，她已變得不喜歡他，也不喜歡他接近像赫維茲和雷尼爾市長這類有權勢的人。他覺得她已說服自己，他完全瘋了。

佩吉試圖讓會議保持友善氣氛。他要范柏格概述一下情況，然後向他的副手、西區主任和范柏格說話：「聽我說，我確信一定有辦法找到場所。我愛 KIPP，KIPP 很了不起，我希望你們能解決這個問題。我必須到隔壁去和愛瑪客（Aramark）協商食品供應合約，我相信你們會找到解決辦法。」

於是，會議只進行五分鐘後，他起身走出去，留下范柏格、斯克拉法尼及裴特森。副局長毫不掩飾她的感覺，她問了他一連串問題：這次會議是如何安排的？發生了什麼事？斯克拉法尼是佩吉的強悍助手，保護他免受傻瓜和惡棍之害。後來她繼續擔任這個角色很多年，直到佩吉成為美國教育部長，以及其後成為一家專精教育問題的管理公司的合夥人。

無論范柏格對她的看法如何，她一直很喜歡 KIPP 的構想。她是休士頓「為美國而教」最積極的支持者之一，也很支持「為美國而教」校友的工作。但斯克拉法尼在多年後承認，范柏格在停車場攔住她的老闆，令她開始擔心這位 KIPP 校長；一方面是因為聽說他對學生大呼小叫，一方面是因為前一年聲名狼藉的倡議型民主課。教導五年級學生打電話給官員搜尋教室場所，讓她覺得實在太過分，這是違反道德操縱孩子。她知道，有理想的教育

讓每個孩子都發光：
KIPP 學校如何打破學習困境，扭轉孩子的未來

工作者有時不得不力抗愚蠢的規定和麻木不仁的官僚，但其他的年輕改革者追求自己目標的方式比范柏格更為明智、合宜。她尤其喜歡李文和范柏格的前室友克里斯·巴比克（Chris Barbic），他已在休士頓開辦自己的特許學校。

斯克拉法尼對范柏格到他們辦公室一事感到不悅。范柏格記得她在那次會議時告訴他，該學區無法給他更多教學場所。她說，她從未說過那樣的話，但她承認，那天她對范柏格並不和善。

「你是什麼意思，沒有辦法？」范柏格回憶說。在烈日下冒著罹患皮膚癌的危險折騰了四小時後，他不打算拋棄自己的優勢。「我聽到局長說我們會得到一些場所的。」

他沒有告訴她究竟是如何促成該場會議的。只說，自己遇見教育局長並告知 KIPP 的困難，局長說，他認為可以找到解決辦法，不會有問題。范柏格試圖緩解緊張的氣氛。他需要的只是在夏天時能讓五年級、六年級和七年級上課的場所，一共有兩百三、四十名孩子。

斯克拉法尼決定不要在這件事上浪費更多時間。她也意識到必須給范柏格一些希望，否則他可能永遠不會離開那棟大樓。「好吧，我必須打幾通電話，」她說：「裴特森女士和我會討論這件事，再回覆你。」

范柏格給了她一個最富魅力的笑容。「好極了。」他說。

當天稍後，范柏格走訪裴特森的辦公室，看看事情的進展如何。裴特森又是一副煩惱的樣子：兩隻手肘放在桌上，雙手揉著鬢角，露出蒼白的笑容。「你是否坐在佩吉博士的車上，等他出來，然後告訴他，我們需要更多空間？」

「是的，沒錯。」

「我被斯克拉法尼博士狠狠批了一頓。」

范柏格看起來很認真:「但是你告訴我要那樣做。」

「但我不是**當真的!**」

「你對我最清楚不過了,」他說:「而且佩吉博士說了三次,說我們辦得到。」

她沒有寫公文糾正他。事實上,范柏格看到裴特森被這件跟蹤糾纏事件逗笑了,因為它奏效了。佩吉很快召開了一次會議,並說他想撥出部分衛斯理大樓給 KIPP 用,那座大樓是在他們停車場對面的備用空間,供學區總部容納不下的人員使用的。佩吉回憶說,會議上有人驚訝得目瞪口呆,但他堅持執行這個計畫。

裴特森告訴范柏格衛斯理大樓的事。「我來處理這件事,」她說:「我想我們也許能拿到兩層樓。」

范柏格說:「那就太好了。」

第 34 章
李文和柯克蘭

　　李文和柯克蘭的友誼往往招來議論。他們是如此迥異，兩人頭一回在休士頓同住時，安靜的柯克蘭以為李文找他同住只是為了脫離喧鬧的范柏格。柯克蘭對兒童有良好的直覺。他是羅得島州新港人，在七個孩子中排行第六，父親是律師，母親是家庭主婦。幾乎人人喜歡這位修長、金髮碧眼、性情溫和的老師。

　　李文和柯克蘭開始在紐約共事時，學校系統的官員經常稱李文為頑固的鬧事者；在休士頓，人們也用同樣的話形容范柏格。他們會問，為什麼李文不能像柯克蘭一些。「是呀，」李文厭倦地說：「大家都喜歡他。」

　　柯克蘭家族中有神父和修女。他也曾以為自己會接受神職。這是他上聖

母大學的原因之一，他欣然接受該校珍視的許多傳統。他是有才華的音樂家，大一時就升為聖母大學軍樂隊的首席長號手。

他也是好奇的學生，一直在尋找人類在宇宙中的位置的深層含義。

深思熟慮的那一面，引導他放棄當神職人員的念頭。這個世界亟需改變，對社會不公的憤怒緊咬他的靈魂，教會不是他發抒對政治與社會變革之渴望的最佳場所。大三時，他在以色列待了一學期，正值巴勒斯坦人對抗以色列的起義行動（Intifada）情況最嚴重時，因此得知年輕的巴勒斯坦人的生活。他還說服當修女的姑姑，讓他和她一起在辛巴威的小型醫院工作幾週。

回到聖母大學修習大四課業時，他的心思一直轉個不停。他退出樂團，更專注於主修的歷史課程的和平研究上。他就預備軍官訓練團（the Reserve Officer's Training Corps）做了一篇研究報告，結論是，訓練團對聖母大學學生的生活有太大的影響。

一天晚上，為了抗議，他爬到訓練團興建中的造價六百萬美元大樓的頂部，寫了「Я А W」，把 R 反過來寫，用白漆將兩百八十公分高的字母漆在陡斜的屋頂上。他希望人們看到他寫的**戰爭**（WAR）這個詞的鏡像，象徵這所大學的重點歪曲了。但返家時，他發現自己不小心把鑰匙遺落在犯罪現場。他確信很快就會被人指認出來，覺得沒理由試圖逃避處罰，就去自首了。接著他被停學，未能和班上同學一起畢業，並且必須為惡意破壞他人財物及破壞校產支付三千美元的罰款。

雙親感到驚訝，但原諒了他。兄弟姊妹取笑他，「哦，你不再是最棒的孩子了。」那年的其餘時間他做了兩份工作以支付罰金，並向雙親證明他沒有因此成為失敗者。次年，他回到聖母大學完成學業，並和一名假釋犯同住一間宿舍，這為他的大學生活增加了一些深度。一如預期，那人教了他真實

世界中的許多事情。

他於一九九一年加入「為美國而教」。賈西亞小學的韋丁招募他成為她的第一批新人之一。次年她招募到范柏格加入。柯克蘭尚未完全了解狀況時，便已和范柏格的朋友李文一起前往紐約了。他們租了一輛黃色的 Ryder 卡車，裝滿家具和書籍，開到第 33 街的一間公寓，那是李文母親貝蒂為他們找的，月租 1200 美元，比他們在休士頓的貴一倍。柯克蘭把較高的生活費用視為在紐約冒險的成本。

在他看來，這座大城市充滿驚奇，其中有許多令人不快的事。他算了一下，他們在南布朗克斯區拜訪的家庭中約有 40％是冷漠或懷著敵意的。他和李文得到的印象是，先前向他們保證在南布朗克斯區可以展開新局面的那些人，並不相信他們能完成這件事。

柯克蘭聽到李文向擋路的人（不論對方是誰）重述他的口頭禪：「我們認為我們已經贏得了這個。我們已證明我們能做什麼，我們有實績紀錄。我們掙得權利而有這個機會。」柯克蘭讓李文出面，但他心想，你們還沒有真正贏得什麼，至少這些人心中是這麼想的。第 156 公立小學校長歐康納女士告訴他們：「我怎能保證你們真的會來這裡做這件事，而不會在年中就放棄孩子們落跑？」至少她是誠實的，柯克蘭心想。

柯克蘭不認為自己是卓越的老師。他可以和孩子溝通，但無法維持教室紀律。他沒有李文和范柏格那種他所欽佩的堅毅韌性，他們是拚命向前衝的傑出人才，能把學生的成績推升到新高度。他一點也不像他們。

他很驚訝地發現，南布朗克斯區有那麼多學生真的每晚打電話到他和李文的公寓，詢問課業問題。他知道學生被要求那樣做，但在那裡，學校的規定通常並沒有多大意義。他們原本可以像他以前班上的學生一樣，漠視他說

的一切。為什麼會有那麼多孩子，每天在學校待了九個半小時（紐約有些抨擊 KIPP 的人謔稱它是「獄中兒童課程」〔the Kids In Prison Program〕），回家後還願意撥電話討論功課——當所有親友都圍坐看電視時？

每天和李文一起教學，他對 KIPP 如何真正取得進展有了較清晰的看法。柯克蘭認為老師的辛勤工作激勵了學生，貧困城中區的孩子驚訝地看到這兩位外來者花那麼多時間與精力在孩童身上，以前可沒有幾位正規公立學校的老師會這樣做。以前從未有任何老師給過自家的電話號碼，並堅持他們若有問題要打電話詢問。

在南布朗克斯區，李文試圖再造 KIPP 在休士頓第一年的成功條件。某個星期天在中央公園，李文教柯克蘭所有波爾的歌曲和念誦韻文。他原本可以寫下並要他的新夥伴記住，但他認為柯克蘭應該照他以前那樣，靠聆聽來學習。擲飛盤的人和年輕的情侶看到兩個年輕人在草地上閒逛，並唱歌給對方聽，一部分是使用「The Itsy Bitsy Spider」的調子，聽起來像：「6、12、18、24、30、36，蜘蛛說：42、48、54、60、42、48、54、60、66、72——你好嗎？」兩位老師握手。「66、72——你好嗎？」他們再次握手。

「好，」李文說：「我們再做一遍，但這次要更快、更有精神。」

李文和范柏格曾搭檔在賈西亞小學一個擁擠的班級任教，所以和柯克蘭頭一年在第 156 公立小學共用一間教室時，李文挪開了中間的分隔屏，用相同方式上課。柯克蘭日益相信李文是他平生所見最優秀的老師。私底下的李文似乎言簡意賅，他有一種城市人的冷靜酷樣，那是在曼哈頓長大的年輕人的特徵。在教室內，他保有一些這種特性。他不像范柏格那樣狂熱式熱情洋溢，但孜孜不懈鞭策學生不斷進步、愈來愈好。

在課堂上，李文努力要每個孩子表示意見。他有種種的方式可以解釋難

懂的概念，直到確信每名學生都懂了才會罷休。沒有孩子得以枯坐一堂課而無需回答問題。「我漏掉了一個人，我漏掉了一個人。」李文在教室裡走來走去時會這樣說。這意味著有一個人沒有注意聽。他沒有走向那個孩子嚴厲斥申他，而是把問題提交給全班這個團隊。

他會給那孩子一個機會糾正自己。往往在說他漏掉了一個人時，其實他看到還有許多人沒有注意聽。他聲稱只看到一個，如此一來那些懶惰蟲就不會受誘惑以為自己屬於一大群勇敢的叛逆者。許多學生開始希望那個不認真的人會很快覺醒，使大家能夠繼續前進，看看李文先生腦子裡還有什麼好東西。

夜間，兩位老師回到公寓後，李文向柯克蘭解釋細節的重要性，那些事情是柯克蘭從未想過的，雖然他比李文還早一年開始教書。比方說，思考能力班每天到校後就會拿到幾個問題，那是柯克蘭每晚臨睡前到公寓附近的影印店印的。這個快速的開始為整天的活動定下步調。KIPP 學生不像許多正規的公立學校學生，沒有時間分心去聊前一晚在電視上看了什麼。學習自上午七點半學生踏進學校餐廳吃免費早餐的那一分鐘就開始了，就在他們拿到牛奶、麥片和果汁的同時，也拿到思考能力的問題。

李文告訴柯克蘭務必尋求學生的回應。主導課程進行是壞的做法，他不應該講兩分鐘而讓學生只發言一分鐘，應該是場對話。學生應定期向老師回應，反之亦然。李文告訴柯克蘭，五年級學生無法靜坐一堂課吸收東西，因為時間太長，需讓學生不停地說話、活動並集體做些事。這樣一來，柯克蘭不僅能維持住他們的興趣，也能密切注意他們學會了多少。

在李文看來，最好的團隊教學就像打籃球，它應該是反覆一來一往。教師應定期打斷對方，讓上課生動活潑，吸引學生注意，就像注意兩位正在爭

論的朋友那樣，但必須保持輕鬆。那種連續五小時一對一籃球賽的殊死鬥上，沒有班級能學到任何東西。

只有在秩序良好的教室內，才有節奏良好且認真投入的班級，李文說。在這個問題上，柯克蘭感到力不從心。李文十分嚴格，學生一出現注意力不集中或不禮貌的小小跡象，就會加以叱責。柯克蘭在自己班上從未那樣強悍或迅速回應，他深信，這是他當老師一直不像這兩人那樣有效的主因。

柯克蘭試圖改善，嘗試把紀律問題視為表演作業。他熱愛劇場，因為寫劇本並導演每年的冬季秀等，在紐約的 KIPP 成為知名人物。在他心目中，把男孩逼到角落，將鼻子伸近男孩的臉，質問他是否覺得竊笑同學的錯誤答案是天才行為，並不是和善的作為，那不是法蘭克・柯克蘭的作風，那是他扮演的一個角色：可怕的柯克蘭。這個想法幫助他改善課堂的管理：柯克蘭終將和雷夫老師一樣，贏得聲望崇隆的教學獎；但他不認為自己會有李文那種自信滿滿的模樣。

一如從前的李文和范柏格，李文和柯克蘭也都同意，學生捉弄或嘲笑其他同學是絕對不允許的，這是波爾最嚴格的規定之一。李文提醒柯克蘭多次，他必須靠近那個孩子，把這點說清楚，無需大呼小叫，但必須讓那孩子了解：「所以你比他厲害得多，多到你可以嘲笑他？你有那麼厲害嗎？讓我們看看你怎麼做。這是另一道數學題。讓我們看看，你現在就做。」李文說，這個構想不是要讓那名壞孩子羞愧，雖然那是重要的，而是要懲一儆百，讓其餘學生知道某些行為不會被容忍。身為老師，他們試著畫出一些不可逾越的界線。他們要建立一個架構，使學習成為可能的事。他們要發出的訊息是，學校應該是安全的場所，學生在校不會遭到霸凌、幼稚的殘酷行為或碰到愛取笑羞辱人的傢伙。對已經感受到貧窮的恥辱與困窘的孩童，這點

攸關重大。

他們努力讓 KIPP 成為和平之島，在那裡孩子可以暢所欲言並專注於課業，無需費心防衛自己。這會使他們願意提早上學並晚歸。

教室內的問題往往不是挑釁，而是冷漠。有些孩子不願參與，他們需要完全不同的做法：熱情和經常鼓勵。柯克蘭比較擅長這一點，他喜歡讚美害羞與溫順的孩子，然後讓他們試著多做一點點，學生都喜歡他。這個訊息被溫柔地送出去，孩子們幾乎都不會覺得難堪：「注意聽，站起來。你在這裡要坐端正。你要參與。挺胸坐好。趕快。挺胸坐好。我們都累了，但我們都這樣做。」

李文認為，即使是鬧劇有時也有適用之處，雖然他後來承認自己有時表演得太過火。他在紐約的第二年，有一天，一個男孩把像是一團紙的東西扔在另一個孩子身上。這不是李文那天首次看到這男孩扔東西，他欺負人。李文和柯克蘭勸阻這類行為的努力尚未完全成功，這是活生生的證據。一秒鐘後李文就站在男孩的桌旁，押著他走到全班面前。

「所以，你喜歡扔東西？」他說。他要男孩坐在一張椅子上面對全班。他找來教室裡的廢紙簍，放在椅子前。「其餘的人，」他對全班說：「你們都有要丟掉的廢紙，就這一次，你們可以把它扔在這裡，扔到這個簍子裡。」學生們很高興，他們把紙揉成團射到廢紙簍裡。正如李文所料，有一些打中了那個男孩。那並沒有傷害到他的身體，卻讓他感到羞愧，比李文預期的更強烈，此後，他在班上沒有再扔過任何紙。但李文已意識到這個教訓太過火了，從此再沒有嘗試這種做法。

一個溫暖的春日，學生們異乎尋常地昏昏欲睡，李文有了另一個主意。次日，他和柯克蘭穿戴全套冬季裝束走進教室：大衣、帽子、圍巾和手套。

一整天他們都穿戴著，即使外面超過攝氏 32 度。「你們覺得熱嗎？」他們告訴學生：「我們很熱，但我們不打算停止教學。因此，我們期待你們持續學習。」

兩人都喜歡在校長久時間的靈活性。學生每天寫日誌，每天下午閱讀書籍。上閱讀課時，他們坐著，面前是打開的書，一如范柏格在休士頓的學生。他們輪流朗讀，李文或柯克蘭經常打斷朗讀，提出問題或發表意見。

每天下午三點半，柯克蘭會帶全班下樓到學校體育館吃點心，還有每天必打的躲避球，這是李文和范柏格在休士頓建立的例行作息。李文用那四十五分鐘趕做行政工作。

多年以後，李文驚嘆於他和柯克蘭發展出來的這種關係的深度。以前是范柏格，現在是柯克蘭，成為李文的兄弟。對這三人來說，友誼深度和相互尊重似乎是他們的學校能夠成功的關鍵。當更多 KIPP 學校開始誕生，他們敦促新學校領導人尋找那些自己可以與之建立這種私人關係、成為一家人的教師。

對李文來說，正如范柏格，如果他的學校要存活下去，最困難的工作之一是第一年結束後，要找到一個地方搬過去。他所在的學校校長沒有更多空間可以給他。想增加七年級，他需要到別處去。他和范柏格每天晚上通電話時幾乎都會談到這件事，彼此鼓勵對方擺脫官僚的箝制，但是進展緩慢。在范柏格守著佩吉的車而在衛斯理大樓取得較大場所後，李文更是洩氣。佩吉認識范柏格，但紐約市教育局長魯迪・柯魯（Rudy Crew）並不知道戴夫・李文這號人物。任何跟蹤柯魯的企圖，會導致李文立即被捕。李文還找不到地方可以在明年安頓他的學校。

讓每個孩子都發光：
KIPP 學校如何打破學習困境，扭轉孩子的未來

第 35 章
我不要上那所學校！

范柏格為 KIPP 招生的職業生涯大致是成功的，從未遇到激烈的質問者。有些四年級學生可能看起來無聊或心有旁騖，但他在一九九七年春訪問班納維迪茲小學時，沒料到會遇到任何麻煩。

他參觀的第一個班級無疑是失序的，那一年已經換了三位老師。甚至在他開始之前，一個旋轉玩具在他頭上呼嘯而過。他注意到一名瘦小的男孩，斜戴著棒球帽，靠著背坐在椅子上，喃喃自語，在 KIPP 這三事都是禁忌。但是，這是名典型的九歲硬漢。

「我有一些好消息，還有一些很棒的消息。」范柏格宣布。他使出吸引人的慣用招數：全國各地，他們想參觀什麼地方？芝加哥？紐約？華府？是

的，他們聽到的都是真的。每週他們將收到 KIPP 錢幣一次，然後在週六去溫蒂漢堡（因為它比麥當勞便利）吃午餐。

「你們想聽更好的消息嗎？你們得在七點半到校——」

「誰會想要**那樣**做？」戴棒球帽的男孩說，既大聲又清楚。

嗯，范柏格心想，這個新鮮。這不是他的班級。他繼續說。「你們必須在七點半到校，一直待到五點——」

那男孩發出厭惡的噓聲。「只有**輸家**會那樣做。」他說。

范柏格仔細看了他一眼，記住那張臉，然後結束介紹。幾天後，他收到交回的表格並開始做家庭訪問。當時已是他住進高夫頓區的第二年，因此他知道每棟公寓建築，可以用正確順序按著街區快速排好那些表格。傍晚七點左右，他走到南橡樹社區一棟公寓二樓門口。他敲了門，門開了，又是那張臉，范柏格的瘦小質問者，看起來不太一樣。男孩沒戴棒球帽，語氣已改變，伸出手很禮貌地說：「晚安，先生，您好嗎？」

范柏格的心跳加速。你是我的了，他想。不論學生在校行為如何，這個問候語顯示他有嚴格的家長，范柏格最喜歡的那種。好像在強調這一點，一個女人的聲音從公寓內喊出來：「哞哞，是誰？」

范柏格幾乎無法壓抑他的喜悅。哞哞？（一位阿姨在這男孩出生後不久給他這個暱稱）。范柏格想：你真的是我的了。

范柏格後來才知道小肯尼思・麥格瑞果（Kenneth McGregor Jr.）——他所見過最不可能加入 KIPP 的人之一——是如何列入他的拜訪名單的。這男孩沒有把表格帶回家，但該小學的校長布蘭達・懷特（Brenda White）打電話告訴他母親，這是她精力充沛的兒子一個有趣的機會。「莎朗嗎？那份文件在哪裡？」

「什麼文件？」

「我**知道**孩子沒有把它交給你，我會確保他明天帶一張回家。你問他要吧。」

第二天，她問了：「麥格？你有一份文件要給我嗎？」他看起來很頑強。

「不，媽媽。我不要上那所學校，那個人很凶，我想打美式足球。」

她告訴兒子，她想見見這位老師。范柏格與他們的聊天進行得很順利，麥格瑞果和范柏格一直有眼神交流。麥格瑞果說了所有他感覺一位母親希望他說的話。到了學生該唸「追求卓越」合約時，他完美地唸出來：「我一定會用功、思考，並表現出我所知的最佳行為；而且為了我和同學的學習，我會盡一切力量。」

「你知道那是什麼意思嗎？」范柏格問。

「是的，先生。」

「你會那樣做嗎？」

「當然可以，先生。」

「有意思，因為前幾天我在班上看到你時，你表現出來的不是這樣子。」

孩子的母親坐直了身子。「對不起，范柏格先生？」

「是的，在我介紹 KIPP 時，麥格瑞果其實是在反駁我並有點在取笑我。」

她瞪了男孩一眼。「你**知道**我不允許那樣做，」她說：「等一下……你**知道**我不允許那樣做。」

男孩哭了起來。看到他哭，范柏格對麥格瑞果有所了解了：一名敏感的孩子，不知道拿上帝賜予的豐富精力與機智作何用途。范柏格安撫他，他問了麥格瑞果一些問題，他們談到在課堂上發生的事，以及在 KIPP 他必須怎

樣表現。那種日子會更好，范柏格說，如果麥格瑞果記得勤奮努力友善待人的話。

　　沒有出現立即的改造。這男孩花了很長時間才學會控制他的作怪意識。在很多方面他都很像他的新導師，聰明活潑且雄心勃勃，但經常搗亂。麥格瑞果用盡各種方式試探每位 KIPP 老師，他花了大量時間在「門廊」。他的母親辛普森和范柏格為了麥格瑞果而會晤多次，她每次說的都一樣：「范柏格先生，你想怎麼做就怎麼做。麥格瑞果有比他料想的更多功課要做，他知道需要聽你和其他老師的話。如果他不聽話，你該怎麼做就怎麼做。」

　　麥格瑞果的父母親已經仳離，但還共同養育兩個孩子，他的妹妹肯塔莎後來也就讀於 KIPP。每回的實地學習課，麥格瑞果的父親或母親幾乎都會陪同照料學生。

　　隨著時光流轉，麥格瑞果有了進展。他和范柏格的關係尤其密切。他擅長數學，而范柏格是他的數學老師。范柏格是學校籃球隊教練，麥格瑞果是他最優秀的球員之一，是衝勁十足的控球後衛，喜歡向對手釋放所有被壓抑的精力。兩人都對麥可‧喬丹十分著迷，范柏格向麥格瑞果說了很多這位超級巨星的事，以及喬丹如何以艱辛的努力和紀律培養他的才華。

讓每個孩子都發光：
KIPP 學校如何打破學習困境，扭轉孩子的未來

第 36 章
剪斷音響線

迪裴爾告訴自己,她和范柏格的夏日戀情只是一段短暫的風流韻事。但她回到紐約市後,沒有按計畫搬去與曼哈頓的男友同居,而是選擇分手。她繼續在紐約的「為美國而教」總部工作,但擱置了上法學院的計畫,並安排在次年夏天回到休士頓,這一次是以「為美國而教」成員的身分,開始她的兩年教學承諾。

她奉派去東區的休士頓港小學(Port Houston Elementary School)教五年級,班上的學生大多是拉丁美洲裔低收入家庭的兒童,試圖影響他們是很艱難的工作。下班後開車回家時,她常常因為沮喪和疲倦而哭泣。

起初,她避開范柏格。但學生讓她傷透腦筋,因而決定找他幫助。他讓

她花好些時間在夏普斯頓的 KIPP 學校看他和其他老師教學，並把她介紹給波爾。不久，迪裴爾在休士頓港的學生也在念誦那些口訣了。畢柏給了她在 KIPP 很有效果的一份社會科單元教材，范柏格則借她一些他在下午的閱讀課使用的小說。

到了年中，迪裴爾不僅是休士頓港小學的專任教師，也是 KIPP 的兼任教師，每天從下午五點到七點半教導學生電腦技能。她開始在這所小學創造自己類似 KIPP 的課程，帶領孩子上實地學習課，進行家庭訪問，不在乎別人對她我行我素的怨言。

她對教室裡校方用來宣布事情的擴音器非常感冒，那些聲音奪走了她寶貴的上課時間，所以她掀開一小片天花板，剪斷喇叭線。在錯過了一次透過擴音器宣布的會議時，她宣稱擴音器莫名其妙壞掉了。休士頓港是所學生過多的城市學校，沒人急著修復那個擴音器。她也沒有帶學生參加學校集會，她認為集會是不必要的。她認為，博佐小丑（Bozo the Clown）來校訪問對他們的閱讀並沒有助益。

她沒有告訴休士頓港小學的任何人她在 KIPP 兼職，或每週六在李高中的游泳池為 KIPP 學生上游泳課的事。她在休士頓港的學生表現得很好，校長非常願意對她的個性視若無睹，只要學生的數學和閱讀成績持續進步。

當她在休士頓港教室的黑板腐爛到從牆壁脫落，壞到讓人無法忍受時，她嘗試使用范柏格式的倡議型民主課。她建議學生寫信給中央維修辦公室，並由全班選舉幹的部領導這個運動。什麼都沒發生後，迪裴爾鼓勵家長打電話。不久後，校長告訴她，她的班級在接下來的一週必須在餐廳集合，因為維修人員要來更換黑板。其他老師得知維修人員只會到迪裴爾女士的教室時，她覺得很不好意思。

她擔憂一件事：她的學生明年可能會分配給一名她認為會辱罵人且無能的六年級老師，這件事讓她進一步處於危險境地。她意識到，她的學生可以去上另一班六年級。她告訴范柏格：「你必須接受我的學生。」

　　「嗯，我不知道。」他說。裴特森曾警告他不要再挑起任何事端。「你必須接受我的學生。我一直在 KIPP 工作，我一直在做那些事，他們是 KIPP 的孩子，他們明白這一點。」

　　范柏格發現很難拒絕迪裴爾。他到她的班上去，並進行了招生程序。幾個月後，迪裴爾的校長皺著眉頭和她打招呼。「我們需要談談，」校長說：「中央辦公室知道你送十一名孩子到 KIPP。對他們而言這可是損失了一大筆經費。」

　　迪裴爾點點頭。否認是無用的，雖然她看不出怎麼會有任何金錢損失。她的孩子還是公立學校的學生，受到公立學校資金的支援，只是在不同的學校。「最重要的是，」校長說：「看起來好像你自己也要去 KIPP。」

　　迪裴爾又點了點頭。她喜歡這位校長，並將她的話視為友好的警告。

　　「我只是覺得，你應該知道，」校長說：「有很多人盯著你。」

第 37 章
不要畏縮、不准放棄

⸻ ❖ ⸻

　　李文和范柏格發現他們夜間的電話交談有安慰之效。知道另一人也傷痕累累是件好事，這意味著他們的戰鬥是為了共同的崇高目標，而不是因為倒楣或人格缺陷的結果。

　　李文喜歡范柏格在停車場與教育局長佩吉會面的故事，他能想像副局長斯克拉法尼臉上的表情。但范柏格的勝利使得他自己在紐約的缺乏進展更加令人心煩，他覺得身陷困境。歐康納校長已表明，他無法再從她那裡獲得任何更多上課場所，他也納悶自己是否夠資格獲得更多空間。他的學生都在進步，至少相較於布朗克斯區正規公立學校的孩子是如此，但在他看來他們的進展似乎並不穩定且平庸無奇。

他第一年帶的五年級生的考試成績已經揭曉，KIPP 學生的分數高於布朗克斯區多數五年級生的平均值，但進展遠不如他和范柏格的賈西亞小學學生。他的學生中有十二名搬出該社區或回到正規學校，因為他們的家長認為 KIPP 太嚴格或太瘋狂，他只找到八名新生遞補。他還需要為新的五年級再招四十六名學生。

李文到處尋找答案。他要求柯克蘭批判他的課堂表現：他什麼地方做錯了？柯克蘭試圖幫忙，但不願說出他真正的感覺：你正在經營這所學校，如果你有個閃失，天啊，我麻煩可大了。柯克蘭試圖讓自己成為更好的老師以幫助李文，尤其在管教學生方面。他盡力扮演無畏的教師，課堂上的主人，但並不覺得自己表現良好或對學校有很大貢獻。他覺得自己正在把最難教的學生往李文的肩膀上倒。

每天晚上在他們的公寓裡，李文和柯克蘭苦苦思索該怎麼做。第二年過得很慢，他們的討論變得更加心灰意冷。李文認為，明年要找到空間增加一班七年級太困難了，他沒有辦法根除那彌漫整個社區和學生的無精打采心態：「無論會發生什麼，該來的就來吧」。冷漠在發號施令。他的反抗進展很有限。他越來越常談到要回休士頓，畢竟，范柏格獲得他的學區的支持，他在紐約獲得了什麼？

首先，李文沒有拿到薪水。紐約市學校系統開給他和他的工作人員的支票很不穩定。儘管他反對，第 156 公立小學工作人員陸續把他班上的一些學生拉去做特殊教育之類的服務，李文看得出那對學生的益處很少。校長歐康納女士已停止回應他要求更多空間的請求。學區教育局長似乎看他不順眼，給他的訊息和范柏格在休士頓得到的相同：忘了明年要增加學生的事吧。他已交往八個月的女子剛剛告訴他，她已與別人訂婚，以後再也不和李文約會

了。

　　他在紐約沒有後盾，也沒有過往的成績紀錄。范柏格告訴李文，雖然他有新的場所，還是用得上李文的幫忙。要把以前的 KIPP 學生從平庸的中學搶救出來，需要兩人聯手。這漫長的一年讓李文認定范柏格是正確的。他告訴柯克蘭，他受夠了，這將是 KIPP 在紐約的最後一年。李文打電話給范柏格要他騰出地方。李文要回去了。

　　范柏格欣喜若狂。他告訴他的工作人員、學生、朋友，他聯絡了許多以前的 KIPP 學生告訴他們：李文先生要回來了！KIPP 在「泰姬瑪哈陵」附近將有足夠空間給他們每個人，他們全都可以返回本部，有如從越南釋放的戰俘。

　　同時，聽著身兼室友、好友和老闆的李文宣洩失敗主義，柯克蘭先是困惑不已，然後就認命了。柯克蘭已下定決心不會離開紐約，無論李文怎麼做。他和李文已答應紐約的學生，會在那裡支持他們。他教了這些布朗克斯區的孩子兩年，無法忍受放棄他們的念頭。他和李文都認為，KIPP 的紐約分校關門時，把學生丟回正規的紐約系統是很可怕的事，他們知道布朗克斯區的其他中學是什麼德行。他們尋找可以給 KIPP「難民」額外東西的學校，他們拜訪福德漢預校（Fordham Prep）等私立學校、一些天主教學校和開設專長課程的公立磁性學校。

　　柯克蘭聽說在曼哈頓有一所叫德拉薩（De La Salle）的學校，主要是為資優學生設立的中學。他打聽探詢後，覺得該校可能有地方容納來自布朗克斯區、已有充分準備的學生。有一天，柯克蘭中午有很長的午休時間，他乘坐地鐵到德拉薩，去看看是否名不虛傳。

　　這所學校似乎很棒。這是個認真的地方，他的學生在此可以追求 KIPP

瞄準的更高目標。他把德拉薩加到他正在匯集的一份名單中，也許他也可以在那裡找到一份工作。那天下午在回到布朗克斯區的地鐵上，火車臨時拋錨了。他困在擁擠、惡臭的地鐵車廂內一個多小時，愈來愈氣憤自己沒有為回程留更多時間。當他終於氣喘吁吁地從地鐵站跑回 KIPP 上下午課時，已經遲到一小時了。他飛奔上樓，在走廊上，他看到 KIPP 新老師之一的傑森‧李維（Jason Levy）。「有人照看著我的班級嗎？」柯克蘭問，希望可以不必尷尬地向學生和李文解釋他遲到的原因。

李維看起來很疑惑。「我不知道你不在班上。」他說。

柯克蘭疾步走向教室，覺得很慚愧，他對待自己不如對待孩子們嚴格。就在此時，他注意到一件怪事。教室裡非常安靜，他們都回家了嗎？如果情況像他所想的那樣混亂，他應該會聽到一些噪音。而唯一的聲響是一個學生用清晰、有力的語調在說話，聽起來彷彿她正在管理全班。

他背靠牆壁站著，就在敞開的教室門外。在他摸清楚發生什麼事之前，不想讓學生看到他。他深吸了一口氣，仔細聆聽。他聽到兩個學生在說話，不是一個。他們是楊和羅薩多。他們在教學，在複習那天上午做的思考能力練習。沒有人隨意插話，每個人都很專心，雖然楊一度看到她不喜歡的事。「如果柯克蘭先生在這裡，你就不會那樣做，」她說：「所以現在不要那樣做。」

柯克蘭再靠在牆上幾秒，整個人沉浸在其中。這一切，他想，他們正要放棄的學校——其實產生效果了，真的產生效果了。

幾天後的一九九七年三月十六日，李文二十七歲生日那天，他坐在酒吧吧台最右端的凳子上，這家愛爾蘭酒吧離他的公寓半個街區。他為自己感到難過，他要回到休士頓，他再也無法尊敬自己了。他一直諄諄告誡學生不應

放棄，不論發生什麼，不管有多困難。他一直告訴他們要相信並有信心，為什麼他沒有告訴自己？

他啜飲著啤酒，愈是在那種情緒中翻滾，愈意識到自己不能那樣做。他不能離去。他一直沒有看到真正重要的事，要緊的不是第七學區的人對待他的方式，要緊的不是范柏格在休士頓得到較有力的支持。最重要的是不管發生什麼事，要繼續奮鬥下去，直到他們關閉學校。至少不是他放棄了，不是他離開孩子們。那些孩子無法自己擺脫生活中的困難。

所以，事情就這麼決定了。范柏格會殺了他，但他已改變主意，他要留下來大幹一場，然後看看發生什麼事。李文的感覺和把昆西扔到他的座位上那天相同，那天李文很害怕，但他堅持下去。

李文回公寓告訴柯克蘭自己的決定。「我不辭職了。」他說。兩人都差點掉淚了。柯克蘭的反應是鬆了一口氣，然後是憤怒。他們差點搞砸了，他們曾經擁有具有巨大潛力的東西，卻幾乎讓它死了。柯克蘭是不容易大發雷霆的人，但他不能讓此刻溜走，而沒告訴李文他的感受。

向來溫文爾雅的柯克蘭抓著李文的領口，搖撼他，然後對他大叫，試圖在他要說的話中加入第七學區行政官那種刺耳、醜陋的音調，好讓李文不會忘記。「好，如果你要這樣做，那你要堅持下去。**不要畏畏縮縮！不要當個膽小鬼！**如果你敢**再**這樣對我，**我就修理你一頓！**」

讓每個孩子都發光：
KIPP 學校如何打破學習困境，扭轉孩子的未來

第 38 章
先搶先贏

- ❧ -

　　李文針對終究不返回休士頓一事，費了一番工夫和范柏格談清楚後，回到工作崗位。他需要為在布朗克斯區的第三年爭取較大的場所。范柏格的辦法對他沒有效用，但他可以自己打電話。他打給紐約市教育局長柯魯好幾次，他也打給行政區首長，打給校務委員會的代表，打給市評議委員會一位成員。

　　然後在最後一分鐘，他找到了自己的裴特森，既是他的顧問、保護人也是朋友。她的名字是蘇珊・溫斯頓（Susan Winston），個性率直，四十八歲，和裴特森差不多。她打過多場類似戰役，為的是提高低收入戶少數族裔學生的成績。一如裴特森，溫斯頓知道在她學區複雜的行政結構內，能施力

的所有重要角色在哪裡，她清楚知道在教室內要尋找什麼。她很快就看出李文與柯克蘭所作所為的價值，就像裴特森當初慧眼賞識范柏格與李文團隊那樣快速。

溫斯頓在一九九七年五月第一次參訪紐約 KIPP 學校。她現身視察李文小小的校中之校時，得到的初步印象是它無處可去，除非能獲得一些援助。不論在第 156 公立小學門口或在他的教室前面，毫無標誌提及任何有關 KIPP 的事。溫斯頓想，偶然的訪客根本不會注意到李文與他的老師所做的事，與這所有如堡壘的學校正在進行的其他事有什麼不同。李文只有五年的教學經驗，這個學區許多人認為，他擔任學校領導人實在太年輕了，不會受到鄭重對待。

但溫斯頓二十八歲時已經在新澤西州紐華克市（Newark）管理著一個有一百八十名學生的教學計畫了。她不在乎李文的年紀，比較感興趣的是李文的孩子們在做什麼。在二樓的 KIPP 教室，她看到學生上課很專注、很投入，他們快速回應親切的老師提出的頻繁問題。那些班級幾乎完全沒有喋喋不休、注意力不集中和惡作劇的學生，那類學生是溫斯頓參觀過的很多學校的特色。

她和李文展開一系列的對話，以了解是什麼在激勵他。她想知道，他是否擁有在紐約生存所需的毅力和智力。「你們在做的有多少是真實的，有多少是星期四學校（Thursday school）的？」她問。

「你是什麼意思？」

「星期四學校是那種只在星期四才會說到做到的學校，所有的訪客都在星期四到校參觀。在從 1 分到 10 分的量表上，你們有多真實？」她說。

「你有沒有見過 10 分？」李文問。

「沒有。」

「那我們是 9 分。」

她是督導各中學的主任，正在為第七學區建立運作系統，權力只略低於裴特森的休士頓西區主任職位。李文告訴溫斯頓，他還指望在第 151 初級中學找到空間，該校和第 156 公立小學在同一條街，建築物未充分利用，鄰近地區有五百名學生在那裡上課，但仍有許多空教室。溫斯頓去見了一些人，獲得承諾，可使用第 151 初中的六間教室。

她警告李文，這樣的承諾未必表示他將可利用那個場所。李文奉令在八月的某日把他的書籍和設備搬到他在那所中學四樓的新教室。就在搬家前一天，一切準備就緒，他聽說第 31 公立小學的建築結構被宣告為不安全，將推翻讓他使用第 151 初中教室的承諾。第 31 公立小學有位意志堅強、經驗老到的校長卡洛・魯索（Carol Russo），她不會被某個小毛頭以智謀擊敗。

第七學區的副主任打電話給李文，讓他知道發生了什麼事。「你們搬家的事也許應該緩一緩，等到主任回來，」她說：「因為我們不知道是否還有空間給你們。」

「是主任的直接命令嗎？」他問。

「不，這只是我的想法。」

「那麼，主任在哪裡？」

「她度假去了。」

「我們拿到的直接命令是今天搬，所以我要遵守這些命令。」他急忙召集他的小小團隊，找來二十名樂於參與這個行動的學生，把紙箱、書本、鉛筆等等從第 156 公立小學搬到第 151 初中。溫斯頓曾向他解釋在紐約的學校系統內占地者取得權（squatter's right）的重要性，一旦他搬進去，就很難趕

走他了。

　　兩天後，主任度假歸來，部屬向她報告第 31 公立小學需要第 151 初中教室的事。「那麼，」她說：「我們不要讓 KIPP 搬來好了。」但是 KIPP 已經搬好了。在紐約市，慣性是王道。李文獲准留下。

　　他得為此一勝利付出代價：魯索占用了第 151 初中的其他空間，而且似乎（至少在李文看來）不喜歡和 KIPP 分享她的建築物。她控制消防演習等事情的時機。李文認為她高興就舉行演習，不問是否干擾到他的課程安排。他希望學校在星期六開放讓他們上課時，她說那有問題。他試圖把點心從廚房拿到教室去吃時，她說那違反規定。

　　但李文終於成功聘到一位全職的音樂老師，危險但有才華的查理‧藍道和他的朋友傑瑞‧邁爾斯（Jerry Myers），後者是經驗豐富的老師和行政人員，知道如何贏得最會惹麻煩的學生的心。KIPP 紐約分校日益茁壯，而且有成長的空間，李文和柯克蘭的心情也隨之改善。他們的教師有老的也有年輕的，增添了許多活力，各班開始忙碌學習。李文聘請的另一位資深老師佛瑞德‧夏農（Fred Shannon）有一套系統可讓各部分一起運作。

　　李文花了大量時間和藍道在一起。藍道是提升學生士氣的天才，對李文而言，他的樂隊是個奇蹟。以前他無法想像讓每名學生在學校從事同樣複雜的活動，但藍道辦到了這一點。藍道找來他以前的學生杰西‧康塞普西翁（Jesus Concepcion），接替他讓樂團持續多年成為紐約 KIPP 學院的代言者。

　　邁爾斯比藍道安靜得多，也比較不受注目，但他能安撫情緒最不安的學生，那絕對是另一種天賦。這兩位男士深懂使城市學生行為端正的奧祕，勝過李文遇過的任何人，除了波爾。他們能夠靈巧地影響男孩，因此廣受男孩們的歡迎。

讓每個孩子都發光：
KIPP 學校如何打破學習困境，扭轉孩子的未來

考試成績進步了。李文的學校在紐約的第三年，在第七學區得分最高，一如范柏格的學校在休士頓的所屬學區得分最高。

李文、柯克蘭、藍道和邁爾斯成為一個團隊，形影不離。他們在上課前、放學後、週末談論學生。在星期五下午，這四人會邀請一個班級，和他們一起在音樂教室暢談一切，為時九十分鐘：在學校、在外頭、在家裡發生什麼事。藍道和邁爾斯都在場，讓這場集會得以順利進行。這兩位較年長的老師認識那些家庭，也了解當地文化，他們深諳溝通的語言。

大約每月一次，學校關門後，李文、柯克蘭、邁爾斯和藍道會爬進李文的汽車開向大西洋城。在那裡，他們會沉迷於藍道和邁爾斯最喜歡的兩大樂事：賭博和飲食。藍道和邁爾斯喜歡玩吃角子老虎，李文和柯克蘭會試玩二十一點和擲雙骰子。大部分時間他們只是吃東西、聊天、喝酒，曾酗酒但已戒除的藍道則啜飲汽水。談話的內容總不離孩子們。

凌晨兩點左右，他們會上車開回紐約，剛好來得及睡一兩個小時、洗個澡，在上午八點到校上星期六的課：音樂、藝術、禮儀，這一切是為了讓學生日後有豐富完整的成年生活。

這些班級吸引了多米妮克・楊，她在李文原先教的那一班進入第二年時加入，當時她六年級，是柯克蘭因地鐵故障而遲到時出面管理全班的兩位學生之一。她的人生一開始就不吉利，出生時父母都非常年輕，如果 KIPP 學校當時就已開辦，他們可能已參加了。楊出生時，父親德瑞克才十四歲，母親莫妮卡十三歲。兩人沒有結婚，高中也沒畢業，卻把機智和音樂才華遺傳給矮小、圓臉的女兒。李文在十年後來到布朗克斯區時，楊雙親兩邊的家人都認為李文的學校對她有益。儘管很少做功課，她在當地小學五年級的成績優異。她覺得上學很無聊，經常因說話而惹麻煩。

藍道知道她很會唱歌，他記得她父母親的才華。他讓她和學校樂團一起演出，還讓她打鼓。她是天才。如果她行為不端，他就把她拉回正途訓她幾句：「楊，我聽說了你今天在數學課上做的事。我知道你不希望我打電話給琳達。」有一位提到她祖母時可以直呼其名的老師，令她敬畏。

　　多年以後，KIPP 紐約分校經濟獨立且藍道和邁爾斯皆已退休，李文還聘請他們擔任顧問，解決他在紐約開辦的其他 KIPP 學校的問題。溫斯頓也退休了，成為 KIPP 基金會的正式顧問，協助李文聘請的四位新校長。李文很感謝波爾和雷夫老師，他們給的主意改變了他的人生。但他確信，如果沒有藍道、邁爾斯和溫斯頓讓他冷靜下來，並告訴他如何在布朗克斯區生存，那麼他永遠無法超越那個突破點，達到這個境界：無視 KIPP 依附的學校校長的騷擾，以及學區的笨拙干預。

　　溫斯頓找到了讓她無法抗拒的挑戰。要說服藍道和邁爾斯則困難得多，直到李文以能夠留下德澤給後人，才吸引他們加入 KIPP。共事才一年後，他就意識到相較於他們的收穫，自己更是受益良多。

第 39 章
震撼訓話

在衛斯理大樓，范柏格得到的空間不如預期。他把幾間辦公室改成教室，加上一個小禮堂湊合著提供學習空間，用學生的儲物櫃做為分隔牆。儘管如此，這已足夠邀請許多原來的 KIPP 學生回來。不過，重新帶領他們上 KIPP 課程，並非如他所望的那樣輕鬆愉快。

范柏格在伯本克初中（Burbank Middle School）的餐廳提出他的計畫，當時有幾名以前的 KIPP 學生正在吃午餐。凡妮莎‧拉米瑞茲（Vanessa Ramirez）、露比塔‧蒙特斯（Lupita Montes）、梅莉莎‧奧迪加（Melissa Ortega）和傑米‧艾斯皮諾薩（Jaime Espinoza）在伯本克上先鋒磁性課程。范柏格一提出邀請，拉米瑞茲就知道她會回去 KIPP。她父親在幾年前離家

出走，母親視范柏格為拉米瑞茲和她兩個姊妹的代理家長，不論他要她們做什麼，她們都必須做。

范柏格招募到拉米瑞茲、蒙特斯、奧迪加和艾斯皮諾薩，以及以前的 KIPP 學生喬‧阿瓦瑞斯（Joe Alvarez）、哈維爾‧羅梅洛（Javier Romero）、札伊拉‧強森（Zaira Melissa Johnson）。少數幾位從來沒有上過 KIPP 先鋒班學生的家長也簽署了，因為他們從以前 KIPP 學生的家長那裡聽到高度讚許的評語。在伯本克中學的朋友嘲笑幾名回歸 KIPP 的學生轉班的決定。「那裡是監獄。我們聽說過，」其中一人說：「你要回到監獄去。」

范柏格辦學的第三個年，在沒有李文共事下，是他辦得最糟糕的一年，至少在他看來是如此。他一直努力想培養的團隊合作精神和協力互助，不斷受到干擾。規則受到忽視，學習的習慣鬆弛。每天他似乎都在對抗青春期少年的煩躁不滿，或重複教導他以為已經根深柢固的習性。

他意識到，這大部分是自己的過錯。他承擔了太多義務，他讓自己對李文要回休士頓（後來李文改變主意）的決定太興奮。他有 225 名五、六、七年級的學生，外加來自原來 KIPP 班級的 25 名八年級生。他很快就發現，高年級生一直受到忽視，甚至在磁性課程中也是如此，因此他們的表現並沒有優於在高夫頓的 KIPP 七年級生。他一直稱他們是八年級生（否則會嚴重打擊他們的自尊心），但把他們和七年級生放在同一班，未必是良好的組合。

他的七年級生已從剛開始時的 72 名減到 50 名。有些家庭已經搬走，有些學生厭倦了 KIPP 的功課量而轉回普通學校。隨著網絡的開展，在 KIPP 學校這將成為普遍現象。追隨范柏格和李文的校長們想方設法，以免因為對學生要求提高，導致註冊人數減少。批評者會稱這些學生輟學，雖然他們並

沒有離開學校，只是轉回附近的教室。

那些批評者會說這是 KIPP 的嚴重弱點，是 KIPP 無法履行對許多孩子的承諾的表徵。KIPP 的提倡者則指出，這些學生中有許多人搬出該地區，而且 KIPP 的校長們已找到辦法大幅減少因為課業重而輟學的學生人數，做法是給予到班兩年以上但成績低於同級水準的學生更多關注，提前警告他們可能需要在 KIPP 多待一年。

范柏格告訴新一代的 KIPP 校長，永遠不要重蹈他的覆轍：在 KIPP 流程晚期才招來太多七年級和八年級生。他的八年級生或多或少記得 KIPP 五年級是什麼樣子，但他已增加 15 名從未上過 KIPP 的七年級生，這批由老師和家長推薦來的學生，難以適應長時間待在學校和繁重的功課。

范柏格也苦於因應一個事實：他的工作人員比以往多，共有十二人。他的管理風格一直是以身作則，他認為，如果他是好老師，在自己的教室和會議上維持高標準，則一切都會很好。隨著這一年情況變差，他意識到自己遠遠不是（自以為的）善於管理成人的人。雖然范柏格和李文一如其他人喜歡聽讚賞的話，但已厭倦訪客的笑容滿面和一致好評。訪客中很少有人了解要走到這一步有多困難，以及學生還需要再前進多遠。他們學生的成績遠比同區的其他學校好得多，以致很多人似乎以為他們兩人有一些魔力。他們知道那是無稽之談，這不是丟一件 KIPP 襯衫在孩子身上，然後一夜之間就改變孩子的性格、習慣和學業成績。變化是緩慢的，他們必須和每個孩子建立關係。兩人各自在休士頓和布朗克斯區辦學的第三年，要和每個孩子建立關係更是困難得多，因為學生遠比以前多。

裴特森知道范柏格正處於某種岌岌可危的邊緣。她已看出如果他把自己逼得太苦，會發生什麼事。她斷定他需要一位在和家長打交道及處理學區規

定方面經驗豐富的工作人員，如果他做得太過火，那個人可以警告他。裴特森找到一位善良且有耐心的管理人員席維亞·多伊爾（Sylvia Doyle），她減輕了范柏格許多文書工作，讓他有較多時間管理愈來愈多的人員。

然而，火山終於爆發，太多事情得做又無李文協助，讓范柏格疲於奔命，感到絕望。

那一天，他最麻煩的七、八年級生在學校禮堂末端的小舞台觀看「西城故事」（West Side Story）錄影帶，他們準備在這部音樂劇於休士頓開演時去觀賞，已讀過那本書和百老匯音樂劇劇本，現在正在看奧斯卡得獎影片。

范柏格來探視時，發現很少學生專心觀賞。那時是下午三點半，有些人在睡覺，其他人在竊竊私語或哈哈大笑，似乎連老師們也在打盹。在影片的戲劇性結尾，命運多舛的瑪麗亞和東尼唱了最後幾個小節後，東尼死在瑪麗亞的懷抱中，瑪麗亞親吻他。「嗯，」一名學生說：「她在吻一個死人！」幾個同學大笑。

這令范柏格再也受不了了。「把它關掉，」他說：「我希望所有教職員和七、八年級的學生，明天下午三點半在這裡集合，我對在這裡看到的一些事情有話要說。」

第二天下午，在指定的時間，學生魚貫進入禮堂，看見范柏格獨自坐在舞台上一張椅子上。他身體前傾，看著地板。「昨天我站在這個課室的後面，」他說：「我看見你們在看『西城故事』的結尾時，就像典型的七、八年級生。今天我們要**再次**觀看最後那二十分鐘，這一次要像 KIPP 學生。」

他按了錄放影機的播放鈕，師生們默默觀看影片的結尾。結束時，仍坐在舞台椅子上的范柏格，開始談論時間、地點和辦學宗旨。看起來他是在向學生說話，但訊息是要給老師的。「今晚你們的作業是，我要你們反省這件

事，」他說：「你們就要回家了，我希望你們好好想想——比較和對比——典型的七、八年級學生，相較於 KIPP 學生，觀看『西城故事』有什麼不同。我不會告訴你們這個作業應該做多久，那將是人生考驗的一部分，你們自己決定它應該是多久。」

第二天每個人都交上作業，范柏格對其中大部分都滿意。一些學生寫的文章談到需要比其他孩子更成熟，他們說，他們必須做出犧牲。許多人提到 KIPP 常有的一個主題：要上大學需要做的努力。但有兩名新來的七年級生只寫了幾個句子，這使他們的校長很失望。

他要全班第二天再次和他見面，同樣時間、同樣地點。一開始他說，他大致上對讀到的東西感到高興，接著開始談論兩名新同學不了解他要的是什麼。他的話包含了給七、八年級全體學生的訊息。「你們在說什麼？」他說：「這怎麼會是適當的回應？行動勝於空談，這些行動說了什麼？在經歷了這一切後，你們還是不了解，你們不能領會為什麼你們會在這裡。」

學生默默看著他，不確定接下來會發生什麼事。范柏格流露強烈的失望感。「你們在這場考試中失敗了，」他說：「我沒有說你們必須寫什麼，但你們連嘗試都沒有。這不是你們的最佳表現。你們沒有全心全意去做。所以現在我告訴你們，你們的兩、三個句子必須變成二、三十頁。我們會討論你們需要再寫多少。」

他想，其餘的只是細節。他會和那兩名學生做個別談話解決這件事。他開始冷靜下來，考慮各種角度。他需要的是戲劇性的退場，就像教練於比賽慘敗後在更衣室咆哮。他跳下舞台，從禮堂左側臨時搭建的走廊咚咚地重步走出去。

一張折疊椅擋住他的去路。他把椅子用力推到左邊，想表明沒有什麼東

西能夠擋住他的去路。但手被椅子卡住了，不知怎地，它懸空了。范柏格回頭望了一眼，驚訝地看到椅子飛到空中，砸中禮堂兩側六呎長四呎寬窗戶的其中一扇。他很高興附近沒有學生，但窗戶碎成幾百片，毀了貼在上面的許多學生作品。

范柏格繼續前進，逕直走向他新行政主任的辦公室，多伊爾她的任務就是在他做得太過火時點醒他。他告訴她發生了什麼事，給她一張簽了名的空白支票，以賠償校方損失。他不知道除了她將填上的美元金額外，他得為這件事付出多少代價。

第 40 章
學會放手

＊

　　迪裴爾將她的學生從休士頓港小學轉到 KIPP 休士頓分校的努力，並不是很成功。一個名叫瑟琳娜的孩子，是迪裴爾的明星之一，在兩週的暑期班結束後退出 KIPP。這孩子覺得 KIPP 的功課比迪裴爾在休士頓港小學指定的更難，而且從她家到衛斯理大樓上學是段漫長的車程。

　　但也有驚喜，如馬科斯・馬爾多納多（Marcos Maldonado）。范柏格訪問過他家，為的是招募馬科斯的姊姊勞拉（Laura），她以前在迪裴爾的班上。一如往常，范柏格會招募學生家中的其他孩子，這包括馬科斯，他靜坐一旁聆聽這名大塊頭陌生人向他姊姊說話。

　　「你幾年級？」他問男孩。

「四年級。」

「嗯，明年你就五年級了。你要來上 KIPP 嗎？」

不久，他招到了姊姊和弟弟入學，他們的家長簽署了「追求卓越」合約。結果勞拉是好學生，而馬科斯甚至更好，成績進步到罕見的高度，成為 KIPP 老師多年之後還會談起的屢屢得獎的模範生。

迪裴爾在休士頓港的第二年已近尾聲，向「為美國而教」做的承諾也已達成後，她想成為全職的 KIPP 老師。她告訴自己，這個決定和她與范柏格的私人關係無關。她很佩服他的教學，也覺得自己對那些被她從休士頓港轉到 KIPP 的學生有責任義務。范柏格毫不猶豫就雇用她。那是 KIPP 休士頓分校第四個年頭的開始，這是第一次，他要管理一個五到八年級都有的完備中學。他不再有時間教五年級的數學。迪裴爾是替代這項工作的明確人選，這所學校中沒有其他人像她那樣，曾花許多時間和波爾或范柏格在一起，她在休士頓港小學曾以 KIPP 方法教過兩年的五年級數學。范柏格想到，除了他、李文和波爾，在以波爾方式教十歲孩子數學方面，全美國其實要屬迪裴爾的經驗最豐富。

范柏格被淹沒在設立新校的細節中。前一年，他和朋友克里斯·巴比克（Chris Barbic），即 YES 特許學校的創辦人，開始申請一所州立特許學校，這可讓他們不必和休士頓獨立學區打交道。如果切斷這個關係，他們得自行張羅模矩式教室，並找到一塊土地來安置它們。

范柏格明白，這遠遠超出他的能力，他再次游得太遠進入湖中央。但這次他有位救援者：當地商人蕭恩·赫維茲目前是 KIPP 董事長，赫維茲是 KIPP 第一批董事之一芭芭拉·赫維茲的兒子。范柏格告訴赫維茲自己很害怕不能更上層樓。赫維茲和范柏格一樣是個大塊頭，年齡也相仿，他靜靜聽

著，然後給范柏格鼓勵打氣，內含一個警告。他們可以辦到這件事，赫維茲說，但范柏格必須成熟一點。一如以往，赫維茲鄭重、恭敬地說，但范柏格聽到的是，年輕、可愛且能激勵教師和學生是不夠的，因為他們在談的是租地和百萬美元的貸款。

赫維茲堅持，從一九九七年年底到九八年夏天，范柏格每週需到他的辦公室協商並報告成立州立特許學校的進展。赫維茲為 YES 和 KIPP 取得了貸款，以支付分期購買模矩式教室大約兩百一十萬美元的費用，並為 KIPP 安排了租賃休士頓浸會大學（Houston Baptist University）的一塊空地。

之後，如果沒有赫維茲在旁，范柏格絕不自行行動。他告訴朋友，只差兩個月他的學校就無家可歸，是赫維茲拯救了他。他們成了親密好友，一起去聽重金屬音樂會，偶爾一起打高爾夫球。KIPP 開始擴展時，范柏格確保赫維茲是全國委員會成員。每當有人問他如何開辦學校，他就叫他們去找赫維茲。但赫維茲無法幫助范柏格適應把他的五年級數學寶貝移交給迪裴爾的情況。范柏格曾到他們每個人的家中做過訪問，看過每個人讀「追求卓越」合約。他們在 KIPP 第一年的教學品質至關重要。事實上，他把他的五年級生的數學交給一名女子教，不管他怎麼自欺，這名女子不僅是另一名工作人員而已，這使得移交一事複雜得多。

一如迪裴爾預測，范柏格果然不能乾淨俐落地割捨他對新班級的責任。他問迪裴爾，是否他能利用思考能力課的一些時間，去教那些新來的孩子念誦波爾的韻文。當然可以，她說。她想用任何方式強調觀念數學。身為數學的最佳拍檔，她告訴自己，她和范柏格一樣能夠把兩人最好的工夫傳授給學生。

迪裴爾覺得把范柏格當做同事或男人，這兩種感情是可以分開的。她愛

他的教學風格，他很善於激勵孩子，和他共事是很令人鼓舞的。但是，當她發現他在查看她的教學，有如霸道的父親偷看女兒的功課時，她很不高興。

范柏格沒有努力掩飾他在做什麼。「亞歷杭卓不會乘法。」有一天放學後他向迪裴爾說。

「你在說什麼？」

「他說不出九的倍數。」亞歷杭卓沒有學會波爾的韻文，那些韻文幫助學生記得九、十八、二十七等。

「好吧。」迪裴爾說，掩藏她的憤恨。她解釋說，那個男孩不會向范柏格說九的倍數是因為大塊頭老師令他緊張不安，他會口吃，但他確實知道九的倍數。她盡可能把范柏格的吹毛求疵當做職業使然，但她感受到壓力，而讓眾多家長懷疑她的能力並無濟於事。

肯尼思・麥格瑞果的家長是典型例子。他們迷戀范柏格，對如何教養其兒子，他們的觀點和范柏格完全一致。但女兒肯塔莎才剛剛到 KIPP 註冊，他們希望能由棒極了的范柏格教五年級數學的希望已經破滅，他們必須勉強接受這名無經驗的年輕女子迪裴爾小姐。其他幾位學生的家長亦有同感，他們納悶著，有時直言，為什麼孩子不能如其所望由范柏格先生來教？對語調和身體語言極其機敏的肯尼思，非常肯定地告訴母親辛普森，姊姊的數學老師是范柏格先生的女朋友，但母親一笑置之，視為小男孩的幻想。

迪裴爾的第一個開學日的晚上，當時她到任才短短一個月，可以看見坐在教室後面的幾位家長，雙手抱胸，滿臉懷疑，這名瘦巴巴的女孩怎能承擔重任？然而，那些五年級學生聽得懂她所教的一切，而且進步快速。他們回家後告訴家長自己喜愛這位新來的數學老師。迪裴爾獲得足夠的信心拿這個變化開笑話，她告訴一些家長：「我知道你們都希望由范柏格先生教，但我

是比較漂亮的那個版本。」

　　壓力仍然存在，一直都在，一整年。到一九九八年，KIPP 在休士頓已很出名，多家報紙刊登了好幾篇文章，當地電視台也時有報導。KIPP 被介紹為在貧困城中區的沉悶教育現實中一個鮮明的例外，范柏格以此激勵他的工作人員。他每年為每位教師設定目標，他使那些目標聽起來像是預測而非命令，類似他經常表示的，希望喬丹帶領自己鍾愛的芝加哥公牛隊成為 NBA 總冠軍。他的老師們懂得那個訊息。他告訴迪裴爾，他認為她的五年級生中至少有 89％ 會通過該州的數學測驗。這是非常高的目標，迪裴爾無法不想這件事。

　　學年接近尾聲時，在學生參加德州數學測驗的數週後，范柏格把她拉出教室。「我們拿到了測驗成績，」他說：「你認為你表現得怎麼樣？」

　　她深深吸了好幾口氣，氣喘吁吁地：「我不知道，也許 89，也許 90 ？」

　　「百分之百。」他笑容滿面地說。

　　「真的嗎？」

　　「這上面就是這樣說的。」鬆了一口氣的感覺就像一道衝擊波擊中她。她開始啜泣，大口大口地吸氣。所以我不是失敗者，她想。她很以孩子們為榮，但意識到自己反應太過度。直到那一刻她才明白，她一直多麼緊張，好像窒息了，現在她的呼吸道暢通了。她用力吸入更多氧氣。

　　范柏格嚇了一跳。「你為什麼哭？」他問。

　　在大口換氣之間，她試著解釋：「我只是不……知道……孩子們會表現得如何。」

　　她對失敗的恐懼一直如此之高，她的期望一直如此之大。哦！我的天，她想，我需要一顆鎮定劑什麼的。

第41章
贏得金票

肯尼思‧麥格瑞果在先前的學校就如許多聰明的孩子，一直被視為問題而非資產。他感受到那種恐懼和敵意而產生負面反應，進而使不良行為呈現惡性循環。在之前的學校，老師沒有給他很難的功課做，唯恐使他的心情變差。他做一點點功課就能混過關，因而失去對天天去上學這件事的尊重，這使他的行為更加不檢點。

麥格瑞果花了一些時間才逐漸習慣他在 KIPP 環境下的改變。最後，他意識到在 KIPP 的辛勤努力，並不是另一件惱人的在校苦差事，而是令人尊敬的標誌。這些人儘管要求高、口氣硬，但關心他，就像母親用她所有的規矩來綁住他一樣。

他還是惹麻煩。例如，在小學六年級結業時，他不得參加猶他州之旅。

范柏格和其他教師受到羅德·達爾《查理和巧克力工廠》一書的啟發，向學生介紹金票（Golden Ticket）的概念。每年四月，他們宣布誰要去華府或猶他州或紐約旅行，依該班實地學習課的目的地而定。范柏格提供每名幸運的學生一張金票，就像那本書中去參觀巧克力工廠的孩子。在 KIPP 休士頓分校，那是一張黃色的紙，上面列出旅程細節和給家長簽的校外活動許可回條。

在儀式上，范柏格列舉金票附帶的責任。例如以艾斯庫小學的一名 KIPP 學生命名的「路易斯規定」（Luis rule）：路易斯已收到金票，但因偷了同學背包裡的糖果，而在距飛機起飛只有十二小時之際，被禁止參加旅行。每種行為都有後果，范柏格說，不同的情況產生不同的後果。如果你在九月做了壞事，可能會「去門廊」，你的家長會被請到學校。但數週後，你可以贏回失去的信任，回到團隊，生活將再次充滿機會。

「但要記住路易斯，」范柏格提高了嗓門：「他得到了金票，但決定做瘋狂的事把情況搞得一團糟。沒有人是完美的，但若你在離旅行那麼近時做那樣的事，就沒有時間彌補，重新贏得我們的信任。所以我不是說你們必須完美，但我要說，接下來這個月，在旅行之前，大部分事情上你們必須完美。如果不完美，仍然可能失去這張金票。明白嗎？」

儘管如此，麥格瑞果觸犯了路易斯規定。一九九八年，有十名六年級生於無人看管下在衛斯理大樓後半部教室玩接吻遊戲。那不是限制級的，但仍然嚴重違反規定。范柏格召集這群孩子到一間教室，告訴他們壞消息。令他沮喪的是，不得不向所愛的孩子們（尤其是麥格瑞果）說這件事。「在五月十六日去猶他州之前，你們無法重新贏得我們的信任，所以你們已失去猶他

之旅。這未必是因為接吻遊戲，而是因為你們做這件事的時機，已沒有時間重新贏得我們的信任。」

麥格瑞果恢復優秀本色，他獲准參加七年級和八年級的旅行，並持續表現傑出。他的七年級籃球隊幾乎戰無不勝。他收到了去上休士頓的耶穌會大學預校（Strake Jesuit College Preparatory）的全額獎學金。

畢業時，范柏格給了他和他母親一個承諾。范柏格還記得自己在麥格瑞果錯過猶他之旅時的感受，他說，鑑於麥格瑞果在 KIPP 的成績，他將確保麥格瑞果有一天可以免費前往猶他州。「不要擔心，」范柏格說：「你可以在高中或大學的某個時候回來，和我一起陪伴學生去猶他州。」

讓每個孩子都發光：
KIPP 學校如何打破學習困境，扭轉孩子的未來

第 42 章
瘋狂的追求者

迪裴爾和范柏格對如何教五年級生數學的意見一致，但兩人對對方感情的看法就不那麼相同了。他們的浪漫天性很少同步出現。兩人都很忙碌，不確定自己是否有任何空檔和精力談情說愛。從他們擠身經過影印機進入他公寓的第一天晚上，兩人之間就有明顯的吸引力，只是關係還沒有固定下來。

有一次，迪裴爾仍任教於休士頓港小學時，她鼓起勇氣問他這個問題。「我覺得我了解你，你是很優秀的老師，我們彼此喜歡，」她說：「但是，請你告訴我將來你會認真看待這件事。告訴我，你願意作出承諾。」

他搖搖頭。「不，我不想承諾。」他說。

好吧，她想，就這樣了，現在是永遠斬斷情絲的時候了。「再也不要跟

我說話，除非是和學校有關，」她說：「再也不要盯著我。不管你做什麼，絕對不要再對著我笑。」

他試圖遵守，但很困難。一九九八年十月二十日，范柏格三十歲生日那天，迪裴爾已在 KIPP 全職工作了幾個月，他們大吵一場。那天她進入他的思考能力班時已經遲了，發現他在重教她的小五學生分數。前幾天她才教過同樣課程。她認為，這就是典型的范柏格，就是這麼令人討厭。

他們走向停車場裡各自的車子時，她猛烈抨擊他。她說出了內心對他的看法，以及他鬼鬼祟祟和老師們打交道的方式。他有氣無力地為自己辯護，只惹得她更生氣。然後，一如經常發生的，她平靜下來。「對不起，」她說：「別擔心這件事。」

她走到她的車邊，拿出一包生日禮物。「這個給你。」她說。感到麻木的范柏格隨即高興起來，「謝謝你。」他說，然後擁抱她，抱的時間超過他原本的打算。他發現他不能放手，他在承認自己感情的邊緣晃動。但他退後，沒有再說什麼。

之前她曾告訴他，他有了新男朋友。她說，她對這傢伙是認真的，范柏格可能在籃球場看過此人，因為他是費拉柏的朋友。她事先告訴范柏格，以免有尷尬時刻。

那天范柏格想到這件事，然後第二天，然後每一天都想到。他無法把她逐出腦海。他常常看到她，有那麼多理由經過她的教室。那個擁抱讓他餘味猶存，他決定必須做點事。

他們在「黑色拉布拉多犬」（Black Labrador）餐廳吃晚餐，那是在蒙特羅斯大道（Montrose Boulevard）的一家英式酒吧。迪裴爾點了健力士巧達湯，很美味。那是個有趣的夜晚，排解了一整天教學的辛苦。

然後范柏格破壞了氣氛，他告訴她他愛她。「我想我的時機不對，但我只是想讓你知道我的感受。」他說。

　　她放下手中的湯匙，惱怒地看著他。「你知道嗎？」她說：「在這個時點你不能對我說那件事。」她沉默了片刻，讓心情平復下來。「你知道，這很荒謬！我有男朋友了──我對他是很認真的！」

　　范柏格承認他放肆了。他說他很難過，而且他看起來是很難過。「我知道我有點遲了，」他說：「我確實有點遲了，但我真的愛你。」

　　餘下的晚餐時間安靜地過去了。但在接下來的幾天中，迪裴爾明白了拒絕范柏格的後果。這個男人展開全面攻勢來贏得她的心，他不打算只因心愛的女人有另一名追求者，而讓自己消失在背景中。他送了五打玫瑰花到她的教室，讓她大為光火。這是非常范柏格作風的：碩大、公開、響亮、失控，她告訴他不要再那樣做。他沒有罷手，附在第一批玫瑰花禮物上的字條說，每一打是為他們相識的每一年，額外的那一打是為他們將共度的未來歲月，其後有更多的字條和鮮花。她告訴他這是行不通的，他是她的老闆，他的行為嚴重違反職業道德。他並非真的愛她，在他的生活中除了 KIPP，已無空間容納任何東西。

　　他不聽，他不斷告訴她自己的感受，愈說愈多。正如他們倆都知道會發生的，這法子生效了，二月間她與男友分手，二月底，她對范柏格說她也愛上了他。他們又是一對情侶了，這一次互有承諾，但會持久嗎？

　　迪裴爾一直在協助范柏格測試電腦化教室評量系統，那是年輕的舊金山教育企業家史黛西‧博伊德（Stacey Boyd）設計的，迪裴爾認為自己和她志趣相投。當博伊德提議要聘請迪裴爾到芝加哥協助她建立該系統時，迪裴爾答應了。她把這份工作視為自己專業上的機會，也是對范柏格的一項考驗。

目前他有用心在她身上，但誰知道那意味著什麼？她告訴自己，如果他不是滿口空談，那麼她夏天搬到芝加哥就能證明了。「我要搬去芝加哥，而且不會每個週末回休士頓。」她告訴他。

他說，他沒問題。她有雄心壯志是他愛她的一個原因，對她來說這是好的變動。他幾乎每隔一週的週末就去芝加哥看她，還談到他要搬去芝加哥。

KIPP 休士頓分校第一屆八年級學生即將畢業，學校運作得很順利。這是所州立特許學校，沒有學區的繁文縟節。他正處於典型的范柏格心情，有點無聊，在尋找新事物。他有時會開玩笑地向最親的知己迪裴爾與李文說，他真正想做的事是成為聯邦快遞（FedEx）的司機──除了管理自己不必管理任何人，每天都可以享受到有顯著進步的滿意感。而且芝加哥就有聯邦快遞的工作職缺。

讓每個孩子都發光：
KIPP 學校如何打破學習困境，扭轉孩子的未來

第 43 章
成功，從老師的關愛開始

❖

　　成為一所特許學校後自由多了，但那是有代價的。教育局長佩吉感到不滿的是，范柏格選擇了承辦州立學校，而非當時很樂於讓他承辦的市立學校。范柏格的指導者暨保護者裴特森不再和他說話，因為在她為他做了這麼多之後，他在家長會上說了一些她覺得沒有為她辯護的話。多年後，他們會和解而且她會去 KIPP 工作，但此刻對他觀感很不好。

　　儘管如此，他已逃離衛斯理大樓，在休士頓浸會大學校園找到一塊空地。真是僥倖，來得及在開學日之前做好排水及下水管安裝工程。他在學校對街租了一間公寓，說服工人趕工到晚上，以助他趕上最後期限，他則拿著手電筒在工地為他們照明。

李文的情況也有改善。他的全校樂團（由藍道組成的）開始在廣大觀眾面前演出。KIPP 的家長已組織得非常好，尤其是在第 31 公立小學（和 KIPP 共用校舍的正規公立學校）的教職員，試圖說服第七學區委員會將李文和他的學校移到別處之後。第 31 公立小學的倡導者犯了戰術錯誤，他們在學校發傳單，其中一些發到 KIPP 家長手中。

　　在校務委員會會議上，李文算出有超過兩百位 KIPP 的家長到場，第 31 公立小學的家長只有少數。當議程項目宣布時，群眾中有許多人開始覆誦著「KIPP、KIPP、KIPP、KIPP、KIPP、KIPP……」學區主任請大家安靜，但覆誦持續著，直到李文拿到麥可風為止。他感謝大家出面，還說他認為校務委員會很了解社區對搬走 KIPP 的看法。他把麥克風遞回給學區主任那一刻，覆誦恢復了。會議休會，沒有人再提起要 KIPP 遷移的事。

　　李文和范柏格接到電視節目「60 分鐘」的年輕製作人保羅·賈拉格（Paul C. Gallagher）的電話。他想讓記者麥可·華萊士（Mike Wallace）到南布朗克斯區和休士頓採訪。華萊士的報導於一九九九年九月播出，次年夏天重播，對 KIPP 和擔任電視節目製作人初試啼聲的賈拉格來說是雙贏。報導一播出，激起更多人想知道 KIPP 在做什麼的興趣。

　　「60 分鐘」的報導也在范柏格和李文的學校內及朋友間引來敵意。該報導中沒有提及波爾或雷夫老師，沒有藍道和邁爾斯的身影，也沒有佛瑞德·夏農。

　　大多數觀眾可能記得的是兩名年輕男子和幾個卓越的學生。楊在螢幕上容光煥發地提到聖馬可學校（Saint Mark's）給她的獎學金。「老師們給我們這麼多關愛，希望我們成功，處處關心我們，」她說：「我們的成功有個起頭，它就是從老師的關愛開始的。」麥格瑞果和他母親是休士頓那段報導的

明星。華萊士似乎像范柏格一樣受他們吸引。

麥格瑞果：第一年，我以為我還在我的舊學校，所以還是一副老樣子。

華萊士：像是什麼？

麥格瑞果：我每次發脾氣，老師就要我做一些我不想做的事。

華萊士：那對你和同學和老師一定是好的。

麥格瑞果：還不錯。五年級結束時，我開始積極參與，也變成熟了，趕上 KIPP 的水準，也聽老師的話，遵守校規。

華萊士（**轉向母親辛普森**）：KIPP 是否改變了麥格瑞果？

辛普森：哦，是的，是的。

華萊士：如何改變？

辛普森：他們給了他信心。他們讓他知道當個書呆子不是一種恥辱，讓他知道如何以正確的方式當個書呆子。

華萊士：他的成績如何？

辛普森（**笑容滿面**）：他是優等生。

華萊士（**同樣笑容滿面**）：一點也不驕傲。

一年之內，李文和范柏格在另一家全國電視台上露面，引起較多爭議和較少注意。范柏格認識了德州的競選廣告專家馬克・麥金農（Mark McKinnon），他的職業生涯一開始是協助民主黨，後來卻成了共和黨州長布希的朋友。麥金農非常欣賞范柏格的計畫，開始為它尋求政治與財務支持，甚至策畫要拍一部紀錄片。他聯繫了州長，州長的父親老布希以前非常支持洛杉磯的數學老師艾斯卡蘭德，此人是范柏格和李文的英雄之一。麥金

農主辦二〇〇〇年共和黨在費城舉行的全國代表大會，他想出一個點子：讓范柏格、李文和他們的學生上台。他們會介紹小布希夫人勞拉（Laura Bush），她會談到教育，一班 KIPP 學生和她一起站在主席台上。

范柏格和李文都贊成，這將讓他們的學生可以上一堂令人興奮的實地學習課。他們不要揮舞任何共和黨旗幟，但和他們最親近的許多人極度不信任布希州長，聽到兩人的最新冒險行動時都很生氣。范柏格的母親問他那件事，聽到他說重點將是學生而不是李文和他時，感到滿意。李文的妹妹潔西卡（Jessica Levin）是教育政策專家，她的反應就激烈得多。在他開車去費城時，她打手機給他。「你**為什麼**要幫助布希競選？」她說：「他**根本不關**心那些孩子。整個大會都是虛假的。他們一直試圖把自己描繪成偉大的教育改革者，但他們並不是。」

「我們會處理。」李文說。他和范柏格認為，沒有理由錯過這個把他們的訊息傳給電視機前數千萬名觀眾的機會。他們必須為自己的學校籌錢，他們也獲得民主黨政治人物的支持，如果受邀，他們會很高興出現在民主黨於洛杉磯舉行的全國代表大會。

不論是因為受到至親的不尋常壓力、實況轉播或只是疲勞且幾乎沒有機會綵排，輪到他們時，他們看起來、聽起來都很彆扭。偌大的大廳和有回聲的音響系統，使他們失去在教室裡的溫暖、親密的關係。范柏格帶去的是 KIPP 在休士頓的八年級生，他們贏得了這項念誦一些活潑輕快韻文的殊榮，卻發現自己很難表達出在五年級首次大聲念誦波爾的作品時那種洋溢的熱情。

范柏格和李文在很短的致辭中，特別提到波爾和雷夫老師。他們還稱讚藍道、邁爾斯、夏農等沒有出現在「60 分鐘」報導中的工作人員。他們倆

讓每個孩子都發光：
KIPP 學校如何打破學習困境，扭轉孩子的未來

不支持布希州長，但對他的支持表示感謝。在那樣的背景下，莫名其妙地他們的致辭倒像是政治聲明。

他們很少再提及在那次大會的亮相。當晚那部分測得的電視觀眾只有六百一十萬人，如果是定期播出的黃金時段節目，這麼低的收視率足以被取消播出。無論 KIPP 是否因為兩位創辦人和政黨政治的緊張接觸而覺得尷尬，隨著他們繼續前進，在較著名的電視節目上露面，比如二〇〇六年四月的「歐普拉秀」（The Oprah Winfrey Show），那種尷尬逐漸消逝。

在共和黨大會露面後不久，李文告訴《紐約時報》（New York Times）：「沒有民主黨的孩子或共和黨的孩子——就只有孩子。」數年之後，在不同的時間和地點，李文與范柏格分別被問道他們是民主黨人或共和黨人，他們不約而同的答道：「我是老師。」

根據選民研究發現，兩名常春藤盟校畢業的三十來歲猶太人，選擇貧困城中區的公共教育為職業者，是共和黨人的機會少之又少，但范柏格和李文繼續拒絕討論他們的政治傾向。知名共和黨成員，特別是如金瑞契（Newt Gingrich，譯注：曾任眾議院議長）這種保守派，會舉 KIPP 為例，說它是優良的管理、高標準、品格教育達到市區學校時會發生的事。許多自由派民主黨人，包括眾議院議長裴洛西（Nancy Pelosi，譯注：曾任眾議院議長，歷來首位擔任此一高職的女性）、眾議員劉易士（John Lewis）和蘭哲爾（Charles Rangel），也稱讚他們的學校。范柏格和李文說，他們是老師，打算繼續當下去。

▶ 自習課　今日的 KIPP：杰昆進步了

　　隨著 KIPP 華府關鍵學院的學年進入二〇〇七年春，杰昆持續學習。這不是什麼了不起的事，但教閱讀的樂芙和她的五年級團隊持續對他抱著高度期望。他變得比較不會急著趕完功課，他離開了「板凳」而且沒有再被罰坐。

　　樂芙和杰昆的母親霍爾，想方設法激勵這名焦躁不安的孩子。體育是一個法子。為了獎勵他完成一系列家庭作業，樂芙帶他去打籃球。他也開始在娛樂聯盟打美式足球。他是跑鋒（running back），矮小但快速，他喜歡當跑鋒。有一次，他交的作業草率馬虎，母親讓他暫停練球以花較多時間在功課上。

　　他仍然不擅閱讀和考試。他的閱讀理解力有改善，但進步緩慢。樂芙額外花時間指導他，讓他練習掌握書中大意的一些方法。她強調預測、提問、推論、連結及找出概念，要杰昆問自己：這個故事真正在談的是什麼？對他來說作推論和結論是很難的，尤其是必須自行作出時。在有其他孩子的小組中他似乎比較自在，比較可能提出意見。

　　五年級那年，他五次被罰坐板凳，大多是因為未完成功課，一次是因為在餐廳和朋友鬧著玩時果汁從鼻子嗆出來。他勇敢地接受隔離，努力做得更好。他是需要朋友的孩子，所以不想經常被罰坐板凳。

　　隨著華府綜合評量系統測驗（DCCAS）將在四月舉行，杰昆的老師們相信他會做得比前一年好，只因他學會了專注的重要，以及從容不迫。

　　這個團隊在感恩節假期失去教社會學科的老師富特，她被調到七年級教閱讀，因為兩位七年級老師撐得很辛苦，校長海絲需要她的幫助。到耶誕節時，兩位新的七年級老師都走了。海絲認為，即使經過同事數週的專業協助，學生並沒有改善。她責備自己判斷力差以致聘

讓每個孩子都發光：
KIPP 學校如何打破學習困境，扭轉孩子的未來

請他們。富特待在七年級的團隊，由米雪兒・西蒙（Michelle de Simon）接替她教五年級的社會學科。

測驗開始時，他們必須注意教室牆壁上的東西。一如許多學校的教室，KIPP 的教室牆上展示數學公式、詞彙、語法規則等等，可能被華府學區總部派來的監考老師宣告為違規。在關鍵學校的老師壓力尤其大，他們認為，那是因為他們學校在前幾年的測驗中表現優異而招來嫉妒。

老師團隊討論遴選五年級學生在年底前往佛羅里達州迪士尼世界旅遊的最後期限，同時建議讓五、六名學生明年重讀五年級。樂芙說，杰昆沒有留級的危險，他正在進步中。但到了五月，情況明朗了，他無法爭取到去佛羅里達州旅行。母親看得出他很失望，和他坐下來談。「我知道你今年沒有辦到，」她說：「但我毫不懷疑，你明年可以辦到。」她在 KIPP 的兩個較大的兒子，七年級的夏林和六年級的賽希姆也都去不成，但他們的成績比杰昆好，而且似乎在進步中。

杰昆在史丹佛成就測驗第十版的成績，根據 KIPP 教師在每年年初和年尾給學生做的標準化測驗，顯示他的數學技能從九月的第 4 百分位數，進步到春天時的第 24 百分位數。在小學五年級春天，於華府官員監考的華府數學測驗中，他的得分仍然低於標準（Below Basic），屬於四個級別中最低者。

他的閱讀成績較難解釋。在史丹佛成就測驗中他的整體閱讀成績並沒有改變，仍然墊底，在第 4 百分位數。他的閱讀理解力單項分數已經小幅上升，從第 2 升到第 4 百分位數。後來成為 KIPP 華府總部校務主任的五年級科學老師霍茲曼表示，這個跡象顯示孩子在小學五年級開始時深陷困境，因此雖然有進步，仍遠遠落後於同班同學。他就像長跑者原本落後眾跑者兩英里，現在只落後一英里。相較於其他學生，他仍是倒數一、二名。

顯示他已有所進步的一個跡象，是他的華府綜合評量系統測驗的成績。在閱讀科，他沒有落在最底部的低於標準，而是在次高的標準級（Basic）。在華府一般公立學校，閱讀科有24％的學生低於標準，42％屬於標準級。霍茲曼指出，華府綜合測驗和史丹佛成就測驗不同，有一些問題要求學生寫出答案。KIPP注重寫作，這點可能對杰昆有助益。他的成績領先該市的許多其他兒童，但KIPP有較高的標準，他六年級的閱讀老師會把他放在需要特別關注的名單中。

　　杰昆在關鍵學院那一班，二〇〇七年年初時在史丹佛成就測驗第十版的閱讀科得分平均是第27百分位數，年底時進步到第46百分位數。在數學科，他們單單在那一年就從第30進步到第80百分位數。二〇〇七年，杰昆最喜歡的老師米奇亞‧樂芙，是美國教育部頒發的美國明星教師獎（American Stars of Teaching Award）華府地區得獎人。

　　樂芙得獎的同一天，聯邦政府也封KIPP華府關鍵學院為藍帶學校（Blue Ribbon School）。關鍵學院再次成為華府公立學校中，少數達到聯邦政府依據「有教無類法」訂定的所有學習目標者。關鍵學院在數學科的得分是華府各初級中學中最高的，熟練度達到84％。閱讀科則排名第三，排名在它前面的兩校是在華府西北部的學校，學生大多是中產階層。

　　就在關鍵學院的正規學年於八月開始之前，杰昆發現他丟了暑期班的一份講義，那是他應該放在活頁夾內的。他坐下來，自動自發寫了一封信給他六年級的級任老師，說明他遺失了講義，願意彌補。他仍是頑皮孩子，但母親發現他現在會選擇去做以前不曾做的事。他認為，今年自己有機會做春天之旅，到西維吉尼亞州露營。

　　「他為自己負責任。」他母親向一名訪客說。她微笑看著兒子，為那封信讚美他，信中他在每一句的句首大寫，而且述語和主詞都一致。那一週，她告訴他，他肯定可以去練美式足球。

讓每個孩子都發光：
KIPP學校如何打破學習困境，扭轉孩子的未來

繁星點點

第 44 章
費瑟學員

一九九二年一月，李文和范柏格申請加入「為美國而教」時，高大、黑髮的前美國教育部政策助理史考特・漢米爾頓（Scott Hamilton）第一天上任。他受聘於愛迪生計畫（Edison Project）華盛頓辦事處，該計畫目的是改善貧困城中區的學校並獲利。漢米爾頓上任後認識了健談、紅髮的二十三歲研究員史黛西・博伊德，他立即對她感興趣。

在特許學校運動史上，漢米爾頓和博伊德的相識具有重大意義（尤其是對 KIPP）。他們在一九九七年結婚時，范柏格和李文新學校的第二年正要結業，漢米爾頓是麻州聯邦特許學校主辦官員，而博伊德已獲得哈佛大學企管碩士學位，正在建立一所後來很成功的波士頓特許學校。一九九九年，博

讓每個孩子都發光：
KIPP 學校如何打破學習困境，扭轉孩子的未來

伊德在舊金山開辦了「計畫實現」（Project Achieve）的新公司，開發一種新方法來評量學童在課堂上的進展情形。她還與芝加哥的學校合作，並聘請迪裴爾襄助。漢米爾頓在舊金山為全美最富有的兩個人朵麗絲和唐・費瑟（Doris and Don Fisher）工作，他們是 Gap 服飾店（Gap Inc.）的聯合創辦人，費瑟夫妻希望他能找到一些教育計畫，使新基金會的錢可以有所作為。

博伊德、漢米爾頓和費瑟夫妻忙得沒時間看電視。他們沒看過「60 分鐘」在一九九九年九月的 KIPP 專題報導，但市長和州長們看過後非常著迷。紛紛打電話給范柏格和李文，要求他們馬上再開辦十五或二十所 KIPP 學校。這類電話很幼稚，但激起了范柏格的好奇心，也敦促李文和他聯手把 KIPP 推廣到全國。李文也很喜歡這個主意：傳授成功的貧困學區教師如何開辦學校！范柏格開始尋找懂得如何建立大型組織的人。他打的第一批電話之一就是給博伊德，她是企業家，很了解他的學校如何運作以及能做什麼。她對范柏格提出的構想很興奮，立即打電話給漢米爾頓。

漢米爾頓答應到學校來看看。但他還記得費瑟夫妻給他的重要指示，不要開辦任何新事物！他們太老了，無法再成立另一家 Gap。他們希望漢米爾頓找到值得支持的計畫，助其發展，但不要開辦新企業。漢米爾頓參觀了 KIPP 休士頓分校，看到使出渾身解數的范柏格，瞭解了博伊德在談的事。他也參觀了 KIPP 紐約分校，十分賞識足智多謀的李文。漢米爾頓沒有和費瑟夫妻討論 KIPP 的任何細節。一九九九年年底，漢米爾頓在費瑟辦公室播放一卷「60 分鐘」報導的錄影帶，有關 KIPP 的那一段報導結束後，費瑟的評語是：「我究竟應該怎麼做？」

「我還不知道，但總要做些什麼，」漢米爾頓說：「它值得我們做點事。」

漢米爾頓在用餐時問起博伊德對他的新構想有什麼想法：給予特許學校

創建者商業訓練，並聚焦在讓 KIPP 成功的因素。博伊德大為讚賞，漢米爾頓立即展開行動，但仍然沒告訴費瑟他在忙些什麼。費瑟夫妻不想開辦任何新事務，而漢米爾頓的構想既新穎又宏大。他邀請范柏格和李文在二〇〇〇年一月底，攜伴到芝加哥會面，以構思 KIPP 的總體規畫。漢米爾頓要求博伊德參加，李文帶了他妹妹潔西卡，范柏格找來他最有創意的閱讀教師艾略特・惠特尼（Elliott Witney），此人後來成為 KIPP 最早的休士頓分校校長。

他們在飯店套房內的會談歷時八小時。漢米爾頓預計，到第三、第四年時，他們可以培訓出一百五十位學校領導者。這些 KIPP 學校會有什麼共通之處？他拿出大畫架，每一頁都寫滿許多構想。要點似乎顯而易見：對全體學生寄予厚望、留校時間較長、由校長全權負責、找到最優秀的老師、獎勵學生的成就、與家長密切聯繫、注重成績，並致力讓每個孩子能升上優良高中和大學（這尤其重要）。他們決定稱呼這六項主要原則為六大支柱（Six Pillars），後來削減到五項：(1) 對學生寄予厚望，(2) 選擇並承諾，(3) 留校時間長，(4) 強化領導權及 (5) 注重成績。

「這次會議開得太順利了，」博伊德心想。新組織會有很多異議產生，他們必須討論這一點。她站在畫架旁，在他們令人驚訝、興奮但未經檢視的成功中尋找尚未解決的問題。

他們有大量的青春、精力和點子，但要如何一起做決定？如果其中兩人認為申請參加領導人培訓計畫的某個人應被接納，但其他人不同意，要如何解決？如果其中一人認為領導課程應該花足足兩天進行培訓，其他人卻認為兩三個小時即可，那麼又要如何解決？

他們的構想是，給予每所學校的領導者那種李文與范柏格曾享有的創新自由，只要能交出好成績。他們對年輕人有信心。在場的六人中有兩人，李

讓每個孩子都發光：
KIPP 學校如何打破學習困境，扭轉孩子的未來

文和惠特尼，未滿三十歲，年紀最大的是李文的姊姊潔西卡，將滿三十五歲。

漢米爾頓仍需說服在非常不同世代的兩個人──六十八歲的朵麗絲和七十一歲的唐‧費瑟──撥出一大筆財產給這些年輕人處置。他帶著費瑟夫妻去參觀李文的學校，起點是第 31 公立小學的建築物，以便其噪音與混亂能和 KIPP 四樓「聖地」的安靜與專注做強烈對照。（朵麗絲意外地發現李文的祖母是她父親的法律合夥人的女兒。）

漢米爾頓花了幾星期撰寫及重寫企畫書，這個計畫將花費至少一千五百萬美元。這是個新創企業，而且不一定會成功。他向博伊德坦承，如果費瑟夫妻說不，他會有世界末日之感，而且不惜辭職找到其他人來支持推廣 KIPP 的強烈戰鬥意志。他送給費瑟夫妻各一份企畫書，儘管他心中忐忑，他們喜歡那個主意。

費瑟說，他從未想過以經營公司的方式來經營學校。但考慮過 KIPP 計畫後，他開始明白，學校是一種事業，特許學校尤其是需要受過基本管理訓練的校長，能夠自行作出決定。他看過「60 分鐘」的影片後，說話也許有點粗聲粗氣，其實已被感動，想立即開始進行。他歡迎范柏格和李文在他能俯瞰舊金山灣的辦公室開個會。

「所以，你們真的認為你們可以把這事辦成，對吧？」

「費瑟先生，我不知道，」李文說：「但我們很樂意用你的錢試看看。」

最後范柏格決定偕同迪裴爾搬到舊金山，擔任新的 KIPP 基金會執行長。沒有人感到驚訝。范柏格告訴友人（包括李文），如果李文能籌到足夠的錢，充分供應他的學校，並簽署一項協議，保證 KIPP 紐約分校有足夠空間在未來數百年持續經營，且讓他繼續教五年級的數學，那麼他會快樂得像

穀倉旁的豬。

　　范柏格搬到西部後發現後，唐‧費瑟甚至比他和漢米爾頓更急性子。費瑟直接邀請柯林頓總統的前首席經濟顧問暨加州大學柏克萊分校（UC Berkeley）哈斯商學院院長蘿拉‧泰森（Laura D'Andrea Tyson），提供空間和專家教師進行業務培訓，後來他們把它稱為「費瑟學員」領導力課程（the Fisher Fellowship leadership course）。令范柏格、漢米爾頓和李文十分高興的是，泰森不像他們聯繫過的其他商學院院長，沒有建議他們在計畫中加入教育學院的教師，他們三人都不信任教育學院。范柏格和李文打算招募許多「為美國而教」的畢業生，因為這些人最有幹勁與想像力，也最有經驗，能在困難情況下臨場發揮。

　　但對漢米爾頓來說，那些「為美國而教」的人簡直是衝進來的。原訂計畫是在夏天開始，受訓的未來校長將在哈斯商學院上課兩個月，並完成成立自己學校的文書作業。到了秋天，他們將在一兩所 KIPP 學校工作。到新年時，他們將在自己選擇設立學校的城市招募師生，並找到場所在二〇〇一年夏天供七十到八十名五年級學生上課。就像李文和范柏格，每年將增加一個年級，直到成為招收五到八年級的中學，共約三百名學生。

　　到五月時，漢米爾頓認為時間不夠。他們已挑選出四名費瑟學員，結果一個退出，另外三人看來不錯，但有點固執。後來在華府設立關鍵學院的薛佛勒，和北卡羅萊納州的一位老師嘉勒‧多蘭（Caleb Dolan），雙雙拒絕在亞特蘭大市（Atlanta）辦學校，該州州長巴恩斯（Roy Barnes）很希望 KIPP 到當地設校。第三個像伙是在 KIPP 休士頓分校的老師丹‧凱撒（Dan Caesar），在被要求於休士頓成立第二所學校時很高興地答應了。

　　漢米爾頓告訴唐‧費瑟：「我們必須先暫停活動。」他說：「我們必須喘

口氣，然後明年再來，讓我們有時間計畫，把它做好。我認為我們只是匆匆地拼湊一切。」

　　范柏格、漢米爾頓和李文不曾受過任何商業訓練，他們早晚會犯錯。費瑟微笑著向漢米爾頓解釋，依據他五十年的經驗，著手進行並在問題出現時加以解決，遠比沙盤推演可能出錯的一切好得多。「讓我們繼續一起拼拼湊湊，」他說：「著手進行，會比你明年坐下來研究學得更多。即使它不是很完善，我向你保證，這是較好的方式。」

第45章
優秀的畢業生

　　一九九八年，凡妮莎‧拉米瑞茲讀完了八年級，而且是 KIPP 第一班進入高中的學生之一。短短幾年後，KIPP 開始設立高中，以把這類學生留在大家庭內。但最初他們缺乏資源辦高中，他們靠的是找到最具挑戰性的公立高中和私立中學，願意冒險接受來自休士頓和紐約南布朗克斯區貧困城中區的孩子。

　　拉米瑞茲使出渾身解數，成為聖公會高中（Episcopal High School）的好學生。但她不知道自己是否能適應這樣陌生的環境。她本來不想上這所私立學校。范柏格開車送她、蒙特斯和其他幾名 KIPP 學生到該校參加入學面試時，她很害怕。她在收到錄取通知書的當下，放聲大哭。范柏格勸她去

上，母親莎拉只想聽到她要去上那所高中。有些早晨由莎拉載他們上學，那表示他們得提前九十分鐘到學校，因為她為人打掃房子的工作在上午七點半開始。有些日子是蒙特斯的母親負責在早上開車載她們上學，由拉米瑞茲的母親在下午接她們回家。她們能否玩足球或去跳舞，得看兩位母親的工作時間表而定。

她們認為彼此是該校僅有的真正拉丁裔學生。其他的西班牙裔女孩彼此從來不講西班牙話，而且家長有好工作和漂亮房子。蒙特斯不在乎，她可以和任何人交朋友；但拉米瑞茲不想放棄住在北區的老朋友，她視之為真正的朋友。她努力尋找學校裡那些富裕女孩取笑她的跡象。

一九九九年，KIPP 紐約分校八年級的多米妮克‧楊正考慮要上高中。她聰明、合群，是李文和柯克蘭最賞識的學生之一。她努力爭取去加州旅行，加州適合她這種音樂家。然而，在未考慮後果下，她頂撞要她在課堂上安靜的一位老師，老師責備她，她再次頂撞。李文聽說了這事，投下震撼彈：不得參加加州之旅。

楊很氣憤，她簡直不敢相信他會這麼決定。她最後承認他是對的，但那是多年以後。她只得更努力表現自己聰明、有自制力。一所幫助貧困城中區孩子申請頂級私立中學的預校接受了她，她用功了一年。李文允許她不必上 KIPP 的週六和暑期班課程，因為和預校的課程衝突。她贏得在麻州南伯勒（Southborough）聖馬可中學（Saint Mark's School）的入學許可。就來自她居住地區的女孩而言，這是一件驚人的事。但她不很喜歡那所學校，每個週末她都被留在校園，因為母親無法去接她回家。一個週末，她被抓到喝酒，而被罰暫時停學。

她的家庭生活開始瓦解。祖母和母親起先為了爭取她的愛和忠誠而吵架，然後是和她吵架。她到紐約時有時沒地方住。高三時，她和聖馬可中學一個女生交上朋友，這女生沒有金錢問題，但喜歡在商店偷東西。二○○二年十一月，她們在馬爾堡（Marlborough）一家服飾店偷衣物後遭逮捕，楊打電話向李文求救。第二天早晨他已開車到達麻州，面色嚴峻且憂心。

她預料至少得聽他訓話四十五分鐘。李文冷冷告訴她他們必須先解決的情況。他找了一位律師，為她安排從聖馬可中學退學，如此不會有被開除的紀錄；並安排一個認罪協議，讓她在一年內以八十小時的社區服務換得清白的紀錄，只要她不再犯法。

聽起來好像一切問題都解決了，但對楊來說，似乎她的生活完結了。在她因喝酒被暫時停學後，母親說，如果楊再次亂來，她不會再簽署文件讓她接受更多私立學校教育，即使李文先生找到方法為它付錢。

李文幫她收拾房間後，開始告訴她，他對她所作所為的真正看法。這花了他很長時間。「如果你需要什麼東西，可以打電話給我，為什麼要去偷？」他說。

二○○一年九月一個夜晚，范柏格在 101 號公路上，正從舊金山 KIPP 總部的辦公室要開車回家。在費勁地當了又一天的執行長後，他感到很疲倦，這個工作不適合他。他的手機接到一通電話，是山姆・羅培茲（Sam Lopez）打來的，他是 KIPP 休士頓學院的臨時校長。

「范柏格，你聽到消息了嗎？」

「沒有，什麼消息？」

「麥格瑞果死了。」

「什麼？」

「麥格瑞果倒在籃球場上死了。」

范柏格努力控制自己，並保持他的車在高速公路上繼續前進。沒有必要問是哪一個麥格瑞果。對他和羅培茲，只有一個人單單被以那個名字稱呼而當之無愧。范柏格簡直不敢相信，他詢問詳情。

麥格瑞果在耶穌會大學預校表現優良。他長高了，就讀高一，學業跟得上，並繼續打籃球。事情發生在貝萊爾高中（Bellaire High School）四季籃球聯賽的一場賽事中。他說胸部疼痛，然後就癱軟在地。他們緊急送醫，但他沒有恢復意識。他母親的家人試圖帶她到醫院，沒有告訴她情況多麼嚴重。看見他後，她哭倒在地上。醫師說，是先天性心臟缺陷。范柏格在接下來的幾天經常哭泣，他有一種詩意的想法：麥格瑞果死了，因為他的心太寬大了。

范柏格必須去休士頓和麥格瑞果的父母親及姊姊在一起，他們也是他的家人。他打電話給紐約的李文，兩人近日溝通上有問題，開辦這麼多新學校以及處理愈來愈大的 KIPP 官僚組織有其壓力。

一如往常，范柏格被轉到李文的語音信箱。他使用來自《寂寞之鴿》的暗語。「李文，我需要你，」他說：「我需要讓葛斯離開門廊。」李文去了休士頓，在范柏格陪伴麥格瑞果一家人談論她、頌揚他、對他不負眾望成為很棒的人覺得十分欣慰時，幫忙作各種安排。

葬禮在麥格瑞果家人上的教堂舉行，范柏格和李文致詞。之後有個追悼會在 KIPP 休士頓分校的新建築舉行，那是在西南倉庫區，位於一條稱為「KIPP 街」的新街道，多虧范柏格的政壇友人才得以如此命名。麥格瑞果去世後，KIPP 休士頓分校的校務委員會決定把學校體育館的貯藏室以他的名字命名。在追悼會上，有麥格瑞果照片的 T 恤發給大家。范柏格起身發言。

他穿著舊芝加哥公牛隊球衣，上面印著喬丹的 23 號。他停頓了一下，要完成這個致詞很難。「KIPP 教導一件事，教導我們每個人。那就是，如果你做正確的事，好事會發生，」他告訴弔唁的人群：「如果你做錯誤的事，壞事會發生。」

「然而，人生路並不全然這樣。多數時候人生是這樣，但也有些時候，你做正確的事，壞事仍然發生。」

他停頓了一下。「我們知道一定有上帝，因為一定有個較高的目標賦予麥格瑞果，只是我們不知道。而且我們會記得他，他所留下的將一直傳下去。我們要成立小肯尼思‧麥格瑞果獎學金，每年發給一位上進的高一學生，獲獎者將得到獎學金，供餘下的兩年高中和四年大學之用。

「如此，當獎學金得主走上講台領取文憑時，麥格瑞果也領到了。」

讓每個孩子都發光：
KIPP 學校如何打破學習困境，扭轉孩子的未來

第 46 章
KIPP 的反對者

----- ❖ -----

　　卡洛琳・葛瑞南（Caroline Grannan）是加州的一名記者暨部落客，彼得・康貝爾（Peter Campbell）是奧瑞岡州一位大學教育家和熟練的網際網路用戶，這兩人都是家長，也是公立學校的倡導者。他們對特許學校很感興趣，於二〇〇五年開始尋找更多有關 KIPP 的資訊。

　　當年仍然很少人聽說李文和范柏格開辦的學校，除非是嫻熟教育議題的人。葛瑞南和康貝爾屬於少數經常在網路上討論 KIPP 的人。討論教育主題的部落客花較多時間辯論聯邦的學校評級法「有教無類法」。很少有報紙記者持續報導 KIPP，廣播網和有線電視網很少花時間報導弱勢學童的故事，「60 分鐘」對 KIPP 的報導是罕見的例外。

葛瑞南和康貝爾對李文和范柏格的學校為孩子們所做的大多很欽佩,他們不喜歡的是,拿傳統的公立學校和 KIPP 被溢美之處相比,而抨擊前者的做法。加州教育部保存了公立學校入學率的資料,葛瑞南發現那些紀錄顯示,有些 KIPP 學校以高速度流失學童。二〇〇五至〇六學年,在加州的九所 KIPP 學校中有六所的五年級生入學率降低 20-59％不等。最糟的案例是 KIPP 在奧克蘭的橋大預校(Bridge College Preparatory),五年級原本有 87 名學生,到八年級時只剩 36 名。讓葛瑞南和康貝爾尤其有疑慮的是,在一些 KIPP 學校,從五年級升到六年級時非洲裔美國男童的數目顯著下降。在洛杉磯的 KIPP 機會學院(Academy of Opportunity),這類男童的數目從 35 人降到 23 人,在 KIPP 富瑞斯諾學院(Academy Fresno)從 19 人降到 10 人,在灣景(Bay View)學院從 24 人降到 12 人,在 KIPP 橋大預校從 35 人降到 8 人。

葛瑞南和康貝爾的結論是,這種人數減少的情況,使得 KIPP 的成果看起來比實際優良,離開的學生最有可能是成績低劣者。KIPP 八年級生在校的平均成績看起來比五年級生好得多,但這可能是因為最低分的五年級生已轉到其他學校,留下來的都是成績較佳的學生。

康貝爾和葛瑞南對媒體(和一些教育評論者及政策制定者)解讀 KIPP 成績上升的方式感到憂心。有些媒體的報導給人一種印象:KIPP 能解決貧困城中區的教育問題。葛瑞南和康貝爾認為,指稱挽救幾個孩子就能讓貧困與苦難的惡性循環消失是愚蠢且騙人的說法。他們說,這些評論員以糖衣包裹現實,使其較可口。內疚的決策者可以責怪貧困城中區的兒童自己不努力脫離貧民區,政策制定者和教育改革者將有藉口放棄消除整體貧困和不平等現象的努力,改而指向 KIPP 說:「如果他們能做到,為什麼你不能?」

記者做有關 KIPP 的報導時，很少徵求葛瑞南或康貝爾的意見。他們是網際網路上最明確有力的 KIPP 批評者，但沒有代表任何主要機構。他們從未花任何時間到 KIPP 的教室看看，他們沒有教育研究者的背景。不過，有一位廣泛發表意見的獨立 KIPP 專家，他有堅實的學術聲響，名叫李察·羅斯坦（Richard Rothstein），在針對李文與范柏格學校的小型但越來越多的辯論中，他開始扮演重要的角色。

　　羅斯坦是華府的經濟政策研究所（the Economic Policy Institute）助理研究員，也是哥倫比亞大學教師學院（Columbia University's Teachers College）的客座講師，曾為《紐約時報》撰寫教育專欄。他堅持自己不是 KIPP 評論家，只是希望糾正他認為虛假的印象：KIPP 學生和他們低收入社區的非 KIPP 學生同樣弱勢。正如康貝爾和葛瑞南，羅斯坦也關注某些學者描述 KIPP 的方式，那些學者強調需要的是改善貧困城中區的教學，而非進行社會改革。羅斯坦則主張，社會改革至少和改善貧困城中區的教學同等重要。羅斯坦在二〇〇四年出版的著作《階級與學校：以社經和教育改革縮短黑白種族學生的成績差距》（Class and Schools: Using Social, Economic, and Educational Reform to Close the Black-White Achievement Gap）中，主張使用平衡的做法。改善學校很重要，他說，但可能影響有限，因為課堂之外貧困對孩子的生活大有影響。較多的政府開支，尤其是在醫療保健方面，對縮小貧窮兒童與中產階級兒童之間的學業成績差距也有其必要。

　　在《階級與學校》一書中，羅斯坦提到李文和雷夫老師是值得表彰的好老師，但他們對城市孩童的影響被誇大，而且受他人利用。羅斯坦發現 KIPP 基金會避免籠統宣稱的政策中有一次失誤，他引述 KIPP 二〇〇四年年度報告中的一句話，該報告說，KIPP 的成功將觸發「對各地公立學校的普

遍期待，希望它們能幫助學生克服弱點以在學業和生活中獲得成功。」

羅斯坦為他的書採訪了李文，並說 KIPP 的這位共同創辦人談到他的學校的成功時更加謹慎。羅斯坦轉述李文的話：「KIPP 縮小了成績的差距，但永遠無法消除那個差距，即使是他們特別挑選的學生，因為那個差距在學生入學的多年之前，已被其家人讀寫能力的差異固定了。」李文在三年後被問到那句轉述的話時反駁，那不完全準確。「雖然我確實相信我們不能完全弭平成績的差距，我也絕不會用那種方式形容它，」他說：「我也不認為我們有特別挑選學生。」

經濟政策研究所決定出版一本書，對特許學校日益增加的相關辯論加以分析時，羅斯坦和研究員麗貝卡・雅可森（Rebecca Jacobsen）自告奮勇要撰寫一章談論 KIPP。他們想拿 KIPP 學生的教育背景和同一街區的非 KIPP 學生的相比較。他們寫的只是《特許學校的爭議：檢視入學率與成績的證據》（*The Charter School Dust-Up: Examining the Evidence on Enrollment and Achievement*）這本書的一章，合著者還有馬丁・卡諾（Martin Carnoy）和勞倫斯・米歇爾（Lawrence Mishel），但此書是公認的由學者所寫的最長、最詳細的著作，其中以各種方式挑戰聽說過 KIPP 的少數人對它的正面印象。

羅斯坦和雅可森在那章中承認，大多數 KIPP 學生來自貧窮線以下的黑人或西班牙裔家庭。但他們說，對四所 KIPP 學校的檢視，顯示在五年級加入的學生，考試成績優於同社區的平均值，其家長也比較積極。特許學校和正規學校學生的差異，是該書的重要主題。它提出的聯邦資料顯示，平均而言特許學校的成績並沒有優於正規學校，某些情況下甚至比較差。特許學校的一些倡導者回應這個論點說，特許學校的學生有較嚴重的經濟和教育劣勢，甚於普通學校的學生，因而不能期望他們表現得一樣好。

羅斯坦和雅可森使用來自 KIPP 和地方學區的資料說，在二〇〇二年進入巴爾的摩 KIPP 烏吉瑪村學院（Ujima Village Academy）就讀的五年級生（全都是黑人），在閱讀科的平均排名是第 42 百分位數，數學科是第 48 百分位數；而巴爾的摩所有四年級結業的黑人學生在閱讀科的排名是第 36 百分位數，數學科是第 34 百分位數。二〇〇二年進入李文在布朗克斯區學校的學生中，42% 已通過紐約的四年級閱讀測驗，相較之下，該區的三十一所正規公立學校只有 28% 的四年級生通過。

曾在紐約哈林區（Harlem）的「為美國而教」教書的雅可森，採訪了十二位曾推薦學生到全美各地 KIPP 就讀的老師。其中多人說，他們鼓勵最優秀的學生轉學到 KIPP，對雅可森和羅斯坦來說，這顯示在弱勢孩童之間，去 KIPP 上學者已在競賽中領先。書中說，一位休士頓 KIPP 老師承認，他對有些家長不願考慮 KIPP 感到很挫折，即使 KIPP 已不再對學生做許多要求。

「當我和我覺得最需要它的孩子的家長談話時，」這位老師說：「家長會說些像是『聽起來太嚴肅，他需要另一年來成長』這種話……一位家長說，要把她（兒童）送到公車站以便上學，太困難了。不過這真荒謬，因為公車是停在（我教書的）正規公立學校，所以不難送她到那裡。那是兩名能力最低的孩子，他們都簽署了，但隨後決定不去。很多孩子表現得不是很好，家長不願簽名送他們（去 KIPP）。」

KIPP 基金會發言人史蒂夫‧曼奇尼（Steve Mancini）公布的統計資料，和羅斯坦與雅可森蒐集到的資料相牴觸。曼奇尼把焦點放在 KIPP 華府關鍵學院、北卡羅來納州的 KIPP 加斯頓預校（Gaston College Preparatory）和 KIPP 3D 學院（在休士頓開的第二所 KIPP），三校都正值開辦的第四年，是

李文與范柏格在休士頓與布朗克斯區的學校成立後，第一批開辦的學校。KIPP的統計人員拿它們和同街區的正規公立學校做比較：KIPP的學生在經濟上比較不是那麼弱勢，有80％是低收入戶，當地學校則有89％學生屬於低收入戶；KIPP的學生比較可能是黑人或拉丁美洲裔，多達98％，同街區的正規公立學校則有86％。

KIPP的資料顯示，二〇〇四年剛進入這三所學校就讀五年級的學生，考試成績和正規學校學生很相近。華府關鍵學院的五年級新生在閱讀科大約是第34百分位數，而鄰近學校的四年級結業學生大約是第46百分位數。KIPP幹部承認華府學校的成績比較難以確認無誤，因為華府學校系統的KIPP四年級生檔案不完整，而且他們的資料是依據KIPP教師在小學五年級剛開學時做的標準化測驗。

在加斯頓，新的KIPP五年級生中有80.9％在閱讀科達到或高於年級水準，而鄰近學校有74.6％的四年級結業學生達到或高於年級水準。在休士頓3D學院，剛進入KIPP就讀五年級的學生有80.5％已通過州的閱讀測驗，相較之下，鄰近的學校是79.4％。對KIPP老師來說，這種高比例反映出，州的測驗設定的合格分數很低，但也顯示剛進入KIPP的學生和其鄰居的水準差不多。

《特許學校的爭議》作者寫道，他們的結論「並無意批評KIPP學校……我們不是在暗示，其成效明顯完全是因為家長比較支持且參與、學生入校之前的成績，或性別失衡之故。KIPP的支持者聲稱，KIPP提供學童在正規公立學校可能沒有的動機和機會，以脫穎而出，而我們沒有可駁斥的證據。我們的證據也沒有和這個概念相矛盾：正規的公立學校可能有許多可向KIPP的理念與策略效法之處。」

李文和范柏格說，他們經常希望有時間和資源，針對其辦學成果進行較廣泛且權威的研究。KIPP 基金會以委託或合作方式做了幾個獨立分析，其中包括二〇〇五年由教育政策研究所完成的一份報告，報告中指出，相較於傳統的都市公立學校，KIPP 學校在數學和閱讀方面已獲得「重大收穫」；而且史丹佛國際研究院（SRI International）二〇〇六年的一份報告說，舊金山灣區（Bay Area）五所 KIPP 學校的學生在標準化考試的得分，明顯高於附近可堪比較的公立學校學生。

　　這兩個研究都建議基金會支持一個多年的縱向研究，該研究將顯示，相較於正規學校的類似學生，全國各地的 KIPP 學生已獲得多少進步。二〇〇八年，KIPP 收到來自大西洋慈善總會（Atlantic Philanthropies）的捐款以進行研究，並和數學政策研究公司（Mathematica Policy Research Inc.）簽約。這項研究計畫以 KIPP 學生和類似的非 KIPP 學生相比較，最終增加大量資料以供討論，參與討論的是一些感興趣的局外人，如葛瑞南、康貝爾、羅斯坦和雅可森，主題是 KIPP 正有何影響。同時，KIPP 繼續成長，獲得更多注意，也激起更多辯論，爭論其成就的規模與重要性。

第 47 章
教改實驗室

⸺⸺⸺⸺⸺⸺⸺⸺⸺⸺⸺⸺⸺ ❖ ⸺⸺⸺⸺⸺⸺⸺⸺⸺⸺⸺⸺⸺

　　光陰荏苒，教育界對 KIPP 的辯論日益盛大，充斥著錯誤的訊息和印象，因為談論 KIPP 學校的人當中，看過實際上課情況的少之又少。一些教師認為 KIPP 有多餘的錢可花是不公平的；其實多數 KIPP 學校，就像多數其他特許學校，每名學生獲得的補助款比正規學校的學生還少。一些批評者有個印象是，KIPP 會開除表現出任何問題的學生；其實在多數情況下，KIPP 的開除率遠低於正規公立學校。在幾所 KIPP 學校，例如舊金山地區，多數學生的家長辦理退學，大多因為他們認為對自己的孩子而言，KIPP 的標準太高了，即使類似的孩子在 KIPP 學校蓬勃發展。但隨著學校領導人找到辦法讓那些家長放心，相信孩子將得到良好照顧，輟學人數已經減少。

KIPP 的學校很少有工會組織，對一些老師來說這是另一個痛處。但 KIPP 的老師薪資超過參加工會的老師，是因為他們的工時較長。許多 KIPP 的批評者對特許學校（不只是 KIPP）的普遍成長感到憤怒，因為他們認為這使得資源從正規公立學校流出。有些批評者也感覺，正如羅斯坦和雅可森的研究探討的，KIPP 學生擁有的家庭優勢超過非 KIPP 的學生。事實是，許多 KIPP 的家長和祖父母的確致力於追求自己孩子和孫子的學業進步，因而選擇 KIPP。但幾乎沒有什麼資料能證明，那些家長與祖父母和正規公立學校學童的有顯著不同。許多 KIPP 教師在正規學校工作過，他們說，看不出在 KIPP 遇到的家長有什麼不同，有些人很合作且支持學校，有些則不然。他們說，重要的是，教師給予學生的注意力，以及每所學校的成功激發出的家長忠誠度。

一些跡象顯示，KIPP 的學生在加入時，可能沒有真正的家庭優勢。KIPP 系統賦予家長的責任比正規公立學校來得少。KIPP 的家長其實獲得了每天下午三點到五點這兩小時的免費托兒，如果他們的孩子上的是正規學校，這段時間已經在家，KIPP 每個隔週週末和為期三週的暑期班也是同樣情形。這也顯著減少 KIPP 家長幫助孩子做作業的壓力——對許多美國家長來說這是一天中最緊張的時段——因為 KIPP 要求學生若有任何問題就打電話給老師。

無論 KIPP 的家長素質如何，他們不太可能與孩子在 KIPP 入學後的成績提升有太大關係。在全國規模的測驗中，從學前班到四年級，多數未來的 KIPP 學生得分低於平均水平。從五年級到八年級，當他們加入 KIPP 後，多數人的得分高於平均水平。在大部分案例中，他們在進入 KIPP 之前和之後，有相同的家長和相同的家庭情況；然而，只有在 KIPP 的那幾年，他們

的成績顯著上升。若說是家長而非 KIPP 造成這種改變的，是很難讓人接受的說法。

即使研究最終顯示，KIPP 服務的是貧困城中區內有較多準備、較不貧困的區塊，其學生的收穫仍然是重大且意想不到的成就。這顯示，有大量低收入家庭願意也能夠受益於更具挑戰性的學校，但他們沒有獲得這樣的機會，直到出現了 KIPP 和類似的學校。KIPP 無法挽救所有的貧困城中區，但它能幫助那些尋求較好學校的家庭，這是顯著的改進。

看 KIPP 的老師上課，最能說明李文和范柏格創造的成就。許多較年長的參觀者說，KIPP 的氣氛讓他們想起曾經上過的貧困城中區天主教學校，熱情但嚴格的老師，他們對學生的認真教導，絕不是出於薪水的激勵。

對沒有機會看到 KIPP 上課的人，測驗成績是顯示老師有多大影響的最重要指標。最新的 KIPP 數字顯示，二十二個城市的二十八所學校的一千四百名讀完三年 KIPP 的學生，都有進步：在閱讀科，平均已從五年級剛開學時的第 34 百分位數，進步到七年級結業時的第 58 百分位數；數學科則從第 44 進步到第 83 百分位數。一群略多於一千人的八年級生（已在 KIPP 讀了四年），在閱讀科從第 32 百分位數進步到第 60 百分位數，數學科則從第 40 進步到第 82 百分位數。

這些是了不得的數據。一般而言，多數低收入家庭的孩子會停留在較低的百分位數。大約 80％的 KIPP 學生家庭收入低到夠格領取聯邦午餐津貼，其餘的 KIPP 學生大部分接近貧窮線。然而，KIPP 學生的學業水準足以媲美郊區學童。在判斷這些成果時，謹慎和釐清是必要的，它們是統計上的簡況，可能會因環境而扭曲。每年兩次由 KIPP 老師向該校學生做的史丹佛成就測驗，以及一年一次的該州測驗，皆採取保障措施，以防止欺騙和評分的

失誤，但它們並非絕對正確。此外，待在 KIPP 直到八年級的是那些不會拒絕這個課程的學生，因而可能比離開的學生較主動積極。不過，過去數年來幾十所 KIPP 學校一直呈現非常正面的測驗成績這個事實，大大減少了對此成果之真實性的懷疑。

KIPP 教師工作真實性的進一步證明，是出現了採取類似做法並達到類似成果的其他幾所學校。這些學校的學生沒有 KIPP 那麼多，但正在增加。這類課程包括成就第一（Achievement First）、YES、立志（Aspire）、綠點（Green Dot）、愛迪生（Edison）、宏偉街（Noble Street）、稀有學校（Uncommon Schools）、理念（IDEA）等等，它們都致力於把中低收入家庭的兒童放在小而激烈的學習環境中。它們都很類似，足以貼上同一個標籤，雖然固定的標籤還沒有產生。萊斯大學（Rice University）和史丹佛大學的管理專家李歐・林貝克三世（Leo Linbeck III）是 KIPP 的顧問，他稱呼它們是公眾的（public）、高影響力（high-impact）、低收入（low-income）、開放入學（open-enrollment）的團體，簡稱 PHILO 學校。

這些學校的領導人大多是三十來歲或四十出頭，老師大多是二十幾或三十幾歲。一些 KIPP 和類似學校的觀察家懷疑，仰賴年輕的教育者是否會產生反效果，因為他們在開始養家時，可能會尋求比較不耗時的工作。體認到這點後，許多 KIPP 學校已制訂工作時間表，以減少需要養家的教師每日工作時間。他們還招募一些五十幾歲的老師和學校領導人，例如在南布朗克斯區的查理・藍道和傑瑞・邁爾斯。幾乎所有的 KIPP 學校都是獨立的公立特許學校，這是其老師不屬於工會的原因。工會大多不批評 KIPP，一位全美工會領袖在全國性的 KIPP 顧問委員會擔任委員。但隨著 KIPP 成長變大，它和工會的關係將變得比較困難。

KIPP 和類似的學校及「為美國而教」計畫的密切關係，也一直是爭論的來源。「為美國而教」不受許多教育學院教授的青睞，他們說它把未受訓練的人員拋進已有劣質教學問題的低收入區學校。史丹佛大學研究人員，包括「為美國而教」的批評者達玲—哈蒙德（Linda Darling-Hammond）在二〇〇五年做的一項研究指出，休士頓未經認證的「為美國而教」成員，比有文憑的教師效能較低。數學政策研究公司二〇〇四年的一項研究則顯示，「為美國而教」的老師數學教得比其他有類似經驗的老師略好。這項矛盾的研究並沒有妨礙「為美國而教」成為美國最熱門的研究生課程之一，但是其未來可能對 KIPP 有重大影響。

一些分析師說，KIPP 學校的營運成本太高，因為有較高的薪資、較長的在校時間和昂貴的旅行。KIPP 估計每名學生額外的費用平均約為一千一至一千五百美元，截至目前為止，他們已經能夠從特許學校的助學金或募款籌到這筆錢。范柏格指出，當 KIPP 學校的招生滿額，而且各州通過法律給予特許學校各學生的款項和給予正規公立學校學生的款項相同時，額外的成本就消失了。李文指出，紐約那些 KIPP 學校花在各學生身上的錢，比該市正規公立學校花在各學生身上的還少。

在我看來，KIPP 學校最重要的特點，不是規模大小或費用高低，或教師的年齡，或家長的動機，而是在學生沒有進步時學校願意迅速改變。二〇〇七年八月的第一週，筆者在亞歷桑納州史科茲代爾（Scottsdale）出席 KIPP 學校高峰會時，明顯可看出這一點。我參加該會是為了瞭解，當 KIPP 工作人員全都聚集在一處時，KIPP 學校看起來是什麼樣子。

食物便宜、簡單而豐盛，有薯片、爆米花、玉米片、果汁吧、漢堡和墨西哥烤肉放在會議室外面的桌子上。大約有一千兩百位老師，穿著你能想像

得到的各種顏色和種類的 T 恤和馬球衫。他們的自豪感顯而易見，他們知道，KIPP 獲得任何公立學校組織的低收入家庭兒童擁有的最高成績。讓我印象最深的是，他們並不覺得自己在做的一切是工作，所有的發言、所有的小組會議、所有的培訓課程，都是為了好還要更好。

葛瑞南和康貝爾提出的加州各校輟學問題是熱門話題。KIPP 基金會發布一份清單，列出五年級以上學生流失影響最大的灣區學校。例如，在奧克蘭的 KIPP 橋大預校，二〇〇三年入學的 87 名學生有 32 人後來搬家遷出該區，有 30 名的家長由於其他原因，決定讓他們轉出 KIPP 學校，有 22 人回到原來的正規公立學校：因為就在 KIPP 學校開學前，他們發現學校地點距離家裡比他們預期的遠，而在最後一分鐘改變主意。9 名學生是因為他們不喜歡整天待在學校，13 人是因為 KIPP 希望他們重讀五年級。

KIPP 橋大預校校長大衛・凌（David Ling）說，當他告訴家長讓孩子重讀一年有助孩子達到年級水準時，家長往往會說，他們認為自己的孩子已經很優秀了，回到正規學校將成為明星學生。其他 KIPP 學校嘗試新方法來解決這個問題。巴爾的摩的 KIPP 學校設立「快速讀者課程」（Rapid Readers）標準，為閱讀科測驗低於第二級水準的所有五年級生服務。他們的家長一開始就被告知，要讀到八年級可能需要花五年。沒有驚喜。如果他們不喜歡這個主意，可以自由退出，但多數人沒有退出。他們在第一次讀五年級時，天天花三小時在閱讀上。KIPP 巴爾的摩執行主任傑森・博特爾（Jason Botel）表示，他們重讀五年級，結業時已作好讀六年級的準備。每年在數十個家庭中，頂多只有一兩個讓孩子轉回正規的公立學校系統。

KIPP 學校領導人的新點子，吸引了大批人潮來到高峰會。KIPP 基金會資助的世界班級寫作計畫（World Class Writing Project）進行一整天的簡報

時，場內大爆滿，只容站立，領導此計畫的英語語言藝術專家是北卡羅萊納州加斯頓預校的多蘭，休士頓第一所 KIPP 中學的惠特尼，以及在印第安納州蓋瑞市（Gary）新 KIPP 中學的拿坡頓。惠特尼是范柏格和李文以外唯一出席在芝加哥費爾蒙飯店會議的 KIPP 老師，此會議啟動了 KIPP 的擴展。多蘭是用費瑟的錢培訓的三位校長之一。

他們對 KIPP 的寫作教學不滿意。他們以 KIPP 某名七年級學生論艾利‧維瑟爾（Elie Wiesel）的書《夜》（*Night*）的作文為例：「在這本小說中，他的父親保護艾利，不告訴他是怎麼回事，所以他不會害怕。當他父親說他被擊中，艾利搬去與他同住，試圖保護我們〔原文如此〕。這證明他是保護的。」他們拿這篇短文和在網路上找到的一名私立學校九年級學生的作文比較，此文是論羅伯‧佛洛斯特（Robert Frost）的詩〈設計〉（"Design"）：「說話者把焦點放在外在力量塑造自然界的角色，引領讀者考慮另一種可能性：人類自己強加意義和形式於大自然上；佛洛斯特非常刻意地把意義和形式強加在這首詩上，而凸顯出這個詮釋。」

他們詢問聚集的 KIPP 老師，是否 KIPP 學生真的只需短短兩年就能達到那名私立學校學生的水準。「如果由我來教他，可以！」一位老師說，充滿事在人為的精神，但多數聽眾一致認為，若要做到，他們在批判性思維、複雜的語法和詞彙方面的教學都需加強改善。

對這些教師來說，KIPP 學校是小實驗室，用來測試能夠提高成績的最有希望的構想，他們的感受猶如范柏格和李文在剛開始時的感受。沒有什麼比得上努力去做一件可能幫助孩子們學習的事，如果不成功，他們就嘗試別的做法。

讓每個孩子都發光：
KIPP 學校如何打破學習困境，扭轉孩子的未來

第48章
波爾與雷夫老師

二〇〇八年，哈莉特波爾企業（Harriett Ball Enterprises Inc.），也就是把李文與范柏格從課堂災難拯救出來的那位聲音沙啞的教育家所開的公司，已在下列各州培訓教師：喬治亞、紐約、印第安納、伊利諾、內華達、亞歷桑納、路易斯安納、密西西比、俄亥俄、奧瑞岡、加州、肯塔基、南卡羅來納、佛羅里達、密蘇里、堪薩斯、密西根，當然還有德州。

波爾的客戶經常要求她一定要再來。她所謂的「全身參與」，吸引了許多校長，並讓老師們在學習節奏韻律時，身體獲得良好的鍛鍊。她的網站harriettball.com 把她的口訣和遊戲翻譯成技術語言及工作手冊，讓人不得不認真看待像她這樣的教育顧問。該網站討論「多元感官教學」（"multisensory teaching"），並援引哈佛大學教育心理學者霍華·迦納（Howard Gardner）的著作為例證，尤其是他對觸覺—動覺智能的重要性的看法。她的網站說，波爾的記憶術「建立長期記憶並提高可輕易轉移到較高層次思考的能力」。該網站說，「我們的使命：不讓任何老師或孩子落後。現在球在你手上，你打算怎麼做？」

波爾提醒網站訪客：她的教學風格是專為沒有數學天賦和／或在學習任何基礎學科領域有困難的學生設計的。波爾向她的學員解釋：「數學是抽象的，充滿規則，規則之下還有規則，孩子們不知道那些規則是什麼意思，所以會變得沮喪，然後放棄。我會採用他們已經熟悉的某種具體的東西（來編歌）。我注意到電台播放相同歌曲，一遍又一遍。你可能討厭那些歌詞，但還是會記得。」

學術專家證實，波爾是對的。馬里蘭大學（University of Maryland）副教授派翠西亞·康貝爾（Patricia Campbell）說，若要精通數學，學生需要理解乘法並知道何時使用。但若學生不記得基本知識（如九九乘法表），就很難精通。準確學習系統公司（Accurate Learning Systems Corp.）二〇〇七年的研究顯示，美國五年級學生知道乘法表的不到五分之一。康貝爾說，波爾這類方法的一個關鍵是，「孩子們喜歡它，因此，他們會去做，會去練習。」

波爾在休士頓富裕的北部郊區有個令人印象深刻的家。她有很多朋友，而且和她的前徒弟李文與范柏格有牢固的關係。她經常出現在 KIPP 培訓課程和夏季高峰會。儘管她已很成功，她想念她的學生。二〇〇七年，她減少外出旅行，並計畫要自行開設特許學校。她挑了休士頓北部一個叫做英畝之家（Acres Homes）的低收入社區。她要辦的學校將涵蓋二至五年級，且有

讓每個孩子都發光：
KIPP 學校如何打破學習困境，扭轉孩子的未來

教師培訓機構，以便她可以邀請其他教育工作者來看應該怎麼做。

她計畫在起初時每個年級招收 30 名學生，由此開始發展。她的右腿有神經受到壓迫，如果必須走長距離，就用輪椅。不過，她說那沒關係。「只要讓我進到教室內，」她告訴一位朋友：「他們要的是我大腦內的東西，我沒有腿也可以教。」

二〇〇八年，雷夫老師是美國最有趣且最有影響力的公立學校任課老師。他已經成為暢銷書作家。他的第一本書《沒有捷徑》（*There Are No Shortcuts*）是一本短篇自傳，銷路很好。第二本書《第 56 號教室的奇蹟》（*Teach Like Your Hair's On Fire: The Methods and Madness inside Room 56*）更引起轟動。這本書登上好幾個最暢銷的排行榜，被譯成多種外國語言，他則常常發表演講。然而，他還是天天在清晨六點半抵達霍巴特小學，並常發現有幾名學生在等他上清晨的思考能力課。他一直待到晚餐時間，而且往往週末、假日和長假期間也待在第 56 號教室，幫助以前的學生準備 SAT 考試，以及準備申請大學。

二〇〇六年年初的一個尋常日子，第 56 號教室內有四十名學生，包括一些前來參觀的校友。雷夫老師的五年級學生排練莎士比亞劇作、練習樂曲、閱讀並討論《殺死一隻知更鳥》（*To Kill a Mockingbird*），玩一個叫做嗡嗡（buzz）的遊戲。全班數到一百，雷夫老師輪流指向學生。如果下一個數是質數，那學生必須說「嗡嗡」來代替。

一如往年，他教學生如何玩棒球，以按部就班的精準和練習，猶如他在教如何拆除炸彈。他實施「年輕作家計畫」（Young Authors project），每名學生在一年期間要寫一本書。他繼續教學生令人驚訝的財務規則，做法是在班上實施一個完整的經濟系統，有薪水、租金等等現實世界中的複雜事物。

他和李文及范柏格的關係有起有落。他看出 KIPP 的不完善之處，但也歡迎 KIPP 師生去看霍巴特小學的莎劇演出。他似乎以兩名徒弟的傑出成就為榮。

他的妻子會在他作出稀奇古怪的決定時糾正他；他們的四個孩子也一樣。其中之一是當內科醫師的凱倫（Caryn），她告訴父親，他剛剛自豪地展示的一堂課，「可能是我見過最糟糕的科學課」，於是，他想辦法找到適合十歲孩子的實驗室設備，把科學課提高到她的標準。他總在想方設法改善教學。他經常讓人們困惑不解，他們覺得很難理解這種極度的奉獻，但這種奉獻對他和學生都很有用。

第 49 章
KIPP 校友

　　凡妮莎・拉米瑞茲在聖公會高中一年級時，驚訝地發現校長愛德華・貝克（Edward C. Becker）竟然知道她是誰，常來看她和她朋友露比塔・蒙特斯。兩名女孩辛苦地和功課搏鬥，要適應不再有老師家電話號碼、不能在晚上打電話問問題的制度。但是校長告訴她們，兩人都做得很好。「我和你們的老師談過，」他說：「他們說，無法相信你們是這麼成熟，遠比這裡的其他孩子成熟得多，而且你們都恭敬有禮。」

　　這讓她們想到，舊的 KIPP 價值占有一席之地，即使在非常不像 KIPP 的學校裡。在易受影響的青少年期，有范柏格和李文當老師，出於習慣，他們會自動集中注意力、坐直、問問題。如果沒有其他人參與，即使是在素質

高的私立學校，九年級學生並不熱中於在班上力求表現，而拉米瑞茲向來是屬於願意嘗試的那幾名學生。

吉瑪‧波拉斯（Gema Porras）是拉米瑞茲在伯本克中學的非 KIPP 朋友之一，在拉米瑞茲回到 KIPP 時波拉斯也加入 KIPP；她上了另一所私立學校，有一天來電說她發現一個令人興奮的高一生海外遊學計畫，是到西班牙的薩拉戈薩（Zaragoza），她們將和接待家庭同住，可精進西班牙語。拉米瑞茲得到母親的初步批准，她母親有把握這種給富貴子弟參加的計畫不會接受她女兒。當它接受她，而且校長說聖公會給的獎學金將涵蓋所有費用時，母親驚慌失措。「你真的提出申請了嗎？」她對女兒說。

「是的，媽媽，而且我要去。」

一如拉米瑞茲所料，媽媽立刻打電話給范柏格。拉米瑞茲已作好準備。她告訴他，這是她想做的事。她的態度堅定，一如他以前常常很堅定地對待她一樣。他在學習，儘管他缺乏當父親的第一手經驗，孩子一天天長大，你必須開始聆聽他們說的話。

「你覺得讓她去沒問題嗎？」母親問她以前的老師。

「嗯，」范柏格說：「對這件事我有點緊張，但我相信這會幫助她成長，而且看起來好像是很棒的計畫，所以是的，讓她去。」

她和吉瑪是去薩拉戈薩那群人中僅有的拉丁裔，其餘都是非西班牙裔的中產階級美國人。他們過了美好的一年，李文前來探視，驚訝地發現她們變得如此成熟。當拉米瑞茲回來上高三時，她對聖公會高中有了完全不同的態度。她的足球朋友們高興地看到他們的快腳邊衛回到球隊。她不再處處尋找被她視為種族歧視的輕忽怠慢跡象。她獲得幾所學院錄取，並決定上洛杉磯的西方（Occidental）學院，這是她跨出德州看世界的另一大步。

西方學院有優美的景觀，是很挑學生的學校，也有其缺點。其他的西班牙裔學生大部分家庭富裕，幾乎不了解她的貧民區成長背景。起先她上經濟學系，主修商業與管理學，但在她發展出對教育課程的興趣後，導師建議她改修社會學。他認識的其他拉丁裔學生都是主修社會學，這不也適合她嗎？她拒絕了。

　　她在二○○六年畢業，意識到自己如此著迷於孩子如何學習的，可能讓她夠格在不斷發展的 KIPP 帝國找到工作。她花了一年在華府的關鍵學院工作，從事「由 KIPP 到大學計畫」（KIPP to College program），這項計畫努力和 KIPP 高中畢業生保持聯繫，並協助 KIPP 高中生獲得大學錄取。她搬回休士頓，擔任「由 KIPP 到大學計畫」的供給者模式（feeder-pattern）經理。她成為 KIPP 校友會的幹部，幫助像她那樣遲疑不決的 KIPP 校友，把他們在很奇怪的初中（以及在新的 KIPP 小學和高中）學到的價值觀，運用在較廣大、較可怕的世界。

　　她虧欠 KIPP 很多，她想，但 KIPP 也虧欠她。早在初中時，她一直就很節儉，從來沒有兌現持續增加的週薪支票收入。那不是真正的錢，但她仍然反抗在 KIPP 商店高漲的價格，如三百美元一件的 T 恤。她把收入存起來以便買重要的東西。一如許多 KIPP 學生，她從來沒有去買。雖然「薪水支票」點數幫助決定誰可去旅行，但老師從來沒有自去旅行的學生的銀行賬戶扣款。

　　拉米瑞茲現在是擁有大學學位且對個人財務有堅定看法的年輕女子，她算出在自己的 KIPP 帳戶內有 1087 KIPP 元，放在外面某個地方。她在位於休士頓西南部的范柏格新總部大樓工作，在靠近第八號環城快道的倉庫之間，她將有時間漫遊各個辦事處。她會找到那個帳戶的。

多米妮克‧楊自認是被定罪的重犯（即使那不是事實），因為她準備離開聖馬可中學。她靜靜聽著李文冗長、痛苦、散漫的責罵，痛斥他對她是如何失望。她開始哭泣，她的生命已經完結，她告訴他自己看不到任何出路。「你不要擔心那個，」他說：「你現在要擔心的是我正在和你談的事。」

他把她留在她媽媽位於馬里蘭州的新家，然後設法讓她重回正軌。他在歐菲茲（Oldfields）高中為她找到容身之處，那是巴爾的摩北部的一所私立女校。時值二○○三年一月，他們不允許她在那年畢業，她必須重讀高二的第二學期。李文獲得財務援助以支付學費，說服她母親在文件上簽字。

楊對上女校表示有些顧慮後，她發現李文仍然很生氣，說話的樣子完全就是她想像中父親的樣子。「我不在乎，」李文說：「你被錄取了，你要去上。」然而，她很快就發現自己喜愛歐菲茲高中，不再為男生梳妝打扮，不再有性別權力遊戲。她的成績進步，在 SAT 測驗拿到 1220 分，被附近的馬里蘭大學錄取了。

她母親很高興最大的孩子住在附近，且在讀大學，從而發現自己恢復了昔日的一些家族雄心。她告訴楊有關電視網真人實境秀（reality show）《打造樂團》（*Making the Band*）第三季試鏡的事，該節目由吹牛老爹（P. Diddy）擔任主持人暨評審。楊通過了試鏡，並在十集中成為明星，展現最佳的歌聲和最敏銳的機智。她表現出頑強的布朗克斯區居家女孩的樣子。當被問及所有參賽者都必須在中央公園跑步的一場馬拉松時，楊在電視上發表的意見是：「我哪兒也不跑，除非我被追趕。」她一再過關，直到最後一集，因舞技欠佳被吹牛老爹刷掉。但她已贏得高知名度，她找了個經紀人，開始在華府地區各俱樂部演唱節奏藍調，同時攻讀傳播學位。當她告訴李文她的音樂雄心時，李文讓她大吃一驚。「你還年輕，」他說：「給自己三年，在

讓每個孩子都發光：
KIPP 學校如何打破學習困境，扭轉孩子的未來

音樂上努力。」他開始教書時就是用這種方式。當時他對教書很感興趣,但不知道自己是否教得來。他教書的頭三年產生了很好的影響。

　　「你有空間,」他告訴她:「不要擔心辦不到或破產。你還年輕,你還有空間去做那些事。」

第50章
李文被捕！

————— ❦ —————

　　三十三歲時，妮基・蔡斯（Nikki Chase）正在休長假。她從密西根州立大學（Michigan State University）畢業後任職行銷與公關主管，職位節節高升。她的雙親都是公立學校的教師，在密西根州馬斯基根市（Muskegon）長大，上了一所小型的基督教大學，她驚訝地發現自己家境優裕，可以花一年前往拉丁美洲和愛爾蘭旅遊，還能參觀古根漢博物館（Guggenheim Museum），該館離她位於曼哈頓東區的公寓不遠。二〇〇五年五月初一個夜晚，她出現在紐約東村的餐廳，參加一場快速配對活動。

　　這是她第一次參加這種活動。她告訴朋友艾德里安活動訊息，後者也在cupid.com網站上報名，「我要找個好的基督教弟兄」。當晚在將近於一小時

讓每個孩子都發光：
KIPP學校如何打破學習困境，扭轉孩子的未來

的非裔美國人時段，她遇見了十二位男士，然後在活動主持人說還有一些空缺時，參加了多元文化交流（所有種族皆受歡迎）。

這是個有趣的夜晚。她笑著擺脫一名非洲裔美國人，這個人在得知她的年齡時說：「如果你終於遇到心儀的人，你會覺得你必須馬上結婚並生小孩嗎？因為我不知道我會不會那樣做。」她遇到一名年輕的亞洲人，當他坦承「如果我帶個黑人女孩回家，我媽會死掉」時，也是笑著擺脫對方。

大約晚間九點，在多元文化時段出現了四、五名約會對象，一名黑色捲髮的高大白人坐在她對面。她喜歡他的長相，他有最親切的臉，孩子氣且活潑。他們談到她的旅行。幸好她沒有在工作，她想，這樣可以不必把短短的六分鐘花在沉悶的交換工作地點與職位的訊息上。她花了一會兒才知道，這個名牌上寫著「戴夫‧李文」的高大傢伙，是一名教師。

「哦，那很好，」蔡斯說：「我媽媽是老師，我爸也在教育界，我有堂表兄妹在當校長。我來自教育工作者的家庭。」

李文親切地一笑，他是典型的數學老師，具有喜愛謎題的心智，注意到蔡斯的全名：香達‧妮蔻‧蔡斯（Chanda Nichole Chase）中有個東西。

「你的每個名字中都有一個 ch，」他說：「你媽媽刻意這樣取名的嗎？」

蔡斯以前從未想過這件事，她喜歡有好奇心的男人。鈴聲響起，他們的六分鐘到了，她很驚訝時間過得這麼快。在她的清單上，她寫下李文的名字和名牌號碼，還有一個注記：「高大的老師，親切的臉龐」。

這也是李文第一次參加快速配對。幾天之前，他打電話給在波士頓認識的一名比他年長的女子，他認為應該多邀她出遊。為了鼓勵她，他提議兩人都去試試快速配對，然後回報對方自己表現得如何。這名女子臨陣脫逃，但李文一如既往堅持到底。

他上網尋找快速配對的地點時，心想是否應該努力找猶太裔女子。他約會的對象向來多元，這是朋友都知道也常談論的事。他在大學交往的女友是華人，他交過許多女友，包括一些黑人女子。其中一名，李文告訴范柏格，他的最新女友在各方面都十全十美，只有一點除外。

「哪一點，戴夫？」

「她討厭白種男人。」

因此，他認為也許是把自己介紹給猶太女子的時候了，但他不想倉促行事。他在 cupid.com 網站報名參加多元文化交流，讓自己慢慢來。猶太人也是多元文化的。

儘管蔡斯已宣布，要尋找和她有共同宗教信仰與種族的男士，但她很高興接到電子郵件，確認李文是挑選了她的五位男士之一。在這種事情上她是傳統派，等待男生主動聯繫她。幾天過後沒有來自親切臉龐的消息，她很失望，但她也交過好幾個男友，沉得住氣。又過了幾天，她總算接到來自李文的電子郵件，遠比她認為適當的時間久得多。如果不是他的措辭實在太聰明，那麼她可能已被激怒了。他堅稱：他早已立即回應，但第一封電子郵件一定是誤傳到別處了。

他的電子郵件說：「如果我沒有得到你的暗示，你故意漠視我的第一封電子郵件，那麼請忽略我發送過這封電子郵件。但是，如果我的第一封郵件被發送到別處或是落在垃圾郵件中，那麼請喊我一聲，我希望能聚一聚。」

他們在下個週一共進晚餐，然後在週五晚上約會，然後在陣亡將士紀念日進行馬拉松約會。他平時穿著西裝褲、禮服襯衫（不紮褲頭）和獵裝外套，沒有打領帶。她穿著藍色李維牛仔褲（Levi's）、普通上衣。她喜歡逗他。當他在追問下供認上過大學，她逼問他。「耶魯，是吧？」她說：「嗯，

請記得我上的是政府資助的低學費大學，所以慢慢來，好嗎？你知道，不要急。」得知他是在第 81 街和公園大道附近長大的之後，她再度逗他。「記住，」她說：「我來自密西根州馬斯基根。不要急。」

他喜歡被這樣對待。她的笑容，他想，是純粹的喜悅。她覺得他有強大的精神力量。他是如此腳踏實地，她告訴自己。他提到，像蔡斯一樣（她在高中是短跑選手、跳遠選手、啦啦隊長），他也有一些運動技能。但在很久之後她終於看到他打籃球時，驚訝地發現他打得那麼好。她告訴朋友，那是她驚詫「白種男孩竟然也很能跳」的時刻之一。

他設法在第二次約會時，利用散步和戲弄對方的時刻吻了她一下，當時他站在街上，170 公分高的蔡斯站在鑲邊石上。兩人高度相當，他就吻下去了。她沒有抗拒。

蔡斯非常喜歡李文，以致她一反常態，沒有預先採取安全防範措施。直到他們在陣亡將士紀念日進行第三次約會時，她才問他是否曾被逮捕過。他說沒有。直到他們第四次約會時，她才在 google 上搜尋他，那是因為他對有關他工作的問題，給了她一些奇怪的答案。他告訴她，他是在布朗克斯區的老師。當蔡斯深入探查時，她得知，他的學校稱為 KIPP。「我是個老師，也是個督導。」他說。這位家族中有許多教師的女子可不買帳。「我很了解公立學校系統，知道那不可能，」她說：「你不能同時又是教師又是督導。」

「嗯，其實是我創辦了這所叫做 KIPP 的學校，現在本市內有四所 KIPP，是特許學校，就是我告訴你的那樣。」

「這很酷，特許學校是不錯的。」

「我仍然教課，但我是這四所學校的督導，因為這些學校需要督導。」他們轉變了話題，但蔡斯一回到家，就上網查 KIPP 和戴夫・李文。第一項

是李文接受 C-SPAN 頻道的布萊恩‧蘭姆（Brian Lamb）的採訪。蔡斯想，這所小小的學校一定很了不得。她開始讀那篇訪談。她查閱了 KIPP 網站，那位有親切臉龐、高大身材的老師和其他人共同在三州創辦了四十所學校。

她打電話給他。「所以，你是老師，唔？饒了我吧。」這給了她父親深刻的印象。她母親開始在阿肯色州小岩城（Little Rock）任教的小學教師休息室播放 C-SPAN 採訪李文的影片。「瞧，這是我女兒的男朋友。」她說。這個進展比蔡斯計畫的還快。原本只是一件好玩的事，她並沒有在尋找人生中的摯愛。但漸漸地她發現自己不回其他男人的電話，而花較多時間與李文在一起。他們倆都很忙碌：她接了較多的顧問工作，恢復她的工作節奏；他還在經營四所學校，並主導著培訓新的 KIPP 校長，及設立新的教師培訓機構的工作。

但他們愈來愈親近。兩人工作上都有長足進展，而對未來很有把握。現在他們能歇口氣，能對生活其他層面有較多關注。蔡斯見了李文的家人，他們對李文生活中的年輕女性總是很感興趣，他是兄弟姊妹中唯一未婚的。李文也見了蔡斯的家人，包括拜訪她叔叔提米在馬里蘭州的家。李文只啜了一口啤酒，提米就冒出那個問題：「所以，我知道你是猶太人。」李文又啜了一口，並把背部靠在椅背上。「我是，但是讓我們把它想成只是另一個教派。」他的女朋友笑了。「而且我們對於第一卷書（Book One，譯注：指〈創世記〉）看法一致，」她說。

他們談到猶太教和基督教養育子女的傳統。她知道李文覺得對他學校內許多處境艱難的兒童負有責任，這是和他有關的事情她最喜歡的其中之一。二〇〇五年九月，她陪他參加為卡崔娜颶風（Hurricane Katrina）受害者募款的表演會。KIPP 管弦樂團公演，李文發言，這是她第一次聽到他做公開

讓每個孩子都發光：
KIPP 學校如何打破學習困境，扭轉孩子的未來

談話。她聆聽他的話語擁抱觀眾，他讓在場的每個人都覺得自己是被愛的。這真了不起！她被完全征服了，就是這個時刻。

她能忍受他生活中的許多混亂的角色，對許多努力想進入大學並完成學業的學生來說，李文既是老師，也是督導、良師與朋友。他開著那輛黑色的本田 Acura，每天開幾個小時巡視他的學校、做家庭訪問、會見財務捐助人和開會。在車內陪伴他的總是手機和個人數位助理（PDA）。汽車音響內有一卷卡帶，輕聲彈奏某種屬於都市的音樂，那是他與學生都喜歡的品味。典型的李文時刻是，他開進一家快餐店的得來速窗口，也許是布朗克斯區學校附近的麥當勞，一隻耳朵聽手機，眼睛看著 PDA，同時點餐，然後一面開車一面吃漢堡和大包薯條。

他向蔡斯解釋他的「兩通電話」規則。他不接打到手機的每通電話。手機鈴聲似乎每隔兩三分鐘就會響起，每通都接的話真會令人瘋掉。但是，如果來自同一號碼的電話連打兩通，他就會放下別的事情去接聽。接近他的人都知道這個需要他時的兩通電話規則。

他慣於同時做幾件事的習性，或許能部分解釋他和蔡斯在難忘的陣亡將士紀念日約會時，當他說自己從未被逮捕後發生了什麼事。當晚十一點半左右他讓蔡斯下車，然後朝南走第二大道，要去會晤一名即將上大學的 KIPP 畢業生。李文帶了一些錢要幫助這個男孩展開大學生活。在第 67 街，一輛警車要他靠邊停。因為他的一個車頭燈未開。他們拿了他的行車執照和登記證，然後回來要他下車。「你被捕了。」其中一名警官說。

「因為在車頭燈破碎下駕駛嗎？」

「不是，你的行車執照已被停用。」

「不，它沒有停用。」

「電腦是這樣說的。」

「那電腦搞錯了。」

不過，他很快就發現自己坐在警車後座，手腕被銬在身後。情況不妙。當他們驅車前往第 19 分局時，接著他意識到，身為土生土長的曼哈頓人，他會被送往中央拘留所。假日那裡會很擁擠。他至少會在那裡被關一夜。

他的朋友范柏格十八歲時就被捕過了，那是在喝得醉醺醺的派對上，幾乎不值一提。李文已經三十五歲，他知道餘生都會聽到朋友們拿這件事消遣他。他懇求一名警官不要拘留他，「我是個老師。」他說。警官心存懷疑。什麼老師會在大半夜時帶著 750 美元現金開車，而且手機鈴聲每分鐘就響一次？

但那警官讓李文打幾通電話，看他是否能找到人，在中央拘留所的接駁車啟程之前保釋他。他打電話給弟弟亨利，然後打給蘇珊・溫斯頓，在那之前她只須把他從受迫提供校舍的校長手中拯救出來。他們都及時抵達保釋他。他在亨利的公寓睡了一會兒，然後在第二天打電話給蔡斯。

「我只是想讓你知道，昨天我玩得很開心。」他說。

「我也是，」蔡斯說：「你有沒有睡一下？」

「算是有吧。你昨天問我一件事，當時我告訴你，答案是否定的。還記得嗎？」

「嗯，沒錯。」

「我昨晚被逮捕了。」

她聆聽這件事，愈來愈驚訝，然後鬆了一口氣，最後是覺得好笑。那時她對李文的認識已經夠深，知道那是很好笑的事。她覺得自己和這名男子更親近了，對她的教育工作者組成的家庭來說，他是錦上添花。

讓每個孩子都發光：
KIPP 學校如何打破學習困境，扭轉孩子的未來

「我害你走霉運了！」她說。

「絕對沒有。」他說。

第 51 章
KIPP 教學法

    二〇〇五年十月，李文的個人生活情況良好，但危機已在他的一所新學校發展，那是位於哈林區的特許學校 KIPP 明星大學預校（STAR College Prep）。六年級的數學課進行得不順利，新來的老師表現未達學校標準。在絕大多數的其他公立學校這是小事一樁，而且解決之道會拖很久。但李文和 KIPP 明星的校長瑪姬・魯尼恩一謝法（Maggie Runyan-Shefa）女士，正考慮要立即請該老師離職，這時學年才開始三個月。

    這位年輕的男老師說話溫和，是有人大力推薦來的。他似乎了解他教的科目，也喜愛孩子，卻是差勁的課堂管理者和激勵者。他的教室走道雜亂，學生上課不認真。檢視學生的功課會發現，比 KIPP 為他們訂的目標落後。

在大多數城市學校，這樣的失敗難以察覺，那是因為，普遍覺得對這類弱勢學童不能期待太高，結果把標準訂得太低。如果老師的缺陷大得足以引起校長的注意，校長會找他談話，要他參考校內一些經驗豐富老師的教法，鼓勵他借用他們的技術，絕不會考慮在學期中解聘他。校長可找人代替，但幾乎肯定會更糟糕。

在一般情況下，老師的表現若是令人失望，可能會在年終考核時獲得壞考績，而且校方會要求他教更多課程、更加努力。試用期結束時，如果他沒有顯著進步，可能會解聘。但到那時候他已教課三年，任教期間所教的數十名學生不得不屈就於他低於水準的教學。他們在七年級及其後在數學科的成功機會，將因行政惰性及缺乏替補人員以取代不良聘用決策請來的老師而被犧牲。

KIPP 學校則不同。較長的上課時數，讓課程的安排較為靈活。密集的招聘最好的教師，意味著行政人員，包括李文、范柏格、校長等，往往有特殊的教學技能，必要時可以接手教一班。

如果 KIPP 明星預校的六年級老師沒有進步，李文和謝法校長打算把那一班轉交給副校長，他擁有哥倫比亞大學教師學院（Columbia University's Teachers College）的碩士學位。謝法以及李文的解決問題高手傑瑞·邁爾斯，一直在協助該名數學老師。有一天李文甚至介入展示一些教學技巧，教了一整堂課，直到那老師的課結束。

在 KIPP 眾數學教師的小小世界裡，李文是位傳奇人物，是他們畢生所見最優秀的數學老師。謝法希望他的聲譽有助年輕教師看出自己能夠改善到多好的地步。李文觀察過那個六年級班，他知道那老師的絆腳石是名搗亂的學生，這孩子在惡作劇方面的機智與才華，令人想起肯尼思·麥格瑞果。李

文走上樓梯時，心裡還想著這件事。他走向第 433 號教室，那位年輕老師每天在那裡教三班六年級的數學。

那位老師受命讓他的二十八名學生在走廊上排隊。李文走到排頭，站在關著的教室外面。「每個人請面向我，」他說：「我們走。呃，我漏掉了一個人的眼睛。」他等了一會兒。「謝謝你們。我希望今天回來和你們重聚的喜悅，為我們昨天開始的事做個圓滿結束。我們需要在室內待一分鐘以完成上課前的準備。」

李文把手伸向那名十一歲的首要麻煩製造者，他被要求站在排頭附近。李文護送那孩子，單獨一人，進入教室。李文關上門，把班上其他學生及該老師留在走廊上，和那男孩做私下談話。他和那小六生握手。「嗨，我是李文先生。你昨天就認識我了。你不很了解我，但我認為你會發現今天不聽課的話會是壞主意。你會喜歡當我的朋友。沒有任何其他選擇。」

他要那學生談談自己。他要男孩幫他重新安排課桌椅，使走道較寬且各行較直。他打開教室門，歡迎大家進入，從他們的介紹問題開始。「謝謝你們。到你們的桌子去。我們要做前五個問題。不要擔心把東西放入活頁夾的事，到最後，我們都會把它放到我們的活頁夾內。指示寫在黑板上，也寫在紙上，以便你們可以自己做。有問題嗎？好。我漏掉了一個人的眼睛。」

他等待著。這是上課正式開始的時刻。「嗨，KIPP 明星！」李文說，面帶微笑。

只有兩個聲音，有點不確定地說：「嗨，李文先生。」

「有多少人還記得，上次我跟你們說話是什麼時候？你們當中有多少人確實記得我的名字是什麼？維若妮卡？」

「李文斯先生？」

「李文先生。沒有斯。發音就像 eleven，但前面沒有 e。」

他又試了一次：「嗨，KIPP 明星！」

「嗨，李文先生。」這次傳來比較響亮的回應。他要求他們再試一次。

「我要大家都注意，幫我一個忙：如果你在街上碰到某人，你不會哀怨地叫他們的名字，會嗎？你不會說（他用懶洋洋的語氣）『唔，近來怎麼樣？』你必須和人打交道。所以我們要學習正常的互動。」

「嗨，KIPP 明星。」

「嗨，李文先生！」

「嗨，KIPP 明星。」

「嗨，**李文先生！**」

「很好，」他說：「不要再有任何嗯嗯噫噫，不要再有那種拖長的語調。」

學生們坐得比以前直。這位老師很討厭，但他活力充沛。「好！你們微笑，對吧？因此，我們將有約三十到三十五分鐘在一起。在這三十到三十五分鐘內，我很希望聽到每個人發言，所有不同的團體和個人。如果我知道你的名字，我會叫你的名字，但如果我不知道，先告訴我你的名字，然後才開始發言，這樣我就能知道你的名字。有這些美麗的女士和英俊的先生在這教室內，我至少應該知道你們的名字。」

對李文來說，班級內的對話應該涵蓋每名孩子。他必須保持積極態度，並把這種感覺傳達給他們。「這樣很好，這樣很好，」他說，在全班同學面前踱步。「我愛這樣。笑容滿面。大家都知道面帶微笑會讓你的大腦保持清醒嗎？你們不知道？當你坐直，你在微笑。你的大腦得到氧氣，而當你的大腦得到氧氣，你變得比較聰明，也比較好看，你們當中有些人確實很需要多多微笑。**好！**」

黑板上的問題涉及長除法。「夏米拉，21 如何變成 42 ？ 2。有人對這個感到困惑嗎？我漏掉一個人。這個二是突然出現的嗎？ 2×21 是多少？」

　　「40 ！」幾個聲音說。

　　「我做錯了什麼，老兄？我搞錯什麼了？」他說。故意在黑板上寫錯，是吸引每個人注意的老把戲。狡猾的老師需要密切注意，十一歲的孩子喜歡糾正長輩。

　　「我聽不見你們在說什麼，」他說。有幾個聲音指出那個錯誤。「沒錯，就在這裡。二減零？」

　　「二！」他們說。

　　「好極了。來看看這個。能夠每二十一數的人請舉手。好，現在能夠每六十二一數的人請舉手。不是很容易，對吧？但步驟完全一樣。我們要來看看這個，我們要做一些筆記，然後你們就能夠自己做了。」他運用一個標準的激勵手段：克服一個挑戰。每個班級是一個團隊，他們被戰鬥和擊敗強悍對手的興奮所吸引。聰明的老師經常對學生說，他們給學生的問題，比其他學校給學生的問題還困難。

　　「你們有多少人喜歡雞翅膀？」李文問：「你們會點小辣、中辣、大辣，對不對？」小辣、中辣和大辣。他選擇他熱愛的東西做譬喻，他的學生似乎喜歡這種氣氛。「想要以小辣問題開始的人，請舉手。多少人想要中辣的問題？大辣的呢？」

　　他以中辣的問題開始。他點了幾名不同的孩子發言。他需要被提醒其中一些人的名字，但隨著時間一分分流逝，他認識了更多人。沒有人能避開參與，他不停地在教室內走動。「如果我漏掉了你，請舉手。如果這對你太容易了，請舉手。如果你差不多準備好要自己做了，請舉手。」

讓每個孩子都發光：
KIPP 學校如何打破學習困境，扭轉孩子的未來

每個孩子都必須學到概念。他不會超前太多。「如果你懂了,請舉手,」他說:「每個人看著我一秒鐘,每個人跟著我一秒鐘。這是個重要的數目,你必須注意這裡。這個數目不能大於什麼?這個數目不能大於什麼?法蒂瑪?」

法蒂瑪給了個不正確的答案。他問了其他幾名學生,他們都不懂。「這一步太遠,」他說:「看這裡,請。看這裡。下一個我們將給你們自己做。看這個。我們說要在九點前結束,我們快要沒時間了。不過,你們很接近了。所以,看這個。」

這堂課結束了。二十八名學童聚精會神地觀看並回答問題,超過四十五分鐘。他們似乎還撐得住。班上的壞孩子,李文的特別對象,變成了模範生。那位年輕的老師做了許多筆記。對他來說,還有好幾星期的額外工作要做。然後,如果謝法校長對他仍不滿意,將在李文的批准下改調他做別的工作,比教六年級數學不吃力、不重要的工作。

翌年春天,KIPP 明星預校的六年級生做了紐約州的評量測驗。七十八名六年級生中有 73% 的成績在熟練級或以上;相較之下,哈林區所有六年級生中有 45%、紐約州所有六年級生中有 60% 是熟練級或以上。

KIPP 明星預校的六年級生中有 92% 來自低收入家庭,97% 是黑人或西班牙裔,他們一直被教導要聆聽、思考和回應。對其中大部分人來說,這很有效。他們的老師教得很辛苦,但給他們的標準仍然很高。他們將準備好迎接七年級數學,在 KIPP 學校七年級開始教代數,比多數美國學校提前兩年。

第52章
勿忘 220 教室

　　二〇〇五年四月中旬，八位新的 KIPP 學校領導者聚集在休士頓賈西亞小學的操場。他們是費瑟基金會學員，用費瑟夫妻的捐獻金（最終超過五千萬美元）接受培訓。去年夏天他們學習了企業管理，然後在秋天到 KIPP 學校實習。在冬季和春季，他們為自己即將在三個月後開辦的新學校招募學生和教師。

　　他們在四月有一星期可以比較彼此的筆記，並和范柏格聚會。此時范柏格已把經營 KIPP 基金會的工作移交給漢米爾頓，他很高興回到 KIPP 的誕生地。就如何開辦 KIPP 學校（以及什麼情況下不要開辦），范柏格是為新校長提供意見的很好人選。他擁有在最後一分鐘從災難脫身的紀錄。

讓每個孩子都發光：
KIPP 學校如何打破學習困境，扭轉孩子的未來

范柏格認為他們聚會的那一週應該舉行成年禮。他希望為學校領導人一年籌備期的結束做個標記。為什麼不舉行一個儀式？范柏格喜歡 KIPP 學校創造的各種儀式：開學日頒發信任獎（Awarding of Trust）、改過自新的壞小子從門廊返回、最優秀的學生贏得金票。他心目中祝福費瑟學員的理想場所是：賈西亞小學第 220 號教室。那將是他和李文的 KIPP 第一年結束的十週年，他拿起電話開始規畫。

　　不幸的是，范柏格在休士頓獨立學區形象仍然有問題。當他要求在賈西亞小學放學後，於他的舊教室舉行簡短的儀式時，被告知不行。如果在外面的走廊呢？不行。在大禮堂？不行。操場上？不行。熟悉休士頓的公園與康樂部法規的一名 KIPP 職員向范柏格指出，放學後，市民可以免費使用所有公共遊樂場所，包括賈西亞小學的兒童攀登鐵架和鋪了橡膠的地面。那是柯克倫曾經畫了一幅世界地圖的地方。地圖仍在那裡。

　　范柏格安排了兩輛學校的廂型車，載著十三張摺疊椅、八名學員、五位 KIPP 基金會幹部（包括他自己），到那所學校的北側。回想起那年李文和他的黃金時代，他就很開心。那時他們是如此年輕，以熱情和歡樂一起教書，那種熱情和歡樂是兩人永遠無法複製的，因為現在他們背負著其他數十人的重大期望與責任。

　　在他的心目中，現在的費瑟學員就像當年的他和李文，在開辦自己可以主導方向的新學校。當他起身說話，抬頭看著第 220 號教室的窗戶時，想到李文和當年那些孩子。「我們在這裡談論這個是很恰當的，」他說：「因為我以你們每個人為榮。坦白說，你們是我心目中的英雄。你們是我的英雄，因為你們正在做的是不可思議的事情。」

　　「我一直喜歡開玩笑說，知識是力量，但無知是幸福（Knowledge is

power, but ignorance is bliss）。我為李文和我完成的事感到非常自豪，每天都是嶄新的一天。我們在打造正在飛行的飛機，而且我們並不確切知道，未來在等待我們的是什麼。」

「如果我們當年就知道今日我們所知道的事，我不知道我們是否能像現在這樣成功；而且要決定這樣的事將是很可怕的：如果我們知道所有那些瘋狂的事在這條路上等著我們，我們還會走到底嗎？我的答案是會的，但幸好我們無需做這樣的決定。」

他覺得情緒激動，於是深吸了一口氣，試圖保持沉著鎮靜。「這不再僅僅是一間教室的事，甚至不再只是一所學校的事。你和你的孩子們將要做的事是驚人的，而且你會把你們的成就，加到我們每個人在各自的學校所完成的共同成果中。」

「所以恭喜你們。我很高興，大家可以在這裡一同參觀我們的起點，並思考我們要往哪裡去。」

費瑟學員中有五男、三女，四名黑人、四名白人，都是二、三十來歲。一如李文和范柏格，他們發現，由於貧困與無家可歸，以及貧困城中區學校人員不足且家庭失去功能，使得他們新入學的五年級生在閱讀和數學方面居於全國倒數第三。而且就像李文與范柏格，經過一年多富有愛心且密集的教學，給予每個孩子所需的額外時間和鼓勵後，他們發現，第一班五年級生的閱讀和數學成績已大幅攀升。八位校長中的每一位都會記錄到第一年在各領域中，至少有 10 個百分位數的進步。在許多案例中，進步會更大，有個案例更是達到 60 個百分位數的進步。

這些校長總會擔心那些決定次年不讀 KIPP 的學生。他們為沒有跟上全班、需重讀五年級的學生焦急。他們會會晤老師，討論接下來一年的不同做

法，希望來年做得更好。他們不在意那些讚美他們做得多棒的言語，但會記得在班上沒有取得很大進展的孩子們。

而且正如范柏格和李文，他們會期待下個學年，以及再下一個。他們有自己的可怕的、精疲力竭的、興奮的第一年，有自己的第 220 號教室的經驗，那是范柏格在賈西亞操場上試圖解釋的。他們可以從中學習。

畢業典禮

范柏格和迪裴爾在二○○一年結婚。她不太樂意搬回她稱為「炎熱地獄洞」的休士頓，但那是他認為自己會最快樂，且對 KIPP 最有價值的地方。他們是想成家，但若他得一直開車來來去去很難安排，所以她退讓了。二○○五年，范柏格開始進行一個總體規畫，那是他和兩位擔任企業主管的朋友蕭恩·赫維茲和李歐·林貝克的構想，到二○一七年要在休士頓設立四十二所 KIPP 學校。二○○八年時，他們已籌集到六千五百萬美元，創下特許學校的紀錄。

史考特·漢米爾頓繼任 KIPP 基金會執行長後，全美 KIPP 學校的數目繼續擴大。讓許多慣於看到這類學校逐漸減少的教育記者驚訝的是，幾乎所

有的 KIPP 學校都和范柏格與李文最初辦的兩所學校一樣好，有些還更好。這也給了對低收入孩子不論多麼努力也無法學到很多的假設，重重一擊。

二〇〇五年十月一個清晨，漢米爾頓騎著偉士牌摩托車前往位於舊金山奧克蘭海灣大橋附近的辦公室上班。在市場街（Market Street）他的前輪胎陷入電車軌道，人飛到半空中，落地時撞破安全帽，昏迷了好幾天。妻子博伊德被告知要做最壞打算，她陪伴他，看著他逐漸恢復。她用她的管理技能組織了復健計畫，讓他在二〇〇六年春天時，不論說話或行動都彷彿意外不曾發生過。他們決定和幼女搬到懷俄明州一處風景優美的地方，博伊德開辦了物色幼兒園的線上服務「聰慧來源」公司（Savvy Source）。漢米爾頓離開 KIPP，為福特漢姆基金會（Thomas B. Fordham Foundation）工作，那是小契斯特・芬恩（Chester E. Finn Jr.）主持的教育改革組織，芬恩曾是愛迪生計畫的幹部，他是最先鼓勵漢米爾頓去追博伊德的。

李文接受了輪到他當老闆這件事實，在漢米爾頓發生事故後，暫時從紐約遙控主持基金會。大部分的行政瑣事李文都用手機處理，自己則開車在市內到處跑。學校的數量持續增加。最後，李文、范柏格和費瑟夫妻說服了愛迪生計畫的主管李察・巴斯（Richard Barth），接任 KIPP 基金會的領導人。

范柏格和李文都認識巴斯，他娶了「為美國而教」的創辦人溫蒂・卡普。巴斯從紐約管理 KIPP。到了二〇〇八年夏天，這個學校網已有一萬六千名學生，在十九州和哥倫比亞特區開設了六十六所學校。

二〇〇五年四月底，已有八個月身孕的迪裴爾在康乃迪克州探視一位老友。范柏格在休士頓規畫 KIPP 一年一度的募款晚會。半夜裡他接到妻子的

電話，說她有點出血，正在紐約州波基普西市（Poughkeepsie）一家醫院做快速檢查，她父親和繼母住在那附近。她要范柏格待命。第二天她打來電話，要他趕搭下一班飛機前往紐約。

他在那裡等待妻子生產，持續好幾小時。她一度要他按摩背部，他按的力道不夠，未達她的要求時，她責備他缺乏男子氣概，使用的字眼和當年李文幾乎放棄在紐約建立 KIPP 時，柯克倫罵李文的話一模一樣。第二天，四月三十日上午十一時，一名碩大、健康的男嬰誕生了，夫妻倆只好用租來的豐田休旅車載嬰兒回休士頓，因為航空公司不讓剛分娩的產婦迪裴爾搭機。他們每開三小時就停車讓迪裴爾餵奶換尿布。這趟旅程花了三天，一路上都很緊張。范柏格聲稱，他們在行經喬治亞州時決定離婚，但到密西西比州時又和好了。

他們把男嬰取名為奧古斯特·菲利普·范柏格（August Phillip Feinberg）。菲利普是源於外公菲利普·迪裴爾，奧古斯特源於奧古斯都·麥可瑞（Augustus McCrae）：《寂寞之鴿》中的一個角色，范柏格覺得這個角色極像他的朋友李文。就像前德州騎警麥可瑞隊長，這個男孩從小被稱為葛斯。

二〇〇七年八月十一日下午六時，戴夫·李文娶了香達·妮蔻·蔡斯，婚禮由一位牧師和一位猶太教的拉比（rabbi）主持，在芝加哥密西根湖岸邊的俄亥俄街海灘舉行。在那片海灘上結婚是違反規定的，但李文記得范柏格當時堅持找到佩吉幫忙的事，他在芝加哥公園部主管官員的辦公室外守候，總算達成協議。當地一家新娘雜誌對這種新奇做法很感興趣，還派了一位攝影師去。

出席的賓客有六十位，包括范柏格、迪裴爾、波爾、柯克倫、溫斯頓、巴斯及卡普。婚禮混合了基督教和猶太教儀式，新娘子穿著絲質的米白色禮服，沒有梳高髮髻。新郎穿著褐色西裝。

他們在夏威夷度了兩週蜜月，那是李文十五年來第一個不工作的假期，然後回到紐約。蔡斯恢復在行銷界的顧問工作。李文繼續督導一些計畫，把紐約市的 KIPP 學校擴展到九所，添加 KIPP 高中和小學，一如范柏格在休士頓所做的。李文還宣布在漢特學院（Hunter College）新成立一所州認證的教師培訓機構。

這個構想是要把新一代教師的課堂教學技能提高到李文和范柏格的高水準，他們兩人聽從波爾、雷夫老師、藍道、邁爾斯、裴特森、溫斯頓、與赫維茲的建言，而且不遺餘力幫助每個學生攀上大學的高山並拿到學位。

范柏格和李文在最惡劣的環境中展開教學生涯，手忙腳亂。但如果從未面臨這樣難堪的失敗，他們永遠不會振奮精神、努力克服自己的不足和學生的弱勢。

美國最貧窮的都市和城鎮的多數學校持續失敗，如同李文和范柏格最初一樣。他們要建立更多學校的初衷，是希望自己的故事可以一再複製。他們只是兩名尋常教育工作者，需要更多更多人願意相信，良好的教學可以造成天壤之別，而且如果每個孩子都能得到應有的時間、鼓勵和關愛，他們都會學習。

榮譽榜

　　我喜歡說服優良的教育工作者讓我撰寫他們和他們學校的事,然後在未徵求他們允許下,把「最好的」這個會引來麻煩的形容詞用在他們所做的事情上。以我的經驗,把「最好的」標籤貼到任何事物上都會激起爭議,但我不會為此道歉。

　　我在二十七年前成為教育記者時,就決定找到並撰寫關於最成功的教育工作者的故事,以給予讀者最多幫助。自那時以來,我的使命一直是找出盡了最多力量的學校和老師,他們努力克服貧困、冷漠、種族和階級偏見,一再把學生的成績提升到新高度。

　　按上述條件來看,李文和范柏格創立的 KIPP 學校,是我在美國找到的

最有前途且最好的學校。這就是我寫這本書的原因。但要特別澄清的，決定以這種方式敘述他們學校的是我，不是他們。

歡迎各位提出任何證據指出有學校比 KIPP 好，那是我身為記者的學習之道。尋找並談論最好的學校的人愈多，我們就愈有可能給所有的孩子具有挑戰性的教育，那是他們應得的。

因此，我感謝這本書的兩位年輕主角，他們有這麼了不起的成就讓我能推進我的志業；我也感謝數百人，他們和我分享對范柏格和李文創造 KIPP 的回憶和看法。我特別感謝李文和范柏格的主要導師：波爾老師和雷夫老師，他們本身就是卓越的老師，慷慨地費時向我解釋他們如何教導這兩名熱切的徒弟，以及教些什麼。雷夫老師和波爾也用許多引人注意的口號祝福 KIPP。「勤奮努力友善待人」來自雷夫老師，一直廣受全國各地的 KIPP 教師採用，因此我們用來做為本書的英文書名。

本書中所有的名字和人員都是真實的。書中提及的每個人，凡是我能找到的，都給予原稿的相關部分讓他們過目以檢查錯誤；但若有任何錯誤，仍然是我的責任。我沒有聽到或看見的對話與事件都以參與者的回憶做報導，並特別強調不只一人提到的事物。

我要感謝我的編輯 Amy Gash，她提出極好的問題，靈巧的文筆，而且對我頻繁的修訂有非凡的耐心。感謝經紀人 Heide Lange，如此熱情、如此卓越地為我的書籍（像是本書）找到出版商，如果不讓我寫書，我會很淒慘。Joe Mathews、Don Graham、Nick Anderson、Jonathan Schorr 和 Steve Mancini，讀了書稿並提出有益的建議。我在《華盛頓郵報》及其網站 washingtonpost.com 的 編 輯 群：Nick Anderson、Monica Norton、R. B. Brenner、Phyllis Jordan、Paul Bernstein、Tracy Grant、Lexie Verdon、Liz

Heron、Scott Vance、Mike Semel、Jo-Ann Armao、Bob McCartney、Steve Coll、Phil Bennett 和 Len Downie，一如往常理解和支持我。

內人 Linda 和孩子 Joe、Peter、Katie 以及媳婦 Anna，容忍我常常對研究中的發現過度興奮，並提出很好的問題。家母 Frances Mathews 是和我最親近的教育界專業人士，也願意聆聽並提供良好的建議。

我也想提前感謝在數十個城市的許多 KIPP 教師、校長和學生，未來幾年我可能會和他們聯繫，因為我為了第二本書正在研究關於 KIPP 驚人的成長。目前有六十六所 KIPP 學校，其中大多數的表現和最初的兩所一樣優良，這是出人意料的。聰明且經驗豐富的分析家向來指出，最初的成功學校及其構想理念，在下一代領導者試圖於不同環境下的許多校園創造同樣的成果時，幾乎總是會失去效力。在本書中，我提出迄今我們擁有的最佳證據，證明為什麼 KIPP 會成功，但我們還有許多有待學習。在尋找最好的學校方面，我仍有許多工作待做。

國家圖書館出版品預行編目(CIP)資料

讓每個孩子都發光 : KIPP學校如何打破學習困境,扭轉
　　孩子的未來 / 杰‧馬修(Jay Mathews)著; 林麗冠, 侯
　　秀琴譯. --第一版. -- 臺北市 : 遠見天下文化, 2014.04
面 ;　公分. -- (教育教養 ; EP007)

譯自 : Work hard. Be nice. how two inspired teachers
created the most promising schools in America
ISBN 978-986-320-449-7(平裝)

1.教育改革　2.美國

520.952　　　　　　　　103006607

教育教養 BEP007A

讓每個孩子都發光
KIPP 學校如何打破學習困境，扭轉孩子的未來
（WORK HARD. BE NICE.
How Two Inspired Teachers Created the Most Promising Schools in America）

作者 —— 杰·馬修（Jay Mathews）
譯者 —— 林麗冠（1-20）、侯秀琴（21-52）

總編輯 —— 吳佩穎
責任編輯 —— 陳錦輝（特約）、陳宣妙
封面設計 —— 黃育蘋

出版者 —— 遠見天下文化出版股份有限公司
創辦人 —— 高希均、王力行
遠見·天下文化·事業群 董事長 —— 高希均
事業群發行人／CEO —— 王力行
天下文化社長 —— 林天來
天下文化總經理 —— 林芳燕
國際事務開發部兼版權中心總監 —— 潘欣
法律顧問 —— 理律法律事務所陳長文律師
著作權顧問 —— 魏啟翔律師
地址 —— 台北市 104 松江路 93 巷 1 號 2 樓

讀者服務專線 —— 02-2662-0012 ｜ 傳真 —— 02-2662-0007, 02-2662-0009
電子郵件信箱 —— cwpc@cwgv.com.tw
直接郵撥帳號 —— 1326703-6 號　遠見天下文化出版股份有限公司

電腦排版、製版廠 —— 中原造像股份有限公司
印刷廠 —— 中原造像股份有限公司
裝訂廠 —— 中原造像股份有限公司
登記證 —— 局版台業字第 2517 號
總經銷 —— 大和書報圖書股份有限公司　電話／(02)8990-2588
出版日期 —— 2020/11/10 第二版第二次印行

定價 —— NT$450
4713510946107
書號 —— BEP007A
天下文化官網 —— bookzone.cwgv.com.tw

天下‧文化
BELIEVE IN READING